通俗史家

蔡东藩研究

CAI DONG FAN

李保明——著

哈尔滨出版社
HARBIN PUBLISHING HOUSE

图书在版编目（CIP）数据

通俗史家蔡东藩研究 / 李保明著 .—哈尔滨：哈尔滨出版社，2021.1
ISBN 978-7-5484-5657-5

Ⅰ . ①通…　Ⅱ . ①李…　Ⅲ . ①蔡东藩（1877–1945）– 人物研究 Ⅳ . ① K825.6

中国版本图书馆 CIP 数据核字（2020）第 210790 号

书　　名：通俗史家蔡东藩研究
TONGSU SHI JIA CAIDONGFAN YANJIU

作　　者： 李保明　著
责任编辑： 刘　丹
责任审校： 李　战
封面设计： 陈利忠

出版发行： 哈尔滨出版社（Harbin Publishing House）
社　　址： 哈尔滨市松北区世坤路 738 号 9 号楼　　**邮编：** 150028
经　　销： 全国新华书店
印　　刷： 天津雅泽印刷有限公司
网　　址： www.hrbcbs.com　　www.mifengniao.com
E-mail： hrbcbs@yeah.net
编辑版权热线：（0451）87900271　87900272
销售热线：（0451）87900202　87900203
邮购热线： 4006900345　（0451）87900256

开　　本： 710mm × 1000mm　1/16　**印张：** 18　**字数：** 292 千字
版　　次： 2021 年 1 月第 1 版
印　　次： 2021 年 1 月第 1 次印刷
书　　号： ISBN 978-7-5484-5657-5
定　　价： 72.00 元

目录

绪言

蔡东藩（1877—1945），名郕，字东藩，谱名椿寿，笔名东帆、东飘，浙江省山阴县临浦（今属杭州市萧山区临浦镇）人。近代著名通俗史学家。他10余年含辛茹苦，秉持“以正史为经，务求确凿；以轶闻为纬，不尚虚诬”的原则，先后编撰了11部、共计650万余字的历史演义小说，记载了上起秦始皇，下至1920年共2166年的历史。付梓出版后，一版再版，经久不衰，累计销量超1千万册，在通俗史学上占有重要地位。

蔡东藩生活于晚清到抗战结束这一中国近现代历史上最复杂、最动荡、最惨烈的历史时期。作为一名生活在社会底层的平民知识分子，从科举应试到致力“教育救国”兼为“稻粱谋”而埋首著述，最后终老乡野，其一生是普通而伟大的。他写尽了中国历史，为我们留下了一部裨益通俗教育的中国通史，虽时空远隔，仍有如晤对。然而，他自己的历史却成了谜，未能留下一张照片、一份履历，让研究者难以拨开笼罩在他身上的那层云雾。

历史常常会湮没一些本不该湮没的人，蔡东藩就是这样一个典型，在相当长的一段时间内很少得到学者的关注与研究。民国时期，只有他的一些好友、同行，如邵伯棠、许廑父、徐天啸、卢冀野等，在为其作品所作的序言中对他略有评介。例如，平襟亚为《清代十三朝演义》所作序言云：“蔡子东藩，今之积学士，明习史事，善谈掌故，著《清代十三朝演义》一书，搜罗宏博，褒贬精严，而于种族国际问题，尤三致意焉。是书一出，吾知有裨于学校社会，与夫研究史事者。”

1955年11月，上海文化出版社再版《历朝通俗演义》，并更名为《二十四史通俗演义》，著名历史学家顾颉刚为之作序。尽管受到当时政治形势和主流意识形态的影响，但顾颉刚对《历朝通俗演义》的成就与不足的评价还是比较客观公正的。1961年，《鸳鸯蝴蝶派研究资料》（上卷）收入范烟桥的《民国旧派小说史略》。范烟桥对蔡东藩及其作品有近千字的评价。1962年1月25日，著名历史学家柴德赓在《文汇报》发表了《蔡东藩及其〈历朝通俗演义〉》一文，对蔡东藩的生平著述、辛亥革命时期的思想和《历朝通俗演义》进行了概述和评论。此文可以说是蔡东藩研究史上第一篇专业性论文。

改革开放后，对蔡东藩的研究逐渐增多。著名的历史学家吴泽主编的《中国近代史学史》首次把《历朝通俗演义》纳入了通俗史学的范畴。1987年，詹文元在《浙江工人日报》上刊载近两万字的《山阴道上》，描述了蔡东藩青少年时期的奋斗历程，系第一篇关于蔡东藩的传记文学。同年7月，由中共萧山县委宣传部、政协萧山文史工作委员会等11个单位发起，举行蔡东藩先生诞辰110周年纪念会。次年8月，政协萧山文史工作委员会编印了《蔡东藩学术纪念文集》。该书收录吴泽、柴德赓、刘寅生、金名等教授、专家，以及蔡东藩后裔和知情者写的文章40多篇，为蔡东藩研究保存了不少有价值的史料。

2000年，范伯群主编的《中国近现代通俗文学史》出版。该书第四编有题为“蔡东藩与‘正史演义’”的专章研究。2003年夏秋之季，蔡东藩的出生地——临浦镇的当地政府举办了蔡东藩学术研讨会，向社会各界征稿。这些研究论文于2005年结集为《蔡东藩研究》由中国文史出版社出版，收录文章39篇。2007年，《绍兴名人传略》（文史卷）有2万余字的蔡东藩传略。2010年6月，李保明的《演义大家蔡东藩评传》约22万字由线装书局出版，为第一部蔡东藩的文学传记作品。该书对蔡东藩的著述作品的考证较为扎实，纠正了以前的许多缪误。其后，又以《浮生若梦——蔡东藩传》重版，7月，吴桑梓出版《临浦乡贤——蔡东藩》一书。2014年，陈梦麟主编的《二十世纪浙江国学家》出版，计收录57位名人。其中，以“演史巨笔　蔡东藩”为题，介绍了蔡东藩的生平和文学贡献，认为蔡东藩在普及中国历史知识方面的贡献是前无古人的。2015年，范志强著《蔡东藩评传》出版，为蔡东藩研究史上比较有学术价值的专著。除上述专著外，还有龙剑平的《蔡东藩〈后汉演义〉研究》，陈姝瑾的

《试论信史小说的创作——以〈后汉演义〉、〈三国演义〉、〈三国志〉比较为例》，刘桂梅的《历史演义小说与蔡东藩》等专题论文。

20 世纪 80 年代以来，关注蔡东藩及其作品的学者逐渐多了起来。纵观这些研究，其内容大致集中在以下几个方面。

其一，蔡东藩生平研究。这方面的研究除上述提及的几部（篇）传记类作品外，还有其他三类：

第一类是回忆性文章。如蔡福源的《颠沛　奋斗　奉献——纪念祖父蔡东藩》，周明道的《我所知道的蔡东藩》，金若水的《〈民国通俗演义〉的一点旧闻》等，主要集中于《蔡东藩学术纪念文集》中。由于是回忆性质，存在着不少舛误，不是很可信。

第二类是以年表形式记述的文章。特别是蔡东藩仲孙蔡福源于 1987 年所撰的《蔡东藩年表》，以年表的形式记述了蔡东藩的生平大事，第一次给我们提供了相对完整的蔡东藩生平经历，但依然存在着不少舛误、疏漏之处。如蔡东藩曾就读私塾，《蔡东藩年表》记录为“从二哥课读”；《留青新集》并非为蔡东藩的作品等等。另外，《浮生如梦——蔡东藩传》所附《蔡东藩大事年表》，对《蔡东藩年表》进行了校正，但有些记录依然有待确切史料的证实。

第三类为考释类文章。如陈志放的《关于蔡东藩生平的一些释误和质疑》，对蔡东藩候补知县的地点和临江书舍是租还是赠等问题进行了考证，纠正了不少错误。再如王炜常的《蔡东藩散论》，对蔡东藩的籍贯进行了论证，提出“蔡东藩是萧山人”之说。

蔡东藩生前颠沛流离，并在较长的时间内不为学术界所关注，其自传性著述《浮生若梦》等未及出版的手稿也在“文革”中散佚等原因，蔡东藩的生平研究依然存在着较多的缺憾。如关于蔡东藩的字号、籍贯、婚娶、科举考试的情况及除教育、著述外的其他生活经历等等，能供佐证的史料极少，致使一些不实说法广为流传，导致以讹传讹。

其二，蔡东藩作品的研究。这方面的研究主要集中于蔡东藩的历史演义上。且由于历史演义的文体特征，研究者要么从史学的角度，要么从文学的角度，做出不同的评价。史学家吴泽充分肯定《历朝通俗演义》，认为该书是通俗史学发展进程中的一块里程碑。1979 年，其撰写了《蔡东藩与〈中国历代通俗演义〉》，对蔡东藩生平思想、创作缘起、历史演义的创作观念及其在历史与小说创作之间的困惑与矛盾、思想的科学进步与正统保守及历史局限性等进行全面、细致的分析。后来，又在《蔡东藩〈元史演义〉的史料学研究》一文中，从史料学的角度，对蔡东藩在正史和稗史之间的材料处理进行了细致入微的探究。来新夏在《通俗史学家蔡东藩》一文中指出蔡东藩的历史演义自成“新演义体”，认为不得以小说视之，而当誉之为通俗史学。李志庭的《通俗史学、蔡东藩与中国近代史学》从通俗史学来考察蔡东藩的历史演义，认为蔡东藩堪称通俗史学之集大成者。

张赣生在《民国通俗小说论稿》中指出，蔡东藩明明要写小说，却为得“通俗教育之助”，选择依据正史这条非艺术之路，严重地影响了其作品的艺术质量。楼含松在《从“讲史”到“演义”——中国古代通俗小说的历史叙事》中指出，“蔡东藩新编历朝演义，要求自己‘语皆有本’，不过是历史的通俗化。到这时候，可以说历史演义的文学生命已经结束了。”陈子平在《中国近现代通俗历史小说史略》第四编第四章中也同样指出，蔡东藩是中国近现代历史小说史上“正史演义”创作的集大成者，是“历史”的“通俗化”“演义化”，认为蔡东藩客观的知识储备和禀赋不能为他提供足够的驾驭“小说”的素养和才能。

正统的史学界、文学界对蔡东藩的历史演义不议不论。通俗史学界、文学界又从不同的角度对其做出了不尽相同的评论。这些评论也大都提到了蔡东藩在小说与史学著作之间游移和矛盾的现象。那么，为什么会产生这种现象？如果我们反向思考一下，这是否正是蔡东藩历史演义的独特之处呢？由此，他又形成了怎样的历史演义观？又为什么会形成这样的历史演义观？这些问题还需要我们进行进一步的研究。

此外，蔡东藩还编著（含订正）有教育类书籍 8 部、类书 3 部、短篇小说集 1 部，对这些作品的研究仅有余德泉的《从〈联对作法〉看蔡东藩的联律观》，杜永毅的《中日外交史上一起教科书纠纷》等寥寥无几的文章。从现有资料看，自福建“宦游”归来后，蔡东藩一直从事着与教育相关的工作，从为“教育急进”而著述教科书，到“期为通俗教育之一助”而编撰历史演义。这些作品无不融入了他个人的价值观念，既有一脉相承的，也有前后变化的。因此，研究蔡东藩的其他作品，尤其是教育类书籍，是准确把握蔡东藩思想观念及其变迁轨迹的不可或缺的重要一环，理应引起我们的重视。

其三，蔡东藩思想的研究。作为从传统走向现代的一位中国平民知识分子，蔡东藩的思想呈现出既保守又进步的特点。但研究者都无一例外地指出爱国主义是蔡东藩思想最根本的纲领和基石性的内容。如富利刚在《蔡东藩的救国之路》一文中指出，蔡东藩走过了一条从清官救国、教育救国、演义救国到实业救国的救国之路。

蔡东藩思想形成过程正值中国近现代政治文化思想极为动荡的时期，先进的民主科学思想必然对他产生影响，成为他思想中进步的成分。如吴泽指出，“蔡东藩在‘五四’前后，受资产阶级民主与科学思潮的激扬，对鬼神、风水迷信以及某些封建保守思想，采取一定的批判态度。”

但蔡东藩又是一位深受儒家传统思想影响的人，在他身上不可避免地存在着陈旧的观念，甚至有时还表现得非常浓烈。如陈子平认为尽管蔡东藩对守旧、落后的历史观点也有怀疑、否定、更新的时候，但“正统”观念是蔡东藩创作历史小说最基本的历史观点，表现最为突出的是对每次农民起义都作否定性的攻击。同时，“天命观”“因果报应思想”“女祸论”等陈旧观念充斥在蔡东藩的历史演义之中。他指出，从精神实质上说，蔡东藩还是沉浸在“历史”的“君君臣臣父父子子”和“立德立功立言”的睡梦中的现代儒生。

可以看出，研究者已充分注意到蔡东藩作为一个从传统走向现代的平民知识分子的思想中的惶惑、矛盾、复杂的特点。那么，蔡东藩的思想是怎样形成的？决定他在新旧思想之间的选择取舍的原则又是什么呢？厘清这两个关键问题，才能让我们真正走近蔡东藩，进一步深入梳理其思想特点。

如果把邵伯棠于1911年为蔡东藩的《中等新论说文范》所作序言作为蔡东藩研究起点的话，迄今已历经100余年。以大众视角看，他的历史演义在不同的时代从不缺少读者，生命力很强。所以，邵燕祥说蔡东藩是属于人以文传的作者。二月河说，蔡东藩的历史演义既拥有读者，也拥有时间，并还要“拥有”下去。但100余年来，学术圈对蔡东藩的研究显得较为冷清，非但不全面系统，且尚未达到一定的广度和深度。

如此反差，如此分裂，或许正是研究蔡东藩的意义所在。本书力图在前人研究的基础上，从蔡东藩的生平、著述、思想及其自具一格的历史演义特征等方面展开讨论，以期对蔡东藩的研究有所补充、拓展与深化。

写有“善庆堂蔡”的提篮

第一章 惨淡的人生

一、少年寒窗

绍兴，古会稽郡，后为越州，为东南名郡、江南大府。清雍正《浙江通志》在“图说”中这样记载绍兴：

> 带山傍海，膏腴重地，以山水为郡，有层冈叠巘而无梯磴攀陟之劳，有大湖长溪而无冲激漂溺之患。领县八：首山阴；次会稽，并附于郭，千岩万壑，环列于鉴湖之上；次萧山，濒江负固，曰固陵；次诸暨，处万山之会，长江汇之；次余姚，壤接四明，与上虞皆在曹娥江之左，江发源浦阳，《水经注》所谓浦阳江是也；次嵊，次新昌，俱负会稽山之阳，并带剡溪，擅沃洲天姥之胜，与天台争奇竞秀于浙东者也。①

这里人杰地灵，名人辈出。古代有王羲之、谢安、谢灵运、陆游、王阳明等，到了近现代，更涌现出一大批能人志士，如蔡元培、鲁迅、秋瑾、马寅初、竺可桢等等。“鉴湖越台名士乡”正斯谓也。

“绍兴”之名，源于南宋。南宋建炎四年（1130），宋高宗驻跸越州，取“绍奕世之宏林，兴百年之丕绪”之意，下诏自建炎五年（1131）正月起改元绍兴，并升越州为绍兴府，辖山阴、萧山、会稽、嵊县、诸暨、余姚、上虞、新

① 嵇曾筠、李卫等：《浙江通志》，上海古籍出版社 1991 年版，第 1 页。

昌八县。元至元十三年（1276）改绍兴府为绍兴路，领六县（山阴、萧山、会稽、嵊县、上虞、新昌）、州二（余姚州、诸暨州）。至正二十六年（1366），复置绍兴府，领八县（余姚、诸暨两州又改为县）。明清时期，一直保持着这样的府县格局。

山阴县，因其地处会稽山之北而得名。康熙有诗云："灌木丛篁傍水幽，淡烟晴日漾芳洲。兰桡摇过山阴道，在昔人传镜里游。"东汉时，为会稽郡郡治。清宣统三年（1911），山阴、会稽合并为绍兴县，隶属绍兴府。

山阴县西南接界萧山、诸暨处，为天乐乡。天乐乡，始设于北宋太平兴国三年（978），因境内有琴石以为天然音乐而得名，北至金鸡山，南至欢潭，西濒浦阳江，东傍大岩、青化诸山。民国初期，筹备地方自治，县乡间建行政区。1929年，行政区下改称镇、乡，凡二镇（临浦镇、所前镇）三十六乡[①]，属第七区。

临浦因临浦湖而名。源自浦江的浦阳江是钱塘江的一条支流。古代浦阳江下游除零星分布的会稽山尾闾残丘外，是一片冲积平原。平原上河港交错，湖泊棋布。在这地区的许多古代湖泊中，最重要的有临浦、渔浦和西城湖。后来，经过历代的围垦，临浦湖逐渐缩小，直至围垦殆尽。南宋时，浦阳江改道西小江后，临浦就成为浦阳江和西小江衔接翻坝过闸的航道要冲，商贾云集，形成了市镇。明代天顺年间，为解除浦阳江水患，绍兴知府彭谊主持开通了碛堰山。自此，浦阳江折向西北注入钱塘江。

旧时，交通以水运为主。临浦溯浦阳江上游可至诸暨、义乌，沿下游可达杭州，经西小江又可抵绍兴、宁波，形成了四通八达的水路交通网。如此得天独厚的地理条件，让临浦成为一个活水码头，商贸业十分发达。最盛时期是民国初年前后，沿江靠埠货船多时达七八百只，大小店铺800余家，山水商客云集，茶馆酒肆遍地，时人称之为"小上海"。当时，临浦以大庙为界，东属绍兴县管辖，西属萧山县管辖。直到1950年，整个临浦镇划归萧山管辖，才结束了一镇二管的局面。

清末，国势衰微，内政腐败，外敌侵凌，中国面临内忧外患，各种矛盾错综复杂。光绪三年，旧历丁丑年六月十三日（1877年7月23日），蔡东藩出生在山阴县天乐乡牛场头（今属杭州市萧山区临浦镇）一个平民家庭。父蔡文杰，

① 汤叙：《天乐志》，1935年版，第1—4页。

祖父鼎辉，曾祖父武申。经查当地县志稿“选举”栏，未发现三人之名，可见他们三个人并没有成为文中之“杰”。蔡东藩的后代及诸多研究者认为，蔡文杰只是临浦一家丝行的小店员。蔡东藩在兄弟姊妹中排行第六，上面还有两个哥哥和三个姐姐。

蔡东藩的仲孙蔡福源在《蔡东藩年表》《颠沛　奋斗　奉献——纪念祖父蔡东藩》等文中指出，蔡东藩幼名椿寿，稍长名郕，号东藩，有时写成东帆或东颿。后他在《我的祖父蔡东藩》等文中改为名郕，字椿寿，号东藩。民国二十四年《萧山县志稿》也载：蔡郕，字椿寿。[①]但笔者发现宣统二年（1910）本《简易明经通谱（宣统已酉科）》（坤卷）中记载：

> 蔡郕，字东藩，年三十一岁，山阴县附生。曾祖武申，祖鼎辉，父文杰。[②]

“明经”为明清时代贡生的别称，“明经通谱”是科举时代记载贡生姓名、籍贯等资料的册子，具有较高的文献价值。那么，究竟哪种说法准确呢？

郕，春秋姬姓国名。郕国初封于宗周畿内，后改封至今山东境内。本字为“成”（如《中华全史通俗演义》的署名为“蔡成”），与“盛”通假。“东藩”即东方的藩国或东方州郡的泛称，正好解释“郕”字。古人取名，名与字之间有着必然的联系，或同义，或相关，或相对。名郕，字东藩，两者相关，这是符合古人取名规律的。而“号以明志”，“号”大都体现其人的思想、志趣、爱好、倾向等。以“东藩”为号，显然难以“明志”。

椿寿，长寿、高龄之意，典出庄子的《逍遥游》：上古有大椿者，以八千岁为春，八千岁为秋。蔡福源的《我的祖父蔡东藩》一文中有这么一段话：

> 在蔡东藩满月之日，蔡东藩的母亲面含希望的微笑，面对前来祝贺的亲友和家人说：“阿毛（当地对婴儿的昵称）今天满月，大家都很高兴，这名字不去请有学问的人取了，就由我给定为‘椿寿’吧！”接着她又解释

---

① 南开大学地方文献研究室，杭州市萧山区人民政府地方志办公室：《萧山县志稿》（民国二十四年），南开大学出版社2010年版，第530页。

② 《浙江优贡同年全录》，《简易明经通谱》（宣统已酉科），京师琉璃厂刊本。

道："我请教过别人，这'椿'是父亲的代称，'椿寿'就是愿他的父亲长寿，以此求得在父亲的支撑下，培育幼儿成人成才，你们觉得怎么样？"①

这段文字无疑是蔡福源根据"椿寿"的喻义演绎出来的，但从中也可以看出蔡文杰夫妇对新生儿的珍爱与期盼。在蔡东藩的著述作品中，未见其署"椿寿"的。当地乡贤周明道在《我所知道的蔡东藩先生》一文中说，蔡东藩有一兄叫椿台。② 这一说法如属实，那么"椿寿"极有可能是蔡东藩的谱名。谱名，即族谱中的名字，用作论资排辈之用。如孙中山，姓孙，名文，字载之，号日新，又号逸仙，谱名德明。笔者也曾在当地"怀远堂"蔡仕庆家的一份房分执中，发现见议栏有署"椿寿，蔡成"的字样。这是蔡氏家族之事，署谱名自然正常不过。

再者，在《国文新范》"著述大意"后的署名为"古越蔡郕甫东藩识"，《高等小学新国文范本》《中等新国文范本》"著述大意"后署名则为"古越蔡郕东藩甫识"。甫，古代加在男子名或字后面的美称，后来指人的表字。

综上所述可知，蔡东藩，名郕（也作"成"），字东藩，谱名椿寿，笔名东帆、东飒。

关于蔡东藩的籍贯，有"绍兴县""萧山县"两说。萧山县（今杭州市萧山区）在绍兴西北，隔钱塘江与杭州老城相望。汉时，为会稽郡余暨县。唐武德七年（624），称永兴县。天宝年间，始称萧山。宋高宗绍兴元年（1131），与山阴、会稽同属绍兴府。1959 年，萧山改属杭州市。蔡东藩出生在绍兴县（前属山阴县），那为什么民国二十四年本《萧山县志稿》也收有"蔡郕，字椿寿，优贡，山阴籍"的条目呢？王炜常认为，这说明蔡东藩寄居山阴前为萧山人。王炜常所说的"寄居"从科举制度上讲就是"寄籍"。旧时的科举制度，分区定额与原籍应试是两项基本原则。但考虑到流动人口的特殊性，历代科举制也实行寄籍应试政策。所谓"寄籍"，就是人户在寄居的地方入籍。清代，只要满足落户年限满 20 年，拥有田产、庐墓等不动产作为凭证，且原籍实不可归、又有族

① 蔡福源：《我的祖父蔡东藩》，陈志根：《蔡东藩研究》，中国文史出版社 2005 年版，第 2 页。

② 周明道：《我所知道的蔡东藩先生》，政协萧山市委员会文史工作委员会编：《蔡东藩学术纪念文集》，1988 年版，第 146 页。

邻担保等条件，寄籍者也可在寄居地参加科举考试。据此，王炜常又做了进一步考证：

> 蔡本姬姓，3000多年前的西周时期，文王姬昌的第十四子名叔度，叔度生仲胡，受封于蔡。战国时期，群雄逐鹿，蔡为楚国所灭。仲胡后裔便以封地为姓，以济阳郡为发祥地。唐朝时，其中一支南来会稽，卜居于今新昌县东28公里处的一个山青水秀的岙里。之后，子孙繁衍，遂名此岙为蔡岙。……萧山蔡氏尊怿，字直夫者为第1世（蔡岙14世）。元朝时，他自新昌蔡岙迁来，定居于萧山县城南门（今蔡家弄）和戚家池。[①]

詹文元也认为，蔡东藩世居萧山城厢，是该镇四大姓氏之一。为避祸乱，蔡东藩的父亲才从萧山移住临浦牛场头。[②]笔者曾走访蔡东藩的小孙子蔡福绥。据他回忆，他小时候每年都要到萧山城厢镇戚家池蔡氏祠堂祭祖。其曾祖父蔡文杰一脉迁至牛场头时，一幢房子共三间，他家住西厢。观王炜常三人所说，虽有出入，但相互印证，似乎说明了蔡东藩的籍贯当为萧山县。

现萧山图书馆仅存敦叙堂《萧山蔡氏宗谱》，该支尊汉勋公为第一世，以季一公怿为萧邑始祖。蔡怿，字元直，原为萧山吏，因兵乱回新昌，又与黄官为仇，复居萧山，赘许贤六都，后代定居于萧山县城南门。

另查《绍兴县志资料》氏族卷，只载“井巷蔡氏”条目，云：蔡恭政，明隆万间由诸暨迁绍兴井巷。此氏无谱，其后裔分居笔飞街。选举表中蔡铭恩、蔡元培皆属其裔。

很偶然，笔者走访蔡东藩庄里陈故居时，在一只提篮上发现了“善庆堂蔡”的字样，另一边则写有“蔡东藩置，民国四年”。显然，善庆堂应该是蔡东藩一脉的堂号。堂号，顾名思义就是家族祠堂的名号，各个家族编纂家谱即以堂号为依据。同姓同宗者堂号一致，同姓不同宗者则堂号各有不同。可惜，笔者在萧山、绍兴两地均未发现善庆堂蔡氏家谱。

---

① 王炜常：《蔡东藩散论》，陈志根：《蔡东藩研究》，中国文史出版社2005年版，第163页。

② 詹文元：《山阴道上》，政协萧山市委员会文史工作委员会：《蔡东藩学术纪念文集》，1988年版，第275页。

而且,《浙江优拔贡同年全录》因“底稿未交”，只录有“蔡郕，山阴县附生”字条，未如同科汪鸣璋、阮性传那样有着较为详细的介绍。所以，蔡东藩的祖籍究竟是萧山，抑或是绍兴，还需要有确凿的资料佐证，方能下结论。

蔡东藩一家八口，父亲蔡文杰只是一家丝行的小店员，薪水菲薄。要改变这种困窘的生活，唯一的办法就是让子女读书，读书或许能光宗耀祖，使家庭摆脱困境。于是，蔡文杰夫妇只好把三个女儿先后嫁出，把读书的机会让给了三个儿子。大女儿嫁到了天乐乡大汤坞（今萧山区进化镇大汤坞），上海会文堂书局的创办者汤寿潜及后来的主事者汤寿铭（字涤仙，号琴石山人）也是该村人；二女儿嫁到天乐乡田家（今萧山区所前镇田家）；三女儿嫁到天乐乡池头沈（今萧山区所前镇池头沈）。蔡东藩的墓葬就在池头沈割子山上。

物或损之而益，或益之而损，蔡东藩幼小羸弱，天资却是十分聪颖。当地流传着一个“神童对科”的故事：

> 椿寿5岁那年，眼看到了年关，父亲在为筹备过年的钱担忧，而小椿寿却为年的到来而高兴。这一天，父亲休息，当他听到父亲对娘说要去办年货时，就高兴地尾随父亲上了街。
>
> 小椿寿蹦蹦跳跳地跟着父亲走了山阴街又串萧山街，父亲的篮子里却没有增添多少年货。因为“白鲞烧肉”是小镇人过年必不可少的一道菜肴，所以父亲在一家南货店前停下了脚步，小椿寿也跟在父亲后面，看着父亲小心翼翼地在白鲞箩前挑拣着。
>
> 父亲因囊中羞涩只挑了三片小白鲞让店员过秤，正要付钱时，店内踱出一个身穿裘皮袍，手捏水烟袋的胖子，父亲抬头一看，知是南货店的老板。他还来不及打招呼，胖老板就对收钱的店员说：“慢来！”然后踱到小椿寿父子身边，看着这对衣衫单薄的穷父子说：“早就听说蔡文杰先生养了个神童，今天让我来考一考，要是考好了，三片白鲞算我送了。”父亲知道老板错将小椿寿当作了二儿子了，正要说明时，那胖老板已经开口说：“我的上联是‘三片小白鲞’，请神童对下联。”而小椿寿小眼睛一转就接了下联：“五个大乌龟！”而且把那个“五”字说得很重。在临浦方言中“唔”是第二人称“你”的意思，而“五”与“唔”同音。胖老板看到小椿寿才思如此敏捷，自己没有占上风还受到了奚落，不由红了脸，他只说了声：

“白鲞钱不用收了。”就赶紧进入后堂去了。①

故事或许是事实，也可能是戏说，历史与演义，贯穿交织，相辅相成，如此方能得以流传千古。

蔡东藩大约五六岁时，入私塾，“就葛师学”②。蔡东藩在《清史通俗演义》第一回中记述了一段幼年读书的情形，摘引如下：

> 到小子五六岁时，尝听父兄说道：“我国是清国，我辈便是清朝的百姓。”因此小子脑筋中，便印有清朝二字模样。嗣后父兄令小子入塾，读了赵钱孙李，念了天地元黄，渐渐把清朝二字也都认识。至《学庸论孟》统共读过，认识的字，差不多有三五千了。塾师教小子道：“书中有数字，须要晓得避讳！”小子全然不懂，便问塾师以何等字样，应当避讳？塾师写出玄字，燁字，胤字，弘字，顒字，詝字，指示小子道：“此等字都应缺末笔。”又续写歷字，寧字，淳字，随即于歷字，寧字，淳字旁，添写一曆字，甯字，湻字，指示小子说道：“歷字应以曆字恭代，寧字应以甯字恭代，淳字应以湻字恭代。”小子仍莫名其妙，直待塾师详细解释，方知玄字燁字是清康熙帝名字，胤字是清雍正帝名字，弘字、歷字是清乾隆帝名字，顒字是清嘉庆帝名字，寧字、詝字、淳字是清道光咸丰同治帝的名字，人民不能乱写，所以要避讳的。③

由此可见，蔡福源在《蔡东藩年表》中所记述的1882—1886年间，蔡东藩都是“从二哥课读”④的说法是不准确的。至于就读于哪所私塾，受业师又具体是谁？目前都无法找到相关的资料。

那么，蔡东藩究竟读了几年私塾呢？当地乡贤杨觉农在《衰翁絮语》中说：

---

① 朱冠右口述，吴桑梓整理：《小上海——临浦旧事》，方志出版社2004年版，第163—164页。

② 蔡东藩：《邵勉卿君行述》，陈志根：《蔡东藩研究》，中国文史出版社2005年版，第224页。

③ 蔡东藩：《清史通俗演义》，中华书局2015年版，第1页。

④ 蔡福源：《蔡东藩年表》，政协萧山市委员会文史工作委员会：《蔡东藩学术纪念文集》，1988年版，第111页。

父亲通用的名字叫杨宪锦……入私塾读书，与蔡东藩同窗，蔡比我父亲长3岁。因家境不宽裕，只读了五年半书，就辍学在自己店里管账，时年14岁。①

照此推算，至少11岁时蔡东藩还在私塾就读。据蔡福源记叙：

蔡东藩6岁左右，随哥哥读书。不久大哥去世，于是就由二哥教学。二哥比他大四五岁，天资聪颖，学习认真，十多岁时，已博览群书，能诗善文。当时亲友都目为“神童”，全家人的希望都寄托在他的二哥身上。可事情恰恰出于意料，他突患足疾，逐渐不会行走，医治无效，仅是苟延，不数年，回天乏术，就与世长逝了。②

另据《蔡东藩年表》，蔡东藩二哥去世那年，蔡东藩恰好十一岁。由此，我们不妨作个推断，五六岁时蔡东藩入私塾读书，十一岁时因大哥、二哥的相继去世，原本就捉襟见肘的家境越发雪上加霜了，蔡东藩不得不辍学。

幸而天无绝人之路，镇上仁康丝行老板金锦生的长子金宝英，和蔡东藩年龄相仿。金锦生为使儿子能更好地读书，专门请了塾师来家授课。他见蔡东藩天资聪敏又勤奋好学，对蔡家的遭遇也甚为同情，遂叫蔡东藩到金家给金宝英伴读。伴读，既可以让蔡东藩在学业上得到塾师的指导，又能免除束脩（古时学生送给教师的酬礼）、伙食等费用，对蔡东藩来说无疑是雪中送炭了。

一年或一年不到，蔡东藩离开了金家，来到所前镇二姐夫田沛鋆家，开始了另一种形式的伴读——与姐夫互相课读，一起准备考试科目。

田沛鋆家在当时属于自耕农，且家庭经济条件尚好，故此田沛鋆有意跳出田畈，走科举一路，以期能改换门庭，于是让内弟蔡东藩来伴读。但田家是个大家庭，有兄弟六人，叔伯、妯娌间时常对身患痨病的蔡东藩的二姐冷嘲热

① 杨觉农：《衰翁絮语（家世和我们的身世·我的一生）》，杭州艺文报刊印务2010年版，第11页。

② 蔡福源：《我的祖父蔡东藩》，陈志根：《蔡东藩研究》，中国文史出版社2005年版，第2页、第3—4页。

讽。[①] 寄人篱下的蔡东藩，心情难免会有些不舒畅。或许正是因为家庭的不幸、伴读的无奈，造成了蔡东藩敏感内向的性格。

一鸣从此始，相望青云端。1888—1889 年，蔡东藩和田沛鋆从科目内容到考试形式进行了系统的考前准备。

二、福建宦游

朝为田舍郎，暮登天子堂。在封建社会，读书、应试、取仕被视为读书人该走的正路。1890 年，也即清光绪十六年，岁次庚寅，正是童生应试之年。

这一年，蔡东藩 14 岁，他与田沛鋆一起走进了考场。据蔡福源描述：

> 蔡东藩 14 岁时，就和二姐夫一道去考秀才。田沛鋆比他大 20 岁左右，身材魁梧，而他身材瘦小。……进考场时人很拥挤，田沛鋆力大，双手挽着两只考篮，腰中系着一根布带，叫蔡东藩紧紧拉住跟随在后面，不知情的人看来好像父子同进考场那样。[②]

无论这一情景是否属实，从中都不难窥见应试人数之多。据研究，江浙地区为清代文教最发达的地区，该地区一般的县考生人数大约有 1500 人，其录取率约为 2%。[③] 所以，梁启超所谓“邑聚千数百童生，擢十数人为生员”的说法并非夸张。

清代童试三年两考，丑、未、辰、戌年为岁考，寅、申、巳、亥年为科考。初考县试日期多在二月，共试五场。第一场为正场，试四书文二篇、五言六韵试帖诗一首。四书文即以《论语》《大学》《中庸》《孟子》为出题范围，试帖诗也即律诗。考试是一天一场，黎明前，考生由县官点名入场，限即日交卷。第一场取录从宽，取者准考府试，以下各场续考与否，听凭自愿。

---

① 蔡福源：《我的祖父蔡东藩》，陈志根：《蔡东藩研究》，中国文史出版社 2005 年版，第 2 页、第 3—4 页。

② 蔡福源：《我的祖父蔡东藩》，陈志根：《蔡东藩研究》，中国文史出版社 2005 年版，第 3 页。

③ 王立刚：《清代童试录取率研究》，《社会科学论坛》2014 年第 3 期，第 67—75 页。

过了山阴县县试后，接下来要参加的是绍兴府府试。府试日期一般在 4 月举行，第一场为正试，取录者即可应考院试。

院试是童生考取秀才的最后一关，主考官为学政。各县之考期，由学政悬牌布告。考生按照试期，齐集考场，由学政亲自点名，较县、府试尤为慎重，防有冒名顶替等舞弊现象发生。院试分两场进行，正场试以四书文两篇、五言六韵试帖诗一首，即日交卷，不许继烛。复试题目为四书文一篇、经文一篇、五言六韵一首，并默写《圣谕广训》一二百字。①

院试合格的童生，方可称秀才，也即生员。生员有廪生、增生、附生之分。按清制，生员经过岁考、科考两场考试，名次在一等前列者，才能取得廪生的名义，每年发给廪饩银四两。后来廪生数额逐渐增加，这些新增加者即为增生。又于额外增取廪生，附于诸生最后，称之为附生。后来干脆把刚入学者一律统称为附生，其中在岁考、科考两次考试中获得等第高者可以补为增生、廪生。

晚清外交官薛福成曾说："世俗之视秀才也颇重，而得之者亦颇难。往往有文学均优，写作俱佳，而傥得傥失，年至班白犹溷迹于童子军中者。"②蔡东藩年仅 14 岁即成为秀才，殊为不易。这也让他成为当地的名人，随后一些地方名流举办的社交活动常邀约他参加。

> 这一年的中秋节，镇上望族汤家（笔者注：指汤寿潜二弟汤寿宓家）要宴请名流，能得到请帖的人也是算得上的人物，而东藩就收到了请柬。
>
> 东藩来到汤家举目一看，只见除了本地的名流，还有外地的名家，他不卑不亢地入了席。
>
> 菜上八味，酒过三巡之后，席上的名流们已经满脸红光而微露醉意，肚中有点文墨的手痒痒地想一显身手。想看别人笑话的，开始起哄。于是，主人将笔墨纸砚搬入了宴厅。
>
> 那些早已跃跃欲试的名流，纷纷拿起笔借醉发挥着他们的才气，有撰上一联的，有赋词一首，有五言也有七绝。东藩只在一边看着这些名流们洋洋得意地挥毫。忽地，有个人把东藩推到书桌前说："这位是此次科考秀才中的佼佼者，也是今天我们这里最小的宾客，何不让他赋诗一首，让大

① 商衍鎏：《清代科举考试述录及有关著作》，百花文艺出版社 2004 年版，第 3—31 页。

② 薛福成：《庸庵笔记》，江苏古籍出版社 2000 年版，第 163 页。

家一睹他的文采！”此人的话一下子赢得了宾客们的呼应。当然其中也有不服气，想看一看东藩笑话的人。而东藩一点也不怯场，他泰然自若地上前，拿起狼毫饱蘸墨汁，在早已铺好的宣纸上一挥而就。

东藩的快速而成让名流们惊讶，此诗意境新颖，不落俗套，音韵和谐，珠圆玉润，那一读一品真是一种享受！诗作在人们的惊叹和敬佩声中传阅着。

在宴会厅上首坐着一位长髯老翁，席间所有的诗作联句都放在他的手边，东藩的诗作最后也递到他的手上。老翁一读一品，摇头晃脑地一吟一唱，最后竟站起身来，朗声说道：“今日此诗为首，属上乘之作，作者可算得上临浦才子也！”老翁说毕，全场一片附和之声。而此时，东藩却站在厅堂中间面对老翁，有点生气地说：“我不是临浦才子，请你免开尊口。”说完竟拂袖而去。

第二天，汤家派人前往蔡家，一则对他昨晚的生气表示歉意，二则也想问问清楚，当个“临浦才子”有何不好？东藩说：“昨晚那老翁并不是称赞我，而是奚落我。”怎么会是奚落呢？东藩还有点生气地说：“他的用意是说，我这个‘才子’不过是临浦这一个小地方而已，我怎么能不生气呢？”汤家人这才明白，这个蔡家小儿郎，志在四海而并非只在临浦这个小镇。①

故事的细节，我们无从考证。从这个流传至今的故事中，我们可以感受到蔡东藩性格过于敏感的一面，也可以看出他虽雏鹰乍飞，却心存大志。他期望能飞过钱塘江，飞向更广阔的天地。

不过，童试仅仅是读书士子的进身之始，乡试才是科举中最具决定性的考试。乡试三年为一科，逢子、午、卯、酉为正科，遇万寿登极各庆典加科者为恩科。蔡福源在《蔡东藩年表》中记述了蔡东藩的两次乡试：

第一次是光绪二十五年（1899），岁次己亥。“适逢中秋，受聘家长派人送蒸鸡、月饼至考场犒劳，逊让间誊清待缴考卷不慎被鸡汤弄湿，又值考时将终，来不及誊清。落榜。”经查，1892—1905年间，清廷在浙江共举行了5次乡试，即1893年（癸巳恩科）、1894年（甲午恩科）、1897年（丁酉科）、1902年（壬

① 朱冠右口述，吴桑梓整理：《小上海——临浦旧事》，方志出版社2004年版，第165—166页。

寅补行庚子、辛丑恩正并科）和1903年（癸卯恩科）。故此，1899年并未举行乡试。而且，根据清代科举制度，贡院拨有号军照应士子的饮食，士子也需自备炊煮。再者，从科场回避制度看，科考期间是严禁闲杂人员靠近的，更不用说有学生家长送食物等。如果说是通过考场工作人员送入，那么蔡东藩也完全不必要"逊让"以致污损试卷。另外，从考试形式的要求和时间看，"中秋前夜"为乡试第三场，考策问五道。按商衍鎏的记述，乡试用纸有草稿纸和用来上交的誊真纸，誊真纸共16页，鸡汤会否把所有誊写好的试卷都污损，这同样令人生疑。如果不是全部污损，那么至八月十六，蔡东藩依然有足够的时间重新誊写。因此，蔡福源的说法是值得商榷的。

第二次是1902年，岁次壬寅。这一年，在签订丧权辱国的《辛丑条约》后，慈禧太后带着光绪帝回到了北京，决定举行壬寅补行庚子、辛丑恩正并科乡试，这也是清代举行的倒数的第二次乡试。秋，蔡东藩参加了该次乡试，"天气酷热，大汗淋漓，试卷汗渍斑斑。落榜。"这一次落榜的理由与第一次一样，都是试卷污损，这未免过于巧合了。从乡试的规定来看，为避免考生在试卷上留记号作弊，每场试卷上交后，都有专门的誊录人员对每份试卷进行誊录、对读，因此因汗渍而落榜的说法，显然也是不成立的。

另外，按蔡福源的记述，光绪十八年（1892）蔡东藩的父母相继去世。旧制，父母亡故，应丁忧三年，故蔡东藩应该未参加癸巳恩科和甲午恩科乡试。那么他是否还参加了丁酉科、癸卯恩科的乡试呢？又为什么没有"中式"？据现有资料分析：

一是其未尝为帖括所囿，应试能力不强。许廑父在《清代十三朝演义》"序"中有云：

> 《清代十三朝演义》一书，东越蔡子东藩所作。蔡子与余为葭莩亲。其人盖好学深思，为邑之宿儒。虽以帖括取功名，顾其心胸广远，识力超卓，未尝为帖括所囿，常为余谈历朝史事。自正史迄稗官言，上下千古，议论宏厚而渊博，盖处科举时代而研习史书，所造就至此。①

① 许廑父：《清代十三朝演义》（第一册），上海会文堂书局1949年版，序。

二是其家庭迭遭变故，难以专心应试。蔡福源在《我的祖父蔡东藩》一文中写道：

蔡东藩的父母长期来由于生活艰苦，又遭失去了二子之痛，忧郁成疾。虽然蔡东藩中了秀才，心里有些高兴，但积疾难医，不久相继去世。他贫穷困苦，父母的医药丧葬等费用，全靠二姐设法，一次又一次从其田姓姐夫家借来。该田家系自耕农，六房兄弟，生活共处，人事异常复杂。他的二姐由城镇进入农村，强劳动不胜负荷，因此患了痨病，日渐加重。有一次，蔡东藩去探望二姐的病情，谈到债务时，他二姐就泣不成声地说："小弟，爹娘去世，医药丧葬费都是从我夫家借来的，这是一个大家庭，叔伯妯娌很多，他们时时冷嘲热讽，难听的话说得很多，我做人很没趣味，经常暗暗流泪。我自知在世之日不多，你要替我争口气，能在我死以前把这笔债全部还清，否则，我是死难瞑目的。"蔡东藩听了这番话，心似刀绞。先是极力劝慰，继而痛苦沉默，最后毅然跨前一步，贴近二姐斩钉截铁地说："二姐，你放心，我一定尽力设法，在最短时间内，把这几百元钱的债如数还清。

天哪，家徒四壁，两手空空的蔡东藩一下子到什么地方去设法几百元钱呢？

回到家后，他百感交集，脑际涌现了家庭和社会的无数往事，政府的腐败，人民的困苦，使他忧心如焚，决心尽自己的力量，摆脱目前的生活困境。

适值乡试之年，一金姓富家慕名来请蔡东藩做"枪手"——冒名顶替该家的公子考举人。他深知干这样的事是有极大危险的，弄不好会人头落地，祸及门第。但为了偿还债务，就置封建王法于不顾，下决心铤而走险。结果使那家公子考中举人，得到一定的报酬。

蔡东藩得到了这笔钱后，就急匆匆地赶到二姐家去还债。他跨进田家的门槛时，正是他二姐弥留之际，连忙三步并作两步地疾趋病榻前，看到二姐确已憔悴不堪，气息奄奄。当对二姐讲明债已全部还清时，只见二姐微微地睁开眼睛，目光注视着桌上摆着的一叠叠银圆，用手指指心窝，嘴角边流露出一丝欣慰的微笑，不一会闭上了眼睛。

自那以后，在3年一次的乡试中，蔡东藩又去做了几次“枪手”。[①]

原来共有八人的蔡家，因嫁、丧等原因，只剩下蔡东藩孑身一人，且负债累累，其中的凄苦也只有蔡东藩自知了。如此困厄，蔡东藩当然不可能全力以赴应试了。更何况，乡试还是科举系统中竞争最为激烈的一级考试，至清代中后期录取比率甚至不足1%。所以，他未中举也是情理之中的事。

蔡福源在文中提到，蔡东藩为了还债，曾做过几次乡试的“枪手”。其中一次是光绪十九年（1893）癸巳恩科乡试，替一金姓富家子弟代考。但查《山阴县志》和《萧山县志》，在光绪十九年及前后几次科考中得中的举人来看，都没有姓金的。另一次是光绪二十二年（1896），岁次丙申。但这一年举行的是童生试，并非乡试。

再者，科举作为士子晋身、朝廷抡才的最重要途径，制度至清代已臻成熟，应对科场舞弊的防范措施和惩戒法律也日益完善与严密。清律规定：“枪手代请，为学政之大弊。嗣后凡有代笔之枪手，照诓骗举监生员人等财物指称买求中式例，枷号三月，发烟瘴地方充军。其雇代请代笔之人，照举监生员夹浼营干买求中式例，发烟瘴地方充军。知情保结之廪生，照知情不首例，杖一百。”[②] 这些规定虽然总难期弊绝风清，但“替考”无疑是存在着很大风险的。乾隆四十八年（1783），广西土田州知州岑宜栋为其长子岑照参加乡试事，请托永安州知州叶道和让其幕友曹文藻代考。案发后，岑照、叶道和被处斩，判“枪手”曹文藻绞监候。也正是在1893年，鲁迅的爷爷周福清，就是因为行贿主持乡试的同年殷如璋而被判斩监候，并直接导致周家败落。蔡东藩不可能不知道此前因科场作弊而受到严重惩罚的案例，况其生性又谨慎，因此“枪手”一说还是值得商榷的。

那么，蔡东藩究竟是怎样挣钱还债的呢？“儒者不为农工商贾，惟出仕与训蒙而已，出仕不可必得，训蒙乃分内事”[③]。据传，蔡东藩曾到杭州一满族人

---

① 蔡福源：《我的祖父蔡东藩》，陈志根：《蔡东藩研究》，中国文史出版社2005年版，第4—5页。

② 田涛、郑秦点校：《钦定大清会典事例》（卷286），《中华传世法典：大清律例》，法律出版社1999年版，第375页。

③ 齐如山：《齐如山回忆录》，中国戏剧出版社1998年版，第13页。

家当塾师，只是在时间上却众说纷纭。蔡福源的《蔡东藩年表》载是光绪十七年（1891），蔡东藩 15 岁时。詹文元的《山阴道上》认为是在其父母去世后的十六七岁时。《绍兴名人传略》则说蔡东藩“年近弱冠，就决意为父母分忧解愁。经友人荐介，蔡东藩到杭州一满人家里当家庭老师”[①]。蔡东藩在其《游西湖孤山记》中云：

> 余少时，读宋史林逋传，载结庐孤山事，辄心焉慕之。幸生长古越，间与武林仅隔一江，旦夕可至。弱冠时，馆杭城，尝与二三朋侣作湖上游。至孤山之麓，访巢居阁放鹤亭故址，辄流连不忍去。……余不文，愧无以记。越数岁去杭，飘泊南北，绝迹湖上者已久。民国成立，余返杭，应友人之招，出钱塘门，取道白沙堤，踰断桥及锦带桥，复至孤山……[②]

“二十曰弱，冠。”后世泛指男子二十左右的年纪。根据蔡东藩的家庭状况，最有可能属实的情况是蔡东藩失怙失恃后，年近弱冠时去杭城执馆。他要教授的学生是这个满族家庭的两个儿子，一个年岁和他相当，一个比他稍大。蔡东藩尽管年岁小，但他的才气和气度很快赢得这家人的尊重。

> 该满族人家藏书丰富，尽可供他阅览；杭州毕竟是省会城市，人物荟萃，文化深厚，交流频繁，他直接间接地有所接触，有所见闻；还有，此处有“书院”多家，他常常投稿得奖，并且有了研究和商讨的机会，从而为进一步扩大视野，增长见识创造了良好的条件，犹如远航的船，开始扬起帆来，为乘长风破万里浪而跃跃欲试。[③]

詹文元也认为，蔡东藩一有空暇，就到书院阅览抄书，还经常参加书院组织的有奖征文活动，并多次获得“膏火费”。蔡福源、詹文元所提到的“征文活

---

① 李永鑫、张仲清：《绍兴名人传略》（文史家卷），宁夏人民出版社 2007 年版，第 114 页。

② 蔡东藩：《游西湖孤山记》，《国文新范》（卷六），上海会文堂书局 1914 年版，第 31 页。

③ 蔡福源：《我的祖父蔡东藩》，陈志根：《蔡东藩研究》，中国文史出版社 2005 年版，第 3—4 页。

动”，应该是书院的考课。而所谓“膏火费”意为晚上点灯阅读的花费，是书院给予生徒的一种资助和奖励。这种政策一般是普惠性和竞争性并存，普惠性指多数书院对肄业生徒统一发放一定数额的膏火费，竞争性则是对考课优胜者的奖励。按蔡东藩当时的情形，只能算是书院的附课生，也即旁听生。旁听生也可以通过参加考课，获取“膏火费”。如著名桥梁专家茅以昇的祖父茅谦在中举前为养家糊口，曾每月数次渡江应扬州广陵书院考课以获取“膏火费”，但他并不到书院读书。①

杭州的书院至清代已达到极盛，其中以紫阳书院、万松书院、崇文书院、诂经精舍最为著名。紫阳书院位于城南紫阳山南麓，万松书院则于清代后期迁至城东葵巷，改称“敷文讲学之庐”。崇文书院位于西湖跨虹桥西，初以商籍子弟为主，晚清时已不只是商籍子弟就读了。诂经精舍地处孤山之阳，面对西湖，由清代阮元于嘉庆年间创建。1868 年—1898 年，著名学者、文学家、经学家俞樾执掌诂经精舍长达 31 年。在他的主持下，诂经精舍的教学内容以经史为主，在学术上主张实证，比较重视对生徒经史实用功能的培养。虽然俞樾也主张“仕学合一”，但专勉实学的诂经精舍毕竟有别于以弋功名为办学宗旨的其他书院。

清代，杭城的满人大多居住在钱塘门至涌金门的城区，相邻西湖。因此，从地域位置推断，最适合蔡东藩旁听的当然是崇文书院与诂经精舍了。而从蔡东藩“未尝为帖括所囿”，以及后期的学术表现来看，则与诂经精舍的教学主张最为吻合。

后来，蔡东藩在说起杭城的这段生活时，多次说过“乡下第一，城里立壁”的话，以此警诫他的后代。以“立壁”的心态，置身于浩如烟海的藏书中，名师精彩讲授的学堂上，以及学子们互相辩驳与研讨间，蔡东藩不断充实着自己，为他后来的著述打下了坚实的基础。

只是，蔡东藩“越数岁”就离开了杭城。他辞席的时间与原因众说不一。蔡福源《蔡东藩年表》记述为蔡东藩因“鸡汤污卷”落榜后，于次年（1899 年）辞去家塾工作。范志强认为是蔡东藩参加乡试失意而归，1900 年主动请辞。他还认为蔡东藩因“鸡汤污卷”落榜乡试的时间为 1898 年。② 可是 1898、1899

---

① 茅青：《我们家的人和事儿》，江苏文艺出版社 2009 年版，第 3 页。

② 范志强：《蔡东藩评传》，中国社会科学出版社 2015 年版，第 43—44 页。

年并没有举办乡试，只有1897年举行了丁酉科的乡试。如果蔡东藩师徒三人参加的是丁酉科乡试的话，那么詹文元在《山阴道上》一文所说的，蔡东藩是在满人家的两个儿子考中了举人后，于1903年离开杭城的这一说法也是不合情理的，因为落榜的师父不可能在学生中举后还能继续执教多年。

笔者认为，蔡东藩离开杭城的时间为1898年。请辞的原因有二：

一是1897年的乡试，学生中举了，他却落榜了。当时，汉人和旗人参加乡试，旗人子弟往往得到更多的照顾，所以蔡东藩的两个弟子双双上榜并非不可能。

二是他要回临浦结婚了。按《蔡东藩年表》，蔡东藩于1904年秋与王氏结婚，时年28岁。王姓是萧山大姓，苎萝王氏尊宋晋国公王祐为第一世，以王祐第七世孙王姓为始迁祖。明万历时，王篙致仕还乡后，在苎萝王村（今属萧山区临浦镇）建造了一座规模恢宏的花厅，万历帝御赐“乌台嘉奖”匾。所以，王村王氏又叫苎萝王氏花厅派。蔡东藩所娶的王氏即属花厅派，但家世的辉煌似乎与她无关。吴桑梓在《临浦乡贤——蔡东藩》一书中有段“演绎”：

这一天，他正在摇头晃脑地读书，他的堂叔上门来了，他连忙起身让坐倒茶。……堂叔说：“……他给你在乡间找了一个女子，虽然不通文墨，但人却贤惠，她从小死了爹，前不久娘也去世了，所以没有多少要求，只想找一个靠得住的人，不让她受气就行。我看倒是不错的，她没有嫁妆，你也不用付聘金，俩下里合在一起，也各有所依，你看如何？”蔡东藩一听，对方是一个无依无靠的可怜女子，就有了恻隐之心。[①]

婚后，王氏育有二子，长子震濆，次子震康。1914年春，蔡东藩38岁时，王氏去世。王氏去世后，蔡东藩曾撰联痛悼王氏：

无父母，无兄弟，无姊妹。卿似我，我亦似卿。十七年苦况齐尝，方谓同病相依，合当偕老；

多患难，多险阻，多病厄。死复生，生而复死。四百里征夫闻讣，自

① 吴桑梓：《临浦乡贤——蔡东藩》，中国文化艺术出版社2010年版，第29—30页。

悔临歧忍别，有负深情。[①]

联语催人泪下，感情真挚。“四百里”指上海与临浦之间的大致距离，“征夫”旧指远行之人。王氏去世时，蔡东藩正在上海会文堂书局从事编辑工作，以致临死都未能见上一面。“十七年苦况齐尝”则指蔡、王俩人相依为命，共同生活了17年，这显然与蔡福源所记不符。且据《大清通礼》，男十六、女十四岁为结婚年龄，蔡东藩不太可能一直到28岁才结婚。

所以，如果王氏确系1914年去世的话，那么蔡东藩应当是1898年娶妻王氏的。如此，才符合“十七年苦况齐尝”，才是蔡东藩离杭的真正原因。

正是蔡东藩大喜这一年的春秋之际，在古老的中国大地上上演了一场空前奇伟的改革运动，这就是戊戌变法。戊戌变法实际上是鸦片战争后历经内忧外患折磨的晚清社会全部民怨的喷发。运动的发生使长期积聚的矛盾找到了宣泄的突破口，很快造成“人思自奋，家议维新”“而耳目既开，民智骤进”“新政甫新之日……欢声雷动，学会林立，万众沸腾”的局面。然而，它像彗星那样在天空中无比壮丽地出现后很快就消失了。

对于戊戌变法，蔡东藩有着自己的见解。他认为“维新党人，锐意更张，亦未免欲速不达”。他主张，“善医者诊治弱症，必先培其元，然后可以祛邪，元气未培，猛加以克伐之剂，恐转有立蹶之弊。为政之道，何以异是？”[②]

因此，回到临浦的蔡东藩，在积极备考的同时，依然从事着“开民智”这一“培元气”的工作。据蔡福源《蔡东藩年表》载，蔡东藩在1900年辞去杭州家教工作后，离杭州到绍兴一教会学校任国文教师，1901年在临浦小学任教。后来，他又明确说绍兴的教会学校是指承天中学或越光中学。

鸦片战争以来，中国开始了自身现代化的进程。这一进程受到诸多外来因素的影响，其中西方传教团是一个不容忽视的群体。1903年，英国基督教圣公会在绍兴南门承天桥举办英华初等小学堂，后改名为承天中学，[③]即现在的绍兴文理附中。越光中学前身是1915年由马雄波等一批热心于“教育救国”的知名

---

① 蔡东藩：《挽妻》，《留青别集》（卷十一），上海会文堂书局1918年版，第17页。

② 蔡东藩：《清史通俗演义》，中华书局2015年版，第637—638页。

③ 谷雪梅：《英国圣公会近代以来在浙江办学述评》，《黑龙江史志》2009年第二期，第136页。

人士筹款（其中一部分经费由天主教“浙沪浸礼会”提供）创办的绍兴私立越材中学，1936年该校与私立浚德女中合并，易名为越光中学。显然，蔡东藩是不可能于1900年到这两所学校中的任何一所任教的。

傅振照认为，蔡东藩极有可能在绍兴府学堂任教。绍兴府学堂原为山阴乡绅徐树兰于1897年创办的绍郡中西学堂，假府城古贡院之山会豫仓为校舍。学校额定40名生源，每生须习国学、外国文（英法文任选一种）、算学等3科。教职员薪俸，以法文教习为最高，次英文，次算学，最次为国学者。1898年冬，戊戌变法失败。时任翰林院编修的绍兴乡贤蔡元培认定清廷政治改良无望，弃官回绍，应聘出任绍郡中西学堂总理（校长）。1899年，学堂更名为绍兴府学堂。蔡元培招揽“极一时之选”的教员，积极推进新式教育。1900年，蔡元培因不满守旧派的反对和校董的干涉，愤而辞职，学堂为之停办一年。1956年，学校正式改名为绍兴第一中学。

傅振照指出，1898—1904年，山阴、会稽两县没有教会办的学校，由此否定了蔡东藩曾在绍兴城内教会学校任国文教员的说法。他还认为，蔡元培任校长时，蔡东藩或慕名前往应聘，或被邀前去执教，都是可能的事，直到1904年蔡东藩才返回临浦。①

詹文元在《山阴道上》写道：

> 后来，经人介绍，蔡东藩到绍兴一个中学任教。这个学校是洋人办的教会学校，蔡东藩教国文，其他课程的任课老师，多是洋学堂出来的，唯有他是土生土长的乡下佬，工资最低，每月28块银圆，其他教师月资银圆五六十块。这些人才疏学浅，洋气十足，蔡东藩看不惯，加之次子染病，妻子患疾，只教了一年就离开了。②

詹文元所描述的教职工薪水情况与绍郡中西学堂薪俸较为吻合。据绍兴市第一中学所编《生生不息——一百二十周年校庆校友录》一书，晚清时期

① 傅振照：《蔡东藩行踪关键词》，陈志根：《蔡东藩研究》，中国文史出版社2005年版，第236页。

② 詹文元：《山阴道上》，政协萧山市委员会文史工作委员会：《蔡东藩学术纪念文集》，1988年版，第282页。

（1897—1911）教员名录收有“蔡郕”这一名字，任职修身、中国文学、历史教员，但没有明确的任职年限。[①] 因此，可以确定，蔡东藩离杭后曾在绍兴府学堂任教，至于是慕名前往应聘，还是受蔡元培之邀，则无法考证。

据蔡福源的《蔡东藩年表》记载，1901 年蔡东藩在临浦小学任教，后改在该校兼课。正是这一年，清廷谕令建各级学堂，“将各省所有书院，于省城均改设大学堂，各府厅直隶州均改设中学堂，各州县均设小学堂，并多设蒙养学堂”。在此新政下，山阴乡贤汤寿潜等人于 1904 年冬建成山（阴）萧（山）临浦两等小学堂（即临浦小学，今萧山区临浦镇第一小学），这是临浦最早的一所学校。[②] 蔡东藩在《邵勉卿君行述》一文中说：“及予壮，就乡校教师列，君之仲嗣志千来校肄业，与相切磋数年。”[③] 志千，指邵骥（1891—1964），邵勉卿次子，著名诗人邵燕祥之父。1909 年考取拔贡，与蔡东藩同科中式。据此，蔡东藩所说的“乡校”应该是临浦小学，且在该校任教数年。可见，蔡福源的说法有误。

因资料的缺乏，我们无法说清蔡东藩离杭后的生活经历，也不知道他是否参加 1902 年、1903 年的乡试。我们只能大概知道他一边以教书谋生，一边读书备考。但世事难料，庚子事变后，清廷为了缓解国人空前强烈的不满和愤怒，不得不于 1901 年宣布恢复“新政”。1904 年，日俄战争爆发，一向被中国视为蕞尔小国的日本竟然打败了强大的俄罗斯，这给清廷朝野上下极大的震动。1905 年，张之洞、袁世凯等人联名上奏，要求立即停止科举。清廷不得不采纳这一建议，于农历八月初四发布上谕，决定从 1906 年起，所有乡试、会试一律停止。

在中国延续 1300 年之久的科举取士制度，因形势所迫而画上了句号。这一制度的废止，对于正在闭门苦读、一心备考的士子们不啻灭顶之灾。如山西士人刘大鹏在日记中写道：“心若死灰，看得眼前一切，均属空虚，无一可以垂永久”[④]。

科举的停废，对于蔡东藩来说，是否也“心若死灰”？我们已无从得知。

---

① 绍兴市第一中学一百二十年校庆校友录编委员会：《生生不息——一百二十周年校庆校友录》，第 40 页。

② 临浦镇第一小学校志编纂委员会：《杭州市萧山区临浦镇第一小学校志》，第 1—2 页。

③ 蔡东藩：《邵勉卿君行述》，陈志根：《蔡东藩研究》，中国文史出版社 2005 年版，第 224 页。

④ 刘大鹏：《退想斋日记》，山西人民出版社 1990 年版，第 146 页。

恰是这一年的农历九月廿三日，蔡东藩的长子出生，取名震瀆。瀆，水涯也，有瀆衍、喷射、喷涌之意。给儿子取名震瀆，是希望儿子如江水般汹涌澎湃，还是如泉水般生机盎然？又或许，两者皆有。1907 年秋，蔡东藩次子震康出生。这个四口之家，妻子的贤惠体贴，儿子的绕膝相伴，让他享受了难得的家庭温暖与快乐。

应该说，清廷在废除科举制的同时，也考虑到举贡生员的出路问题，并采取了具体的措施来解决问题。1906 年，清廷颁布《举贡生员出路章程》，宽放出路。"查优拔贡向皆于优等生员录取，兼甄文行，所得人材较多，自应量予加取以广甄拔。拟请己酉科举行拔贡，照向额加倍考取。本年丙午，即系考取优贡之年，以后三年举行一次，各省均照例额四倍考取。岁贡并准照原额倍取，以惠寒酸。均于壬子年考优后一律停止"①。

科举时代，挑选府州县生员中成绩或资格优异者，升入京师国子监读书，称为贡生。清代有恩贡、拔贡、副贡、岁贡、优贡和例贡，其贡生别称"明经"。优贡之制，始于雍正元年。"未考之前，由各府、州、县教官将历届科、岁考经古文严格选择，曾考过三等者即不合格，一等录取最多者，出具品学兼优语呈送学院，谓之举优，其所举者多为廪生，每县数人，全省不过百数十人，被举后始能应考"。旧制，浙江定额为 6 人。

1909 年，各省举行补优拔贡考试。在江西，"平素足迹不履城市者，一闻考信，皆相率而来"，来考者多达 8000 多人。② 在浙江，留学日本、游幕各省者，"无不争先赶回，以求一售"，投考者 4800 多人。③ 时年 33 岁的蔡东藩，也最后一次走进了科举考场。

是时，学政已裁，由本省提学使为考官，时任浙江提学使为支恒荣。据商衍鎏著的《清代科举考试述录及有关著作》记载，宣统己酉科优贡考试，"试以史论一篇、四书义或五经义一篇。……即日交卷，不许继烛"，复试"题目史论、五经义各一篇，如额取定发正榜，无陪优之名"④。笔者查阅葛昌楣、阮性传、周积墉、王仁溥等人优贡卷，发现此次浙江优贡考试的题目主要有"唐置

---

① 朱寿朋：《光绪朝东华录》（第五册），中华书局 1958 年版，第 8457 页。

② 《考试优拔之现相》，《大公报》，1909 年 9 月 11 日。

③ 《四千八百余之优拔》：《大公报》，1909 年 8 月 16 日。

④ 商衍鎏：《清代科举考试述录及有关著作》，百花文艺出版社 2004 年版，第 194 页。

安东都护元立征东行省论”“问立法司法行政三权分立之说倡于何时　实行者何国其中有无流弊策”“群而不党议”“曰肃时雨若议”“申包胥伍员孰优论”“康澄五不足惧六深可畏论”“敬以直内义以方外议”“商鞅王安石同主变法孰为优劣论”。

如此高密度的考试，对于考生来说也委实不易。在浙江巡抚增韫奏报己酉科拔贡、优贡姓名折中云：

> 本届己酉科应行考取选拔生、优生，饬据各属切实保送，先由提学使分场扃试，慎加遴选。前来经奴才覆试，严密甄别，查照倍取新章，取录选拔生二百名，优生三十名，内除桐乡县学选拔生严杏林一名丁忧，覆试未到应，俟服阕后补行覆试，另行咨部。其余选拔生一百九十九名，优生三十名业经衡定榜示晓谕，并将试卷册结咨送吏礼二部核办。①

浙江己酉科共录取优贡生30名，平均年龄29岁。按《浙江优贡同年全录》所录顺序如下：来壮涛（萧山）、徐臣翼（萧山）、盛同枝（秀水）、方松年（仁和）、何沅（临海）、陈寅虎（萧山）、罗宾（黄岩）、戈宝森（衢州）、周积墉（平湖）、寿庆年（山阴）、蔡郕（山阴）、朱邦彦（富阳）、楼金鉴（萧山）、葛昌楣（平湖）、徐文澜（永康）、周恩绪（钱塘）、李清来（余杭）、王仁溥（萧山）、卢濬思（嵊县）、阮性传（余姚）、孟鸣皋（永嘉）、吴源（义乌）、钟焕光（诸暨）、俞育英（新城）、朱鄂基（余姚）、朱绍泮（仙居）、许登瀛（诸暨）、汪鸣璋（钱塘）、陈葆泰（海宁）、金品黄（东阳）② 查葛昌楣、阮性传、周积墉、王仁溥等人优贡卷，其标注的名次与《浙江优贡同年全录》所录顺序一致，所以蔡东藩应该是中试第十一名。

1910年，岁次庚戌，蔡东藩向省督抚处领取咨文，远赴京师。虽然目前没有发现蔡东藩北上京师的细节资料，但还是可以从张维的《游燕日记》得到些印证。张维，甘肃人，1909年考取甘肃第三名拔贡。次年春，赴京朝考，授学部书记官，入冬后请假省亲。《游燕日记》记述了他这次颇为不易的行程。张维于三月初八日，由家启行。四月二十八日，抵都门。

---

① 《奏为恭报己酉科考取拔贡优贡姓名分缮清单》，藏中国第一历史档案馆。

② 阙名编：《浙江优贡同年全录》，《简易明经通谱》（宣统己酉科），京师琉璃厂刊本。

二十九日，住西河沿玉荐栈。次日，移入内城所赁房。

（五月）初五日，以住房不佳，移至西河沿连陞店，然较费太浩，殊非诸事节俭之道。

十七日，由连陞店移居保安寺西廓院，内有槐树数株，亭亭如盖，房屋亦甚洁净，且饮食自做，较前方便矣。

二十日，赴礼部投文。

（六月）初四日，赴礼部，试四书义一，中国政治史论一。首"民不患寡而患不均"，作两开半。次"汉武帝、元太祖皆雄才大略，然兵锋所及有远近广狭之不同，试详考而论列之"，作两开。是日下五句钟出场。

初六日，游西直门外万牲园，内分动物、植物、农事三类。

十五日，礼部榜发。先是，十四日已有得耗报喜者。

二十一日，赴礼部纳复试卷讫。

二十七日，在保和殿复试。首题"权然后知轻重，度然后知长短义"，作两开半。次"秦孝公下令求能以奇计强秦者论"，作两开。是日下四句钟出场。

二十八日，揭晓，考二等。

（七月）初十日，谒张铁君学士、定正平京卿。

十三日，黎明，在养心殿引见。即日奉旨："交与吏部询问，授学部书记官。"即日到部，派在普通司行走。①

据此，蔡东藩应于五月到达京师，投呈礼部。当时，清廷已设立了学部，按清廷新规，从前之廪、增、附生等仍由礼部照例章核办，学堂出身之廪、增、附生等则由学部查照新章核办。②

参加举贡会考和拔贡朝考的，需先通过由礼部主持的考试，通过第一轮筛选后考生再于保和殿进行复试。各省优贡人数相对比较少，直接于六月二十七日在保和殿参加考试。

这次朝考的阅卷大臣为陆润庠、徐世昌、李殿林等 12 人。优贡朝考的四书

① 张维：《还读我书楼文存》，生活·读书·新知三联书店 2010 年版，第 115—126 页。

② 朱寿朋：《光绪朝东华录》第五册，中华书局 1958 年版，第 8458 页。

义题为“人道敏政，地道敏树义”，出自《中庸》。中国政治史事论题为“先王疆理天下，物土之宜，而布其利论”，出自《左传·成公二年》。

1910年优贡朝考共录取315人，其中一等优生145人、二等优生170人。蔡东藩得中一等优生第一百三十一名，得到了引见验看和授予官职的机会[①]。

金榜题名后的蔡东藩拜谒了主考官陆润庠，得陆润庠题赠条幅。《西太后演义》第三十六回“万牲园太后临幸，海晏堂西女写真”中，蔡东藩曾详叙万牲园动植各物。在自评中，他说“著书人曾亲历其境”。那么，蔡东藩游历万牲园，极有可能是在此次朝考行程中。

七月十三日黎明，蔡东藩随同中榜诸贡生在养心殿接受引见。关于此次引见，蔡福源有着这样的描述：

> 发榜后，他曾去朝见过皇帝。蔡东藩曾对人说过那次朝见的事：“说起这件事真好笑，比演戏还不如。为了朝见皇帝，花了很多的钱，去购买了一套绣花的朝服和一串朝珠。半夜里就在朝见的殿外等候。等到天将黎明，由太监传出话来，说是朝见皇帝了，于是跟着大家进了殿门，跟着大家跪下叩头，跟着大家叫万岁。这样身不由己地搞了一段时候，总算朝见结束了，各自可以回去了。天晓得，不但皇帝的影子没有看到，而且连什么大臣的影子也没有看到。[②]

朝考结束后，吏部按上届新章请旨：一等优生145名，拟用七品小京官35名，知县110名。二等优生170名，擬以按察司经历、盐运司经历、散州州判府经历、县丞掣分各省补用[③]。蔡东藩“着以知县分省补用”。

关于蔡东藩候补知县的省份，曾有福建、江西，或先江西后福建3种说法。但蔡东藩为天乐邵氏、萧邑陈氏分别所撰的《邵勉卿君行述》和《陈子颖君六十年来行述》的文后均落款为补用福建知县，显然是到福建候补无疑了。

这次考试，意味着最后一次优贡朝考的结束。其间的热闹喧嚣，可视为清

---

① 京都斋《宣统庚戌科优贡授职官职录》。

② 蔡福源：《我的祖父蔡东藩》，陈志根：《蔡东藩研究》，中国文史出版社2005年版，第3页。

③《呈此次各省优生朝考取列一二等各员请旨分别补用单》，藏中国第一历史档案馆。

王朝终结前的回光返照。张维得中后，曾写有“仗剑归来意气豪，香风浮动紫罗袍”的诗句，金榜题名，衣锦还乡，春风得意，抒发豪气壮志之情溢于言表。另写有“草草功名假与真，风云四海起云尘”“一年今此又秋风，鸡肋功名误英雄”等诗句，这些诗句反映出张维在新旧交替之际，对功名的矛盾心态。

我们不知道蔡东藩得中后是高兴还是踌躇。之后他于1911年春，凑足盘缠，辞别妻儿，踏上了福建赴任之路。也许他自己也不会想到自己的官宦生涯之旅，仅仅是一次短暂的“宦游”。

清代盛行新官候补制度，称之为“需次”。起初，候补人数尚可控。但随着晚清捐纳和保举行为的日益泛滥，候补官员犹如过江之鲫，群体迅速扩张。如清末四川一地，候补道员多达50人，知府有20多人，另知州、知县多达400多人，致使有些官员候补了20多年也轮不到。不仅如此，这些候补官员还被迫送往迎来，受尽上司的盘剥。

本就囊中羞涩的蔡东藩，既没有孝敬钱，也没有靠山，更不愿轻易折腰事权贵，故历久未得一差也是必然。而官场之龌龊，更让蔡东藩“形颊辄为之赫”。“吾枉文以求知，已增惭汗。若枉道以求官，是为国家增一蝇狗，即为国家多一蠹贼，负己尚可，负国家断不可也。”[①] 或许也是抱着这样的心态，在谋职无望的情况下，蔡东藩就打包行李，乞假归去。

正是这番遭遇，后来蔡东藩在《西太后演义》第一回中，述写了西太后父亲惠徵在安徽候补道员的处境：

> 西太后乳名兰儿。她的父亲叫作惠徵，曾为安徽候补道员。只因时运不济，需次了好几年，竟不得一好缺，弄得囊底萧涩，妙手空空，几苦得不可言喻……那时惠徵仍然听鼓抚辕，并没有一点喜信，典鬻度日，眼见得支撑不住，由忧成劳，由劳成病。那时已穷得没有饭吃，还有什么闲钱延医服药，只好卧床待毙。[②]

随后蔡东藩批注曰：“这就是候补官的写照。”也不知当年他写下这个批注时，是自嘲，还是抱怨？

---

① 蔡东藩：《客中消遣录》，上海会文堂新记书局1929年版，第68—73页。

② 蔡东藩：《西太后演义》（卷四），上海会文堂书局1925年版，第10页。

对于蔡东藩的此次短暂之行，其好友邵伯棠称之为“宦游”，而蔡东藩则自称为“游”。确实，游则游矣，只是没有获得实缺，称“宦”则实在勉强。虽然“未邀斗米徒耗千金，累岁积储已付乌有”。蔡东藩也并非一无所获，至少让他对官场有了清醒的认识：

吾见夫奔走钻营之辈，伺隙而入，择肥以噬，朝吮之暮咀之，日供其馋吻而个人不知，即知之而无如彼何。嘻，此蠹也，防不胜防，恕无可恕，殆蠹之尤者也，虽然犹其小焉，彼攫全国之脂膏，以填其欲壑者，真国之大蠹也。血已枯矣，而蠹如故。脉已竭亦，而蠹仍如故……①

正是蔡东藩赴福建“候补”这一年春，同盟会发动了第十次武装起义——广州起义。5月，清廷宣布了第一届责任内阁名单，引起轩然大波，时人讥之为“皇族内阁”。紧接着，又宣布铁路干线国有，更是激起了全国范围的反抗。清政府已是大厦将倾了。

所以，虽然宦海梦碎，但在当时风起云涌的时代中，对蔡东藩而言，又何尝不是一件好事呢？

三、笔下春秋

1911年夏，福建“宦游”归来的蔡东藩，又一次到上海会文堂书局拜访了好友邵伯棠。

原来，蔡东藩赴福建时，“道出沪渎”，曾拜访过邵伯棠。当时，邵伯棠将其所著《高等小学论说文范》交给蔡东藩阅读。阅后，蔡东藩评论说：“发爱国思想，播良善种子，莫如此文。”②

邵伯棠（1870—1911），字廉存，号希雍，天乐乡下邵村人（今属杭州市萧山区进化镇）。弱冠试为县学生，当过临浦小学教师。因清德既衰，政乖俗敝，遂弃举业，入姻亲汤寿潜创办的会文堂书局任编辑。他鉴于当时小学无精本可

① 蔡东藩：《释蠹》，《中等新论说文范》，上海会文堂书局1912年版，第9页。

② 蔡东藩：《重校高等小学论说文范书后》，《高等小学论说文范》（第四册），上海会文堂书局1913年版，第35页。

授，便自辟蹊径，编写《高等小学论说文范》。邵伯棠与蔡东藩为莫逆之交，蔡东藩称邵伯棠为其“畏友”。

此次，两上沪上再会，邵伯棠对于蔡东藩“宦游闽中，逾月即归”的行为极为赞赏，称之为“危崖勒马，智士也”。其实要说“智士”，邵伯棠才更是“智士”。他对当时的政治、社会有着深刻的认识，所以才会比蔡东藩更早一步“假借文字，陶铸国魂”。

期间，两人“纵谈当世事”，蔡东藩“究心教育有年”，认为应“以教育急进为第一义”，邵伯棠对此十分赞同。当时，邵伯棠正拟著述《中等新论说文范》，但“苦促促无暇晷”①，便邀请蔡东藩接手。然而，此时的蔡东藩或许还没有从“宦游”中走出来，前途迷茫，且离家数月，也惦记着家中妻小，因此以“予不文，学识又谫陋”为由推辞。

这年初秋，邵伯棠病重，再次“以书见招”，邀请蔡东藩编著《中等新论说文范》。蔡东藩“觉无可却”②，于是来到上海会文堂书局，从此开始了自己的著述生涯。

上海会文堂书局位于上海河南中路325号。1903年，沈玉林、汤寿潜（1856—1917，学名震，字蛰先、蛰仙，山阴天乐乡人）创办会文学社，1906年加入上海书业商会。清末民初，上海会文堂书局虽无法与中华书局、商务印书馆等相比，但并不逊色于民智书局、良友图书公司，在当时具有一定的社会影响力，后因遭遇盗版冲击和经营不善，几近倒闭。1926年，由汤寿潜胞弟汤寿铭（1873—1926，字笛先，更字涤仙，晚号琴石山人）出面将书局所有权、出版权、发行权及全部印刷机械、财产等盘给徐宝鲁，并改名为上海会文堂新记书局。在徐宝鲁接管后，借助其在南京国民政府的人脉，得到许可，独家经售大批法学书刊，书局由衰转兴。③因汤寿潜、汤寿铭是山阴人的缘故，改组前，会文堂书局汇聚了一大批萧绍人士，如邵伯棠、葛陛纶、葛遵礼、葛虚存、谢璿、孔宪彭、杜瀚生、何琪等。

蔡东藩因邵伯棠的邀请，来到上海会文堂书局，至1914年因妻子王氏病逝后才离开上海。这3年多的时间，他应该是以编辑的身份在书局工作的。离开

---

① 邵伯棠：《中等新论说文范》，上海会文堂书局1912年版，序。

② 蔡东藩：《中等新论说文范》，上海会文堂书局1921年版，序。

③ 吴平、李昕烨：《在追随大势中找准姿态》，《中国编辑》2016年第5期，第79—83页。

上海后，除《中华全史通俗演义》外，他的著述均由上海会文堂书局出版发行。那么，当时的蔡东藩与书局究竟是怎样的关系？

中国近代稿费制产生于19世纪八九十年代，到20世纪初已经很普遍了。当时的稿酬，除以千字为单位计算外，还有其他的形式。如把作家包下来，按月给予补助，其所有产品为出资者所有。如上海世界书局就包下了近代小说家平江不肖生。“所谓包下来，就是只许给世界书局写，而不许给别家书局写，就像上海戏馆老板，到北京去包名伶来唱戏是一个典型”①。蔡福源在《我的祖父蔡东藩》一文中说：

> 他写出了《清史通俗演义》，交给会文堂新记书局出版，仅拿了200元微薄的稿费。后来继续撰写，该书局与他订约，每月给其60元低酬。
>
> 1935年《历朝通俗演义》全部铅印出版时，那时他还健在，而该书局的老板就没有与他联系，不请他自己再写几句话，却找了个与这部书毫无关系的卢冀野，在每一种书的前面，各写了一篇与本书不大相干的序言。②

按蔡福源的说法，蔡东藩如同平江不肖生，被上海会文堂书局给包下来了。那么，每月60元是否是低酬？据相关资料显示，当时小学专科正教员每月俸给约60元，副刊编辑也在60元左右，而普通工人月收入约为10元。③因此，上海会文堂书局给予蔡东藩的月酬并不能说是低酬。当然，如按字数计酬衡量，像《清史通俗演义》共100回，计62万字，才合千字0.3元余，确实低廉。

蔡东藩在接手编著《中等新论说文范》前，曾与邵伯棠约法三章：“吾续子文，续体例，不续辞意，予无诮我也”。在得到邵伯棠“唯唯”承诺后，④他开始按照自己的思路，编著论说文范。“甫属稿，而三户闻已兴起矣。”此时，正是辛亥革命爆发之际。

---

① 孟兆臣：《中国近代文化市场的稿费制》，《通化师范学院学报》第26卷第5期，第1—3页。

② 蔡福源：《我的祖父蔡东藩》，陈志根：《蔡东藩研究》，中国文史出版社2005年版，第14—15页。

③ 杨兴隆：《民国初期各阶层的收入水平与生活状况》，《经济社会史评论》2015年第3期，第106—115页。

④ 邵伯棠：《中等新论说文范》，上海会文堂书局1921年版，序。

1911年10月10日，武昌起义爆发。11月7日，汤寿潜由上海返回杭州，被推举为浙江都督，浙江军政府成立，浙江光复。11月15日，独立各省的代表汇集上海，成立“各省都督代表联合会”，后选举孙中山为中华民国临时大总统。1912年2月12日，隆裕太后以宣统帝的名义发布退位诏书，从此几千年的封建帝制统治寿终正寝，中华民族历史上一个新的时代到来了。

辛亥革命前后至“五四”时期，是中国由传统社会逐步向现代化转型的重要时期，在此时期知识分子经历了一个构建和分化的过程。绍兴知识分子中，有拿起武器为辛亥革命吹起前奏者，如徐锡麟、陶成章、秋瑾；有资产阶级知识分子和激进的小资产阶级知识分子，如蔡元培、罗家伦；有具有初步共产主义思想和早期马克思主义者，如沈定一、邵力子；也有以马一浮为代表的现代新儒家和以罗振玉为代表的封建文人。

蔡东藩没有负笈留学的经历，没有系统经受“欧风美雨”的洗礼，但在时代的大潮中，他也在寻求思想的重塑。他憎恨封建专制制度，于是“就时论事”，把对新政府的期望写入了书中。如《拟上新政府书》，对“国是更新，扫除蟊贼，革二千余年之积弊，合五大民族为一家”表示了极高的热情，并对新政府执事诸公提出了“首在公，次在信，又次在廉明，又次在严肃”的谆谆告诫。在《拟告国民军文》中，对国民军将士“谨以拳拳之诚，为我可敬可爱之热血诸君告：吾国民苦专制久矣，赖诸君之力，奋勇直前，得易专制而为立宪，此固吾国历史上未有之快举也”表达了敬佩之心，也提出了“去私心、守法律、蓄锐气、存人道”[①]的殷切期望。从这些篇章文字中，我们不难触摸到蔡东藩对新政府的兴奋和激动之情。

1912年2月，《中等新论说文范》正式出版，全书分为4卷，共计80篇，由邵伯棠作序。“这部书反映时代特点很强烈，文笔又很锋利，民国初年的青年受它的影响很大，比之当时流行的梁启超的《常识文范》有过之无不及，这是研究近代教育史、教科书的人所不能不注意的一部书”[②]。

只是，为之作序的邵伯棠却无法看到这一佳绩了。这位在蔡东藩人生扮演重要角色的“畏友”，因病于1911年农历七月二十八日亡故。他的去世，使上

① 蔡东藩：《中等新论说文范》（第四册），上海会文堂书局1921年订正22版。

② 柴德赓：《蔡东藩及其〈历朝通俗演义〉》，政协萧山市委员会文史工作委员会：《蔡东藩学术纪念文集》，1988年版，第121页。

海会文堂书局失去了一大柱石。汤寿潜在挽联中写道：

> 亡之命矣，斯疾斯人，为善者惧甚；
> 伤哉天乎，而今而后，吾文将托谁。[①]

邵伯棠的去世，也让蔡东藩抱怨老天之可恨，“迨楚中倡义，而邵君遽逝世，天乎，天乎，并数十日之寿命而亦靳之，不令目睹共和，一快心志，殊可恫也”[②]。

生前，邵伯棠认为，“欲救国必革命……欲政治革命，当自文字革命始”。为此，他先后编著有《初学论说文范》《高等小学论说文范》《女子论说文范》等教材。其中，《高等小学论说文范》被其视为“惬意之作”，该书于1911年4月出版。但民国成立，邵伯棠原著“于时事或有未符”，所以，上海会文堂书局主人嘱蔡东藩予以修正。

面对“畏友”的遗著，蔡东藩的心情无疑是沉重的。但相较于民国初年的现实，他的心情却更加沉重。诚如马一浮在《邵君家传》所说，“然自君（指邵伯棠，笔者注）殁而生民之患益烈，忠信之道日乖，君虽不幸早逝，庸讵知非天之所以厚君耶”[③]。此时，曾因辛亥革命而热血沸腾的中华大地，在狂热过后，却是党派纷争，内乱频仍，中华民族似乎并没有从根本上获得新生。蔡东藩也很快从满怀希望转为忧心忡忡。如在《国耻论》中所云：

> 请言内讧，民国成立，未及期年，内阁之迭起迭仆者，已再见矣。彼攻此击，相位未安政乌乎理？参议员争权争利，开会集议，徒事喧呶，法乌乎立？中央主集权，地方主分权，北蒙、西藏迄未有定，国乌乎安？此其大可患者一也。请言内治，财政棼乱，元气凋敝，将何以救之？实业未兴，饥民满目，将何以生之？教育幼稚，道德堕落，将何以挽之？将骄卒

---

① 李维松：《萧山对联集成》（内部资料），第209页。

② 蔡东藩：《重校高等小学论说文范书后》，《高等小学论说文范》（第四册），上海会文堂书局1913年版。

③ 马一浮：《邵君家传》，《山阴天乐邵氏宗谱》。

骄，听之不可，去之未能，将何以处之？此其大可患者二也。[1]

七个问题，两大可患，让蔡东藩不得不为新生的共和国担忧。面对如此困局，当时所谓的"雄杰"只顾行乐，所谓的"志士"空争忧国虚名。刘琨晚抱闻鸡恨，安得英雄共著鞭。当蔡东藩得知我国近代航空事业的开拓者冯如在一次飞机表演中机堕身亡的消息时，痛惜之余，提笔为冯如写下了传记。传记的最后，他写道：

> 吾国之晓飞行术者，未之前闻，仅得冯君为先河之导。天遽夺之以去，设非后起者勉为赓续，则冯君救国之志，将何日偿耶？君卒三十，热诚报国，死于非命，亦可哀已。受业于君者不一人，朱子甘泉最著名，师承之责，殆于是乎在？[2]

1912 年冬，经蔡东藩字斟句酌订正的《高等小学论说文范》出版。订正版的《高等小学论说文范》极为畅销，至 1913 年 9 月，已经发行至第 10 版。但也正因为其畅销，却引来了一场外交风波。

1914 年 9 月 13 日，日本东京《日日新闻》上曾发表一篇题为《抗议支那政府——灭绝充满排日文字的支那教科书》的文章，主要内容是：

> 中国当局口称日中亲和，标榜亲日主义久矣。可观其行为，尽做排日之事，不见亲日精神。且不惟当局要员官宪，民间人士亦多倾向排日，吾辈不觉甚感忧虑……中国全国小学所用教科书《高等小学论说文范》内充斥排日之激烈文字，辱日之痛切言辞，欲使中国小国民与其父兄同样，培养以日本为敌国之精神。现举二三例：在《日记》题下，有"愤日人并吞朝鲜之野心勃勃，思有以创之"之描述。而犹以《民气说》中一节为最："彼区区之岛国，犹时存一席卷神州之野心者，异日，吾国自强，将粪除彼

① 蔡东藩：《与友人论却外患书》，《高等小学论说文范》（第三册），上海会文堂书局 1913 年版，第 18 页。

② 蔡东藩：《中国飞行家冯如传》，《留青别集》（卷二），上海会文堂书局 1918 年版，第 11—13 页。

土，以为吾族之公园而已。”中国令小学生用此等教科书，养育如此之思想精神，则可形成日中交战之原因与动机，酿远东战壕，违和平人道。然吾国政府迄今未提任何抗议，此书民国元年出版，俟三年后之今日已然再版十四次，吾国竟不闻不晓，是何体统。此事当追究吾驻中国公使馆及各地领事馆玩乎职守罪责。而今即已明了，乃应由吾外交官直接抗议中国政府，铲除此等教科书，方可端正中国排日方针以示亲日之诚意也……[①]

紧接着，9月26日，日本驻华公使日置益向中华民国教育总长汤化龙提交了一份照会。原文如下：

济武总长先生阁下：敬启者，本月14日，东京《日日新闻》暨大阪每日新闻“论说”，有贵国教科书鼓吹排日思想一层，据云《高等小学论说文范》一书，载有种种诡激文字，挑发恶感，鼓吹排日思想等语，一一指摘抄登，鄙人一读，甚为诧异。窃愿无其事实，但因事关两国感情，顷由本馆调查。即有上海广东汉口天津各处会文堂，发行《高等小学论说文范》一书，系属山阴邵伯棠著作；虽非经由贵部审定，内载有种种诡激文字，挑发恶感，鼓吹排日思想，实有甚于本国各报指摘者矣，特此抄录附呈，以供台览。且阅其跋文，此书武昌倡义以前，已经发行，出书数月，售销万余部。至民国三年四月，重印十五次之多，风行全国之情况，既可概见。其于贵国一般心理鼓吹排日思想之深切，实有不堪设想者矣。是不可解者，此书发行已经三年，风行全国，而贵国一般官宪，更无何等措施，言念及之，至为可惜。查各国报纸，时因误会感情冲突，言论过激，常有其例，但此项《高等小学论说文范》一书，虽非贵部审定之教科书，既系供用小学教育。此等诡激文字，不啻于贵国儿童教育，一般感念有害耳。且于两国感情亲交，大有妨碍。想阁下必有同感矣。特此函布尊处，以资注意，高明洞察，想有相当之措施以善其后者也。顺颂公绥，顿首。九月二十六日。[②]

---

① 《日日新闻》，1914年9月13日。

② 《教育杂志》第六卷第八号。

民国期间，中国和日本之间曾围绕着教科书的内容进行过激烈的交锋，而这次围绕着《高等小学论说文范》的交锋实属第一桩。在一番调查后，汤化龙复日本公使书云：

特启。昨奉华函。谨悉上海会文堂出版之《高等小学论说文范》，言论偏激，有伤中日两国感情云云。查民国师范学校及中小各学校教科书，皆取审定制。非审定者，不得采用，所称《高等小学论说文范》一书，未经本部审定，各学校自不得采用。且细查其中文字粗劣，毫无价值可言。自民国成立以来，中国政府对于贵国交谊，极为和洽，该书不过前清末年一私人之感想，发为文字而已，不足以代表全国舆论也。又查该书著者邵伯棠，现已物故，民国法律，许人民以出版自由之权。此次翻版，与法律并不抵触。顾其偏激夸诞之处，恰似贵国学者所著《东亚之霸权》一书。抑或为此等书籍言论之反响，亦未可知。贵公使注意邦交，关心民间之私议，欲调和两国人民感情，钦佩无量。除面饬本部视学员至各省调查学务时，如见有学校采用者随时禁止外，还恳贵公使转请贵国政府，将中国分割之运命等诸种言论，善为取缔。则传话机之滥语既无，受话机之反响自寂。此我两国邦交上至要之处，乞互相注意为祷。顺颂公安。①

可以说，维护教科书体系的自主权，就是维护主权国家的教育权，这关系到国体与国家的尊严。汤化龙的回复虽做出了较大程度的退让，但也在一定程度上进行了反击。为了不扩大事态，汤化龙不敢怠慢，旋即向总统袁世凯报告。袁世凯遂于 10 月 2 日颁令：

现有私人著述小学教科书，内含排斥友邦思想等各语，查民国成立以来，向以亲仁善邻为政策，小学教科书，系国民教育根本，正谊纳入正轨，养成任重致远之才，岂容以排斥友邦之学说鼓吹青年，致启学校虚骄之风，而失政府敦睦邦交之旨，著教育部详细审查，遇有前项文义，驳令修正，并行各省巡按使，通饬所属，严行查禁，毋得稍涉疏忽，是为至要。此令。

① 《教育杂志》第六卷第八号。

中华民国三年十月二日。①

10月12日，教育部饬知本部编审员："遇有立言诡激之教科书，驳令修正"，并饬部派视学员随时禁止，以杜流弊。②

那么，《高等小学论说文范》中的哪些篇章刺痛了日本人，属于"诡激文字，挑发恶感，鼓吹排日思想"呢？纵观《高等小学论说文范》260篇文章，其中涉日及相关内容的大致有如下五段：

> 吾闻斯巴达小国也，其人民赴战，则口唱从军乐者也。日本岛国也，其人民之侠者，则以武士道自夸也。吾泱泱大国，汉之时威慑两夷，唐之时臣服高丽，今之土地犹昔也，人民犹昔也……岂竟遂一蹶不振耶？吾以为此非他，实不尚武故。不尚武，故民气馁。民气馁，故重死而以国为戏。（卷一，《尚武论》）
>
> 某日，晨起，温课。早膳毕，上国文科，先生为讲史记游侠传。慨想古时朱家郭解，振人之困，与豪暴为仇，心中怦然。次算术，颇有所悟。次地理，愤日人并吞朝鲜之野心勃勃，思有以创之。时钟鸣已十二下矣，过午膳，小憩，阅各报纸，不觉悲从中来。（卷一，《拟日记》）
>
> 凡人之爱其国者，未有不爱其国所产之货者也。吾闻德国人之爱国也，凡一切食用服御，无非德货也。日本人之爱国也，凡一切食用服御，亦无非日货也。（卷二，《贵土货贱洋货议》）
>
> 大革命之风潮骤起，而四海之内云集而景从，彼腐败恶劣之旧政府卒为数十百健儿所颠仆。总统由公举，政府由公决，国法由公议，共和万岁之声洋溢于耳。以如此发达之民气，诚能锲而不舍，吾知一转瞬必能雪国耻，挽危局，以为东亚之主人翁也。彼区区之岛国，犹时存一席卷神州之野心者，异日，吾国自强，将粪除彼土，以为吾族之公园而已。呜呼，可以兴矣，黄炎祖宗，实式凭之。（卷三，《民气说》）
>
> 我国之有东三省，犹用川之有防也。防溃则水至，东三省去则国亡，此无可讳者也。日人自吞灭朝鲜后，急急欲伸其手于东三省，其视之犹囊

① 《教育杂志》第六卷第八号。

② 《教育杂志》第六卷第八号。

> 中物也。今则昌言于众，或主兵力，或主商队，必欲得之而后已。甚且野心勃勃，更欲侵及东蒙。呜呼，日人何甘为戎首，好自其戕同种耶，夫世界有何公理？（卷四，《论东三省》）①

以上所录五段，《民气说》中“大革命之风潮骤起……共和万岁之声洋溢于耳”及《论东三省》中“甚且野心勃勃，更欲侵及东蒙。呜呼，日人何甘为戎首，好自其戕同种耶”为蔡东藩订正外，其余未改。可见，蔡东藩还是认同邵伯棠所说，才续其辞意的。

客观地说，上述文字中，《尚武论》《贵土货贱洋货议》所涉日内容，与其说是煽动排日，倒不如说是对日本人的尚武精神及重视本国货的心理及行为的羡慕。当然，《民气说》所表述的主旨的确反映了当时中国人对日的最为激烈的排斥情绪。这种视自我民族为中心的态度和过激言论，有伤邻国感情，不论在当时和今天来看，“粪除彼土，以为吾族之公园”是过分而不可取的。但这是当时面临亡国灭种边缘的爱国知识分子的呐喊，这种情感的强烈迸发，与当时黑云压城的国际形势和中国人的可怜遭际有着直接的关系。自 1840 年鸦片战争后，中国成为任人宰割的对象，而来自日本的威胁，无疑是最为紧迫的。当然，过激的言论不可取，但如果当时的中华民族再继续麻木下去，或许将会沦为他国的公园了。

《会文堂书局图书目录》中简要地记叙了此次外交纠纷的经过，现录如下：

> 惟原书鉴于国势之阽危，对于国际关系不无过激之谈，致东邻日本振振有词。民国三年十月教育总长复日本公使函，仍许本局自由出版。本局特加修正，去其夸激之词，改版发行。②

那么，《高等小学论说文范》是如何修正的呢？又去掉哪些“夸激之词”呢？举例如下：

> 大革命之风潮骤起，而四海之内云集而景从，彼数百年来专制之淫威

---

① 邵伯棠、蔡东藩：《高等小学论说文范》，上海会文堂书局 1913 年订正 9 版。

② 《会文堂书局图书目录》，1931 年春季重刊，第 6 页。

卒为数十百健儿所颠仆，嗣是合五大民族而造成一立宪国，中华万岁之声洋溢于耳。以如此发达之民气，诚能锲而不舍，吾知一转瞬必能雪国耻，挽危局，以为东亚之主人翁也，我五族健儿其有意乎？巍巍昆仑，浩浩太平洋，非我五族健儿各露头角、各展骥足之好场所耶？呜呼，可以壮矣，黄炎祖宗，实式凭之。(《民气说》)

我国之有东三省，犹用川之有防也。防溃则水至，东三省去则国亡，此无可讳者也。瑷珲条约及北京条约之割地，固无论矣。试观十年以来，东三省之景象又何如耶？森林、矿产、路权、航业果何人经营之而把持之耶？白山黑水间一角逐之场耳，一荆棘之业耳。即曰不亡而去亡不能以寸，即欲讳言而欲盖反以益彰。喧宾夺主，名存实亡，川溃矣，水至矣，障之防之责果谁属耶？（《论东三省》）①

在教科书中提倡民族主义、培养爱国思想，是各国通常的惯例。然弱国无外交，甚而连教育权都会受到他国的干涉，不知蔡东藩在遵嘱再次修正《高等小学论说文范》时，会作何感想？

1912—1913年，蔡东藩还著有《女子初学新论说范本》《中华民国女子高等小学国文教科书》，并重新订正了《中等新论说文范》，评校了《初学论说必读》和《初等小学本国地理教科书》。其所著的《中等新论说文范》、订正的《高等小学论说文范》与邵伯棠的《初学论说文范》;《女子初学新论说范本》（适宜初小）与邵伯棠的《女子论说文范》（适宜高小）;《中华民国女子高等小学国文教科书》与何琪的《女子初等小学国文教科书》皆形成系列。这也体现了上海会文堂书局早期以出版新式教科书为主的经营特色。

1913年1月，北洋政府公布的《文官考试法草案》，规定文官普通考试的科目为国文、历史、地理、笔算、法学通论、经济学。上海会文堂书局抓住时机，组织蔡东藩、葛陛纶等编写考试参考书。葛陛纶编著有《国史概论》《地理概论》，蔡东藩编有《国文新范》。

正当蔡东藩着手编著《国文新范》时，该年夏，其7岁的次子震康病亡。蔡东藩悲痛地写下了《哭亡儿》:

① 邵伯棠、蔡东藩:《高等小学论说文范》，上海会文堂书局1921年订正56版。

七载提携，顾失母娇儿能无下泪；
一朝怛化，教伤心阿父何以为情。[①]

爱子夭亡，对蔡东藩妻子王氏的打击很大，原本不是很好的身体越加羸弱不堪了。蔡东藩只好暂留临浦，一边照顾家庭一边著书。因家居生活嘈杂烦乱，不是读书和著述的环境，蔡东藩只好到官弄19号去写书。

官弄19号是一个小墙门屋，天井两边各有厢房，住着蔡东藩的两个侄子。大侄子蔡逸斋，号铁才，别号藏古焦尾琴居主人，擅金石书画，精医，分住东间，中间堂屋作行医用。西间住的是小侄子蔡彦斋（西泠印社社员），蔡东藩则在蔡逸斋处写作，完成了《国文新范》的著述。

随后，等家庭稍为安顿，蔡东藩又赴上海会文堂书局工作。

然而造物弄人，不久家中又传来了噩耗。蔡东藩的妻子王氏病情加重，生命垂危，他只得匆匆从上海赶回临浦。回到家中，王氏已躺在灵床上了。刚经丧子之痛，今又丧妻，蔡东藩正可谓是"无处话凄凉"，只能眼含热泪为妻子写下一副挽联：

无父母，无兄弟，无姊妹。卿似我，我亦似卿。十七年苦况齐尝，方谓同病相依，合当偕老；

多患难，多险阻，多病厄。死复生，生而复死。四百里征夫闻讣，自悔临歧忍别，有负深情。

挽联其语悲惋，其音悲凉。读来一字一点泪，一泪一滴血。为了忘却悲痛，蔡东藩只能移情于著述。然而，他的堂侄蔡逸斋因患上精神疾病，每日不停吵闹，使他难以静下心来著述。

欲回老宅，又恐触景伤情，他只能另寻他处，租借"临江书舍"。据"临江书舍"主人金纪行、金宝祥说：

（蔡东藩）所住戴家桥边弄房屋是我家的，因他与我母舅李谟鉴交情颇厚，来往甚密，因此我舅父与我先母商量，造此房子，请他居住，以教育

① 蔡东藩：《哭亡儿》，《留青别集》（卷十一），上海会文堂书局1918年版，第17页。

我们兄弟两人，束脩作为租金。后来，我们两人都去杭州念书，方开始接受租金。[①]

临江书舍位于临浦戴家桥边，属萧山县苎萝乡。南宋时，萧山就有苎萝乡建制，今属临浦镇。乡内有苎萝山，山上产可用于纺织的野生苎麻，故名。临江书舍"系一幢坐北朝南的房子，进门一小天井，迎面一排三间两屋的楼房，砖木结构，是萧山、绍兴一带传统的民居建筑格局。楼上为家人卧室，楼下中为堂前，东系厨房，西侧即蔡东藩读书著作之所。据当地老人说，屋后本有个陈姓大园，草木萋萋，鸟啾蛙鸣，颇有点田园风味"[②]。

戴家桥是一座建在临浦内河上的石桥，内河名叫西小江，是通往绍兴的河流。戴家桥又称临江第一桥，宅处桥西侧，这或许是蔡东藩将房子命名为"临江书舍"的原因吧。

据金宝祥的儿子金少蓉回忆："父亲曾告诉我们，蔡先生讲课时常谈天入地，论及古今。我父亲就是受了他的影响，对文学和历史很感兴趣，后来考上了北京大学历史系。"[③] 毕业后，金宝祥（1914—2005）专于隋唐五代史研究，著有《唐史论文集》《隋史新探》等，在学界有相当的声誉。

从此，蔡东藩留居临浦，"深藏岩穴，著书以自遣"[④] 这一年，其长子震潰10岁。

那么，离开上海对蔡东藩未来思想与生活有着怎样的影响呢？假如他不离开上海，那么他的未来之路是否会是另一种样子？他能否因更多新思想的影响走上完全不同的另一条路，抑或在新旧文化交锋的旋涡中固守已有的传统思想，成为新文化运动的对立方？面对种种可能，我们不好贸然下结论。毕竟蔡东藩留给我们的是现在这一种选择的事实和结果，不得不承认，这既是生活的无奈，更是他著书济世、不求闻达的必然选择。

① 陈志放：《关于蔡东藩生平的一些释误和质疑》，政协萧山市委员会文史工作委员会：《蔡东藩学术纪念文集》，1988 年版，第 101 页。

② 娄更生：《蔡东藩和他的临江书舍》，政协萧山市委员会文史工作委员会：《蔡东藩学术纪念文集》，第 80 页。

③ 孔春燕、孔令锋：《临江书舍：蔡东藩曾在此书写演义》，《萧山日报》，2010 年 4 月 8 日。

④ 许廑父：《清代十三朝演义·序》，《清代十三朝演义》（第一册），上海会文堂书局 1949 年新一版。

蔡东藩“生平喜涉猎史乘”，“于清代之内政外交重大者尤”，时常“随时节录，暇则附以臆说”[1]。一次偶然的机会，会文堂主人发现了这些文稿后，取而读之，认为这些文稿：

> 所叙十二朝事实，类皆关系重要，于内政外交之荦荦大端，灿然具列，要言不烦，同条共贯，固史家笔法也。若夫因事生文，因文明理，不苟异，不苟同，既无鼓堂偏激之嫌，复无雪航迂阔之弊。其断制也，谨而严，平沓者读之，足以药其庸。其遣词也，清而醒，冗冈者读之，足以破其昏。其推阐也，疏而宕，极滞者读之，足以瀹其灵。其援证也，确而切，空疎者读之，足以增其浅。文体不求高古，而以供普通学子之观摩，殆所谓适当其可者。是书一出，不胫而走，可以逆料。[2]

因此，他鼓励蔡东藩将这些文稿修改后印行。此时，“清史尚无官书可考，国史馆实录等存稿又无从尽窥，而论述清史者尤其属罕闻”，“撰述是书时，所资之参考书不下数十百种，惟皆择其确凿可据者，始敢采入。其迫于怪诞离奇俳鄙亵者，均摒勿录”[3]，其编撰过程之艰难可想而知，也显现了蔡东藩求真务实的治学态度。

这部《清代史论》共16卷，于1915年农历十一月出版。当时的书坛奇才唐驼题写了书匣，书法家谢联棠题写了内页书名。

在蔡东藩著述《清代史论》时，他的人生也迎来了一件喜事。该年春，蔡东藩和当地名医黄镐京之女黄晚霞结婚。黄镐京，字迁甫，萧山义桥罗墓人，曾在临浦行过医，是萧绍一带颇有名气的一位中医，著有《医学程式》《镐京直指医方》。从目前资料看，黄镐京育有三子一女，三子为谷城、元吉、理能。其父维熊、其子元吉均从医，分别著有《太占瘠科要略》《元吉危症验方》。1907年，祖孙三代的4本书汇编为《黄氏三世良方》出版。1939年上海会文堂书局重版石印本，其中《镐京直指医方》由蔡东藩校正。想来，蔡东藩后来善医，与黄镐京有着莫大的关系。

---

① 蔡东藩:《清代史论・自叙》，上海会文堂书局1923年版。

② 会文堂主人:《清代史论》，上海会文堂书局1923年版，序。

③ 蔡东藩:《清代史论》，上海会文堂书局1923年版，自序。

黄晚霞知书识字、粗通文墨，与蔡东藩二人婚后算得上伉俪情笃。1916年，蔡东藩和黄晚霞的女儿净芬出生。

泥融飞燕子，沙暖睡鸳鸯。蔡东藩的家庭生活稍为安定，国事却越发混乱了。中华民国的建立，虽然标志着皇权专制朝代的结束，但事实上结束一个延续了2000多年的制度并不像搬掉一块牌子那么简单。况且，民国初年经济衰败，道德沦丧，士子失落，外强环逼，社会矛盾不断激化。在这种情况下，原先一直蠢蠢欲动的君主与民主之争，一下子成为热闹话题。

1915年8月，在袁克定的直接策动下，杨度等人发起成立了“筹安会”，而且很快发展成为为帝制摇旗呐喊的组织。袁世凯半推半就地答应当君宪制的皇帝了。1915年12月13日，袁世凯宣布废除共和政体，实行帝制，改国号为中华帝国，规定1916年的年号为“洪宪”。袁世凯的倒行逆施，很快遭到了一些有识之士的反对。1916年8月31日，梁启超在上海《大中华》月刊发了明确反对称帝的雄文《异哉所谓国体问题者》，揭开了护国战争的序幕。

> 孰知时事忽变，帝制复活，筹安请愿之声，不绝于耳，几为鄙人所未及料。顾亦安知非近人著述，不就其大者立论，胡人犬种，说本不经，卫女狐绥，言多无据；鉴清者但以为若翁华胄，夙无秽闻，南面称尊，非我莫属；而攀鳞附翼者，且麇集其旁，争欲借佐命之功，博封王之赏，几何不易君主为民主，而仍返前清旧辙也。①

国事不堪，人心惶惶，此时无论是忧国忧民的传统文人，还是追求新思想，正经历着蜕变的知识分子，都在关注与思考如何挽救国家危亡的问题。蔡东藩作为一位忧国忧民之士，他思考的结果是用历史知识启发民众。

以史为鉴，可以知兴替。早在1897—1898年间，严复、夏曾佑、梁启超等人就大力提倡编写历史演义，不少知识分子开始利用中国历史上救亡图存的事迹创作历史演义，以激励国民的爱国热情。著名谴责小说作家吴趼人曾“发大愿编写历史小说”，用历史教育民众，可惜其计划最后夭折了。

于是，幽愤时事的蔡东藩决定顺着《清代史论》来“演义”清史，用“功殆不在良史下”的历史演义，以达到“至关于帝王专制之魔力，尤再三致意，

---

① 蔡东藩：《清史通俗演义》，中华书局2015年版，自序。

悬为炯戒”的目的[①]。

从事历史学研究的，都知道“断代为史”。辛亥革命爆发，清王朝宣告结束，那么清史应当从此编写。北洋政府时期，经袁世凯批准，曾特设清史馆，以赵尔巽为主编，缪荃孙、柯邵忞等为总纂，于1914年开始编纂《清史稿》，前后有300余人，至1927年完成，历时14年，最后成书536卷，计800余万字。

与《清史稿》编撰的延宕相反，革命功成，私史却杂出。只是这些急就之章“排斥清廷无遗力；甚且摭拾宫闱事，横肆讥议”。对此，蔡东藩并不认同，他认为：

> 夫使清室而果无失德也，则垂至万亿斯年可矣，何至鄂军一起，清社即墟？然苟如近时之燕书郢说，则罪且浮于秦政隋炀，秦隋不数载即亡，宁于满清而独永命，顾传至二百数十年之久欤？昔龙门司马氏作《史记》，蔚成一家言，其目光之卓越，见解之高超，为班范以下诸人所未及，而后世且以谤史讥之；乌有不问是非，不辨善恶，并置政教掌故于不谭，而徒采媟亵鄙俚诸琐词，羼杂成编，即诩诩然自称史笔乎？以此为史，微论其穿凿失真也，即果有文足征，有献可考，亦无当于大雅；劝善惩恶不足，鬻奸导淫有余矣。[②]

由此可见，在蔡东藩初次编撰历史演义时，求真已成了他创作的主要原则。在他看来，只有尊重历史事实，历史演义才能“得与述古者并列”，其作用也才能“殆不在良史下”[③]。

1916年农历七月，《清史通俗演义》脱稿。关于《清史通俗演义》的创作和出版，蔡福源在《我的祖父蔡东藩》一文记述道：

> 1915—1916年间，他完成了第一部《清史通俗演义》。其间经历了一条呕心沥血、曲折复杂的演义创作道路。
>
> 辛亥革命以后，虽建立了中华民国，但政治多变，危害民主共和，蔡

① 蔡东藩：《清史通俗演义》，中华书局2015年版，自序。

② 蔡东藩：《清史通俗演义》，中华书局2015年版，自序。

③ 蔡东藩：《清史通俗演义》，中华书局2015年版，自序。

东藩力图以通俗的历史演义，唤起民众，挽此狂澜。他当时曾说：“孰知时事忽变，帝制复活，筹安请愿之声不绝于耳，几为鄙人所不及料。”他在《清史通俗演义》的自序中，针对这一实际情况，提出“关于帝王专制之魔力，尤再三致意，悬为炯戒”。但这谈何容易！就是他的亲友，也不断向他进言，貌似忠告，实则阻挠。如他的邻居李马鞬，是一个地道的满清遗老，得知蔡东藩在写清史，就絮絮叨叨来述说满清王朝的功绩，大力赞扬君主制度的优越，企图诱使他为满清大唱赞歌，为君主制度招魂。再如友人沈幼贡，本着反清复明的旧思想，在他面前嘀咕满清是“胡人犬种”，一无是处，希冀达到诋毁满人之目的。这些思想在当时社会上是有一定市场的。蔡东藩主张尊重历史事实，全面考虑。……他自信、坚韧，排除形形色色的其他说法，废寝忘餐地搜集资料，夜以继日地埋头赶写。

当时蔡东藩虽与上海会文堂新记书局有一定的联系，但他不善于交际，与该局的经理和老板们谈不上有什么深厚的友谊，更何况他写的《清史通俗演义》有其独特的见解，与拥满复清、排满复明的思想大相径庭，与攀鳞附翼、见风使舵的认识很不一致。他满怀热情地与该局经理、老板们联系，陈述自己写《清史通俗演义》的打算，但多次遭到奚落和嘲讽。蔡东藩虽然得不到会文堂新记书局的支持，但他的信念始终没有动摇。坚信自己的主张是正确的，行动是正义的，对社会是有益的，今后定会有出路的。

写好的稿纸一天天增多，蔡东藩脸上的眉结却很少能看到有解开的时候。因《清史通俗演义》即将告成，而有何处出版的问题则萦绕在他的脑际，为了自己的理想能付诸实际，就不断地设法与上海大东、广益等书局联系，请求考虑出版他的《清史通俗演义》。可是事与愿违，均遭拒绝。

1916年春，《清史通俗演义》一百回写就。“举总统孙文就职，逊帝位清祚告终”的末回跃然纸上。他反复综观全书，亦颇自得：“著书人或详或略，若抑若扬，皆斟酌有当，非温似铺叙见长，成名为小说，实侔良史。录一代之兴亡，作后人之借鉴，是固可与列代史策，并传不朽云。”但事非经过不知难，在这“四子拦壁角”的时候，蔡东藩彷徨终日，一筹莫展。

一天清晨，为了解闷，他踯躅于屋后竹林之中，见春笋破土而出的很多。其一，上有块石，亦冒尖把石隆起，露出了笋梢头。当时，四周空气新鲜，不觉心旷神怡，精神为之一振，对此注视良久，一种“脱颖而出”的感觉油然而出。心想：“顽强的笋不仅能破土，而且能冲石，何况人呢！

事在人为，我当不能长此听天由命。”

从而，蔡东藩与交游较广的孔孝赓商量此事。孔安慰他说：“事情很凑巧，我正有事赴沪，你不妨把《清史通俗演义》的底稿交给我，由我托人与那里的几家书局去联系，你不要焦急，天无绝人之路，总有办法可以想的。”

孔去沪三月，杳无音讯，蔡东藩心急如焚，屡屡写信催问，偶然一二复信，往往答非所问，不得要领。他素知孔乐于助人，但这次一则拖延时日，二则回信言辞闪烁，游移不定，感到奇怪，未知孔的葫芦里在卖什么药。

又是一月过去了，蔡东藩终于等到孔孝赓来访。孔一见他就诙谐地说：“我去沪四月，先无消息，后少实耗，你一定感到出于意料了吧！如此大事，如此荒唐，岂非咄咄怪事！”接着孔就原原本本地说了个大概：“我去沪的路上就盘算好，这次的主张方向应当是会文堂新记书局，但不能单打一，必须与大东、广益、群智等书局接触，多方联络，使他们相互之间有所竞争。后来我确实按这打算办事，他们看了底稿，有的婉言拒绝，有的随口敷衍，有的吞吞吐吐，总没有接受出版之意。时间过得很快，一拖三月。这时，我很急，你也急了。那我想只好使用‘杀手锏’了，成败得失，在此一举。我就托人放出风去，大东书局已考虑出版蔡东藩的《清史通俗演义》，不日就可成交。隔天晚上，会文堂新记书局的王经理就来找我，要我把底稿交给他，说什么蔡氏的著作该局已出版过好几部，现在应当继续。最后言明稿酬为二百元。原来我打听到该局的经理和老板完全从商品的角度出发，所以不肯放手，不过抓到手后就要煞价。”最后孔以询问的口气说：“进程如此，你意如何？”

此后，蔡东藩所写的《清史通俗演义》就由上海会文堂新记书局出版了……[①]

我们无法考证文中提到的李马鞬、沈幼贡与蔡东藩的交流是否真的存在，但在封建王朝覆灭、新型政体方兴之时，拥满、排满两种思想的冲突与交锋是正常的，这种冲突无疑在当时中国文化思想界的种种冲突中最有代表性。能具史识者，必具史德。蔡东藩能尊重历史，不被这两种思想所左右，足以显现他

① 蔡福源：《我的祖父蔡东藩》，陈志根：《蔡东藩研究》，中国文史出版社 2005 年版，第 7—8 页。

的“史德”了。

另外，关于《清史通俗演义》遇到出版难的问题，蔡福源所讲的故事的虽精彩，但并不属实。蔡东藩在《清史通俗演义》的“自序”中明言：“稿甫就，会文堂迫于付印，未遑修饰……”也就是说：修饰的时间都不给，会文堂书局就匆匆去付印了，那么，何谈出版难？想想也是，当时“私史杂出”，清史自然走俏。陆士谔的《清史演义》最初在《神州日报》连载，后因索阅全书者甚多，不得不交由上海大声图书局出版单行本，在当时影响甚大。蔡东藩著的《清代史论》就是在会文堂书局主人的怂恿下付印的，会文堂书局为了挣钱，又怎能放弃更适宜大众阅读的《清史通俗演义》呢？

次年2月，《清史通俗演义》出版，共100回。凑巧的是，在《清史通俗演义》脱稿之前，袁世凯迫于社会压力，不得不取消洪宪年号。6月6日，袁世凯在举国声讨声中忧惧而死。这正是：

一纸官书示百僚，新华王气黯然销。
早知世态沧桑变，何苦当时梦帝朝。①

历史演义人物众多，篇幅较长，头绪繁多，事情复杂，创作颇具难度。或许还在思索历史演义的创作方法，1917—1918年，蔡东藩只编述有《留青别集》和《客中消遣录》。也正是在这两年中，他的家庭生活又发生了变故，妻子黄晚霞、女儿净芬相继去世。

青衫湿遍，凭伊慰我，忍便想忘。蔡东藩连丧两偶，极其哀伤，含悲撰联挽黄晚霞：

一妻死，又丧一妻，恨莫向铁面阎罗，细问两度姻缘，胡皆中断？
我负卿，卿亦负我，即不念薄情夫婿，回顾三龄弱女，何忍长归？②

上联质问为什么两度姻缘都不能长久，下联则站在“三龄弱女”的角度，以责备的口吻说黄晚霞不该抛下3岁的小女，撒手西归。联语写尽了失去续妻

① 蔡东藩：《民国通俗演义》，中华书局2015年版，第494页。
② 蔡东藩：《挽继室》，《留青别集》（卷十一），上海会文堂书局1918年版，第17页。

的沉痛悲愤，语怀情真，缠绵哀楚。

而按蔡福源在《蔡东藩年表》中的说法，蔡东藩的女儿净芬卒于1917年冬，黄晚霞因痛失掌上明珠，哀伤过度，于次年春离开人世。然从蔡东藩的《挽继室》联来看，则应是黄氏先于其女净芬去世。

人生之悲莫过于天人永隔。虽似一枚黄连，蔡东藩也只能拼命地咽下去。“前辑《清史通俗演义》，于孝钦一生行迹，十举四五，自谓粗得大凡，乃时论犹有未尽之憾，用特续编西太后专集，仍用演义体裁”[①]，他用写作来释放自己的悲痛。

这年冬天，《西太后演义》脱稿。当年冬天，为了照顾蔡东藩父子的生活，使他能安心著述，岳父黄镐京在义桥为他物色了一位韩姓店员的女儿。就这样，韩悟文（1896—1955）成了蔡东藩的第三任妻子。韩氏也是体弱多病之人，婚后终身未育。

次年春，蔡东藩对吕安世的《二十四史通俗演义》进行了增订，改名为《中华全史通俗演义》。此后，他相继编述了《元史通俗演义》《明史通俗演义》《民国通俗演义》《宋史通俗演义》《唐史通俗演义》《五代史通俗演义》《南北史通俗演义》《两晋通俗演义》《前汉通俗演义》《后汉通俗演义》。

1915—1926年短短11年时间里，蔡东藩编撰（含增订）了13部通俗演义。不算《中华全史通俗演义》，他独立编撰的历史演义字数达680多万字，可以说写尽了中华民族2166年的风雨历程。尤其《历朝通俗演义》，无疑是蔡东藩一生中最为辉煌的成就，也是他作为平民知识分子完成的“立言”之作，为中国近现代历史演义创作写上了最为浓重的一笔。

而这浓重的一笔，却是蔡东藩在僻居乡野、寄住陋室、生活又几经磨难的情况下完成的，这需要多大的毅力啊！

蔡老先生的夫人羸弱多病，许多家政都由先生操持。他每天亲自上街买菜，顺便在街上的店铺看报纸。因为他懂得医道，还经常乐而不疲地为镇上和邻村的乡亲诊脉看病。因此，1040回的《历朝通俗演义》大都在晚间写成。他患有胃病，常常吃不下饭，但很少辍笔。作为儿媳的方彩琴，当时天天到书房替先生磨墨。她深谙公公脾气，即使在寒冬笔头冰结的日

① 蔡东藩：《西太后演义》（卷一），上海会文堂书局1925年版，序。

子，也总是照磨不误。夏天蚊子奇多，蔡先生怕熏坏眼睛而不肯点燃蚊香。这样，换下来的袜子血迹斑斑，犹如“印花洋布”。[①]

冬天的时候，蔡先生写书不停笔，可天气太冷，他只能用一个火熜（一种烤火用的铜器）放在袍子下取暖。节俭的蔡先生不用耐烤白炭而只用炭末，有时炭末的热量不够，就放点柴末，于是，柴末火燎焦他袍子的事常会发生。[②]

蔡先生是近视眼，而且有摘抄街上海报的习惯，每当见有海报，他就取出随身笔袋，就地抄录，因为近视，海报贴得又高，他常常是人与墙贴着看。[③]

蔡东藩在著书的年代里，生活极为艰苦。当时，他收了几个学生，边上课边写作。每月把写好的稿子从临浦邮局寄出。用白色元书纸书写，30张订成一本，牛皮纸做封面。为节约纸张，字写得很小，每张纸约写二、三千字。就是以这些手稿换回一些微薄的酬金，维持生活。每天早上拎一只小篮，只花二三个铜板买些青菜、豆腐、螺蛳之类，度过一天。有时还买些豆腐渣吃。一件旧的竹布长衫、一副旧的细边腰圆眼镜，一直伴随着他。他喜欢抽水烟，每写三、四行，就要用上半个纸捻。他又舍不得用火柴，把纸捻到火熜里引火点烟。他写作用的笔墨相当简陋，一支小绿颖笔，笔尖大部被墨裹住，只剩下一截笔尖，还舍不得换。一台砚台，中间被磨成一个凹坑，还继续使用。[④]

这些并不连贯的生活细节看似琐碎，但却生动鲜活，似一把晶莹闪亮的珍珠，让我们看到了一个情态毕见的蔡东藩。

在编述《历朝通俗演义》期间，蔡东藩还增补了幼学故事琼林。出生于

① 朱元桂：《才子后裔话东藩》，政协萧山市委员会文史工作委员会：《蔡东藩学术纪念文集》，1988年版，第184页。

② 吴桑梓：《浦阳江孕育的一代才子》，陈志根：《蔡东藩研究》，中国文史出版社2005年版，第204页。

③ 吴桑梓：《浦阳江孕育的一代才子》，陈志根：《蔡东藩研究》，中国文史出版社2005年版，第204页。

④ 政协萧山市委员会文史工作委员会：《蔡东藩》，《蔡东藩学术纪念文集》，1988年版，第162页。

1906年的老报人章达庵有段回忆：

> 1922—1924年，我虚年17岁至19岁的3年间，初离师门，就在临浦萧山直街的庆盛南北货店当帐房。蔡公常来我店购买东西，他与我店的头柜先生俞天顺相稔，其时正值军阀吴佩孚与张作霖的火拼时期，俞留心国事，订阅《申报》，蔡氏来店购物，俞辄与交谈，猜度直奉两系军阀的命运，意颇相得。通过俞的介绍，我也认识了蔡先生。那时我正作为许廑父的函授弟子求取学问，蔡闻我好学和求成心切，乃赠我公著《幼学琼林续订》（指《绘图重增幼学故事琼林》，笔者注）。我才知蔡公是个才子，对他非常敬仰，并常常向他求教，蒙他悉心指教，迨后知我为许廑父的学生，更亲如家人，特别关怀，受益匪浅。
>
> 蔡公时年约40岁，中等个子，相貌清癯，身着竹布长衫，土布鞋袜，架浅度近视眼镜，温文尔雅，朴素可亲，讲话声轻，笑容对人，不摆架子，极易接近。①

从此文可知，《绘图重增幼学故事琼林》应于1924年之前出版。目前，关于蔡东藩的增补本究竟是什么时间初版，众说不一，还有待考证。

同时，蔡东藩还应孔昭赓的邀请，到临浦高等国民小学校（今临浦镇第一小学）兼教1年的“中国历史”课程。原来，1923年秋，该校增设了一个中学班。著名史学家、书法家柴德赓就是蔡东藩这时候的学生。柴德赓回忆说：“他史事非常熟，讲书娓娓动听，特别讲到石敬塘以燕云十六州割予契丹一事，委婉陈词，义形于色，原来那时他正写完《五代史通俗演义》。”②

四、晚年避难

1926年，国事依然蜩螗。3月，北京发生“三一八”惨案，段祺瑞在直奉

① 章达庵：《光辉的业绩，辛劳的一生》，政协萧山市委员会文史工作委员会，《蔡东藩学术纪念文集》，1988年版第63页。

② 柴德赓：《蔡东藩及其〈历朝通俗演义〉》，政协萧山市委员会文史工作委员会，《蔡东藩学术纪念文集》，1988年版第120页。

联军的逼迫下“引退”。5月，叶挺独立团奉命进入湖南，援助唐生智，揭开了北伐战争的序幕。7月，国民革命军誓师北伐。

对蔡东藩来说，1926年也是一个重要的年份，他不仅完成了《历朝通俗演义》的编述，该年农历十二月，其长孙出生。蔡东藩为长孙取名福恒，希望孙子能幸福恒久。他一边含饴弄孙，一边从事教育工作，先后担任了萧山县苎萝乡学务委员、萧山县学务委员。[①]

早在民国初期，为适应新教育局面，各级教育行政机构在晚清的基础上，进行了较大辐度的革新，逐步规划了教育行政管理框架。浙江省撤销了劝学所，在县政府设教育科，同时在各乡镇设学务委员。1922年后，浙江各县先后设教育局。教育局按人口数目、人民富力、道里远近、文化程度划分学区。每学区设校董事会，另设学务委员会。学务委员为办事专员，学区的教育行政事务实际上由区董事委任学务委员负责。后来，学务委员改称为教育委员，直隶县教育局，办理本区教育事务。

由于资料阙如，我们无法知晓蔡东藩在担任学务委员期间做了哪些事。唯有在蔡福源的《教书·育人·救国——祖父蔡东藩的教育生涯》一文中略窥一斑：

祖父任临浦镇的教育委员，每月只拿少量的车马费津贴，但他殚精竭力。他宽厚待人，严于律己，积极团结镇上的教育界人士共同办好临浦小学，1923年左右还办过初中班。他经常到小学里去，他曾兼过小学、初中班的国文、历史等课。临浦小学办得有些名气，连教育文化较先进的诸暨县的学生也慕名到临浦小学求学。

当时新的思潮在社会上虽已逐渐流行，但对偏于一隅的临浦来讲还是相当闭塞的。一天，祖父从街上剃头回来，一进门就高兴地与家里人说：“刚才我到理发店剃头，发觉剃头师傅脸色不正常。我问他有什么心事？他说，10岁的女儿晓得今天小学报名缴费，逼着我去办手续。我一听这话，肺都气炸了，邻舍隔壁十来家，没有一家有女孩读书的，就骂了女儿一顿，女儿又哭又闹不肯罢休，所以气煞。我劝他一翻，使他开了窍，允许女儿

① 参见《萧邑陈氏宗谱》《萧山刘氏宗谱》中的《陈子颖君六十年来行述》《重修金氏宗谱序》篇。

去上学。我就陪了他们到小学里去办好手续。他隔壁鞋匠也要领9岁的女儿去报名了。这件事对我有启发，女孩上学的事情要多作宣传啊！”

祖父自己就收过女弟子，叫赵国珍。赵在临浦小学毕业后，其母不放心送她到杭州中学去读书，托人要祖父教她，祖父满口答应。所以，我曾和她一道读书。她比我大9岁的样子，比我懂事多了。她在祖父这里读了几年，学业猛进，后来到上海去做教师。[①]

蔡东藩持有“教育急进”思想，其所作所为也可以称得上是一位社会教育家。同时，他还善医。在近代，既有为了唤醒民众的觉悟而弃医从文的鲁迅，也有为了挽救更多如他死去的儿子一样儿童的生命而弃文学医的恽铁樵。蔡东藩也因为家人的体弱多病，不仅于1921年秋把震濆送入杭州中医药专科学校读书，而且自己还自学医术，成为如刘铁云、张冥飞、陆士锷、施济群那样小说家善医道者[②]。当地流传着一则故事：

夏末秋初的某日，蔡东藩刚从街上回来，妻子从门里迎了出来说：“有人等着你，想让你出诊。”说话间，从里面走出来两个男人，他们是临浦近郊山里王村的，家中父亲有病，想请他去看一看。蔡东藩把手中的篮子递给妻子后，拿了一顶草帽，拎起诊包就要走，那两个男人，连忙从墙边拿来两根杠子，蔡东藩一看，知道这两根杠子上系着三块木板的是当地最简单的轿子，被叫作勾子轿，三块木板其中一块用来坐，一块用来搁脚，一块当靠背。他连忙摇摇手说：“山里王不过六七里路，我正好走走活络活络筋骨，不用你们抬。”那其中一个男人说：“蔡先生，伢爹在家等得急，你委屈一下坐坐勾子轿吧！”他看了看这对着急的男人，只得坐了上去。

到了山里王，病家住在山脚下，他一看病人没有什么大病，只是尿路不畅而深感痛苦。于是他领着病人的儿子来到门外，顺手拔了几棵草，说：“这是可以治你爹的病。你把它熬成汤，让你爹当茶喝，每天喝三大碗，三天后即见效。”那人看着这草有点不相信，说：“这不是官司草吗？”

① 蔡福源：《教书·育人·救国——祖父蔡东藩的教育生涯》，《师魂初编》，浙江人民出版社1989年版，第9—10页。

② 郑逸梅：《艺林散叶荟编》，中华书局1995年版，第236页。

蔡东藩说："这草也叫车前草，是你爹病的特效药。"见他还有点不相信，里面的爹说话了："蔡先生的话不会错的，你就拔来让我吃吧。"蔡先生对病家说："就是病好了，这车前草也要坚持吃一段时间。趁着这个节气，你们就多拔一点晒干了放着，慢慢喝。"临走时，他也拔了一些车前草带回去，到时，又可以成为其他病人消除痛苦的良药。这时，病家一定要再用轿子送他回家，而蔡东藩却坚持要走着回去。①

这虽然是则故事，但从后人回忆看，行医乡里成了蔡东藩后半生的另一个谋生手段。后来，他结合自己的行医施诊经验，撰写了《内科临症歌诀》4卷。该书并未出版，已散佚，只有当地乡贤周明道的《蔡东藩先生的爱国精神和医术医德》一文中略有记载：

他在"歌诀"中强调重视气血。他指出，"气不足兮血不足，形神衰退病相随"。……蔡东藩也很重视肝阴。"肝为将军古所称，有余是火病丛生。治阴用阳须留意，条达升降诸恙平。"……从上述二点分析，可以知道气血肝阴的病理变化，是蔡东藩中医学术思想的主系。②

1927年2月，北伐军进驻萧山。次年农历五月，蔡东藩的第二个孙子蔡福源出生。这一年，蔡东藩在所前庄里陈建成一幢房子，并买了十来亩田，收取地租。房子位于田家村东，仙师殿西，会龙桥北埯，坐北朝南，三间二屋，砖木结构，面积约200平方米。正屋前为石板铺就的天井，墙门开在东南围墙。正屋中间为厅堂，东间为厨房。因为时局不稳，蔡东藩让震濆从杭州回来，令其带着妻儿住进新房，在那时设诊所，为乡亲们看病。

1929年农历五月，东越许廑父完成《民国通俗演义》续著第四集。蔡东藩所编述的《民国通俗演义》不同于其他演义，是以3集、每集4册的形式出版的。

---

① 吴桑梓：《临浦乡贤——蔡东藩》，中国文化艺术出版社2010年版，第92—93页。

② 周明道：《蔡东藩先生的爱国精神和医术医德》，政协萧山市委员会文史工作委员会，《蔡东藩学术纪念文集》，1988年版，第88页。

自初集印行不胫而走，仅数月间销数达五千部以上，而索购续集者复纷至沓来。现经原手东帆君辑成二集，赓续前书。自民国三年起至六年止，志袁皇帝之入梦幻影成泡，看黎菩萨之登坛暗朝复起。其间阐幽索隐，愈演愈奇，较诸初集，尤令人拍案叫绝也。

民国通俗演义初、二集现均出版，凡购有初集者欲购二集。书乃四册，精装锦套，定价大洋一圆。欲购初、二集者，全书八册，装锦套，定价大洋二圆。

三集嗣出。①

从这3集的版权页可知，第一集、第二集分别出版于1921年农历四月和七月，第三集出版于1925年农历四月。

《民国通俗演义》第一百二十回末蔡东藩有言："容小子调查证据，再行续编。所有李督遗书，及中央恤典，俱待下回发表。看官少安毋躁，改日出书请教。"那么，他为什么不续著第四集呢？

蔡福源在《我的祖父蔡东藩》中曾写道：

蔡东藩的历史演义，是非褒贬分明，赤诚秉笔直书，这就有了风险。他的《民国通俗演义》出版后，有个军官模样的，曾到上海会文堂新记书局去找他，气势汹汹地扬言道："我要叫他吃'红丸子'！"当此人知道他不在书局时，就留下一张纸条和一小包东西。纸条上写的是恫吓的话，小包里是两颗子弹。当书局经理把这情况转告时，他非常气愤，理直气壮地说："要我改变观点是不可能的，我坚决拥护民主、共和。"从一事例中，可以看出蔡东藩在强暴面前是决不屈服的。②

由此，演绎出了不少版本，甚至说蔡东藩因受到恐吓才不续著的。对此，范志强并不认同，他引用了柴海生的说法，认为上海会文堂书局是由汤寿潜开

① 《会文堂书局图书目录》，上海会文堂新记书局1941年春季重刊，第6页。

② 蔡福源：《我的祖父蔡东藩》，陈志根：《蔡东藩研究》，中国文史出版社2005年版，第15页。

设的，以当时汤寿潜的影响力和背景，“红丸子”事件是不会发生的。[①] 当然，汤寿潜是清末民初著名的社会活动家，曾短暂任浙江都督，于1917年病故。死后，汤寿潜是否还有较大的影响力，也是值得怀疑的。

我们都知道，蔡东藩的接棒人是许廑父。许廑父（1891—1953），名与澄，字弃疾，别署颜五郎，萧山浦沿（今属杭州市滨江区）人，以写作为生，曾为会文堂书局特约撰稿人。他在“自序”中写道：

> 《民国通俗演义》一至三集，吾友蔡子东藩所著。蔡子嗜报纸有恒性，搜集既富，编著乃详，益以文笔之整饬，结构之精密，故成一完善之史学演义，出版后不胫而走遍天下。会文堂主人以蔡作断自民九，去今十稔，不可以无续，乃商之于余，属继撰四五两集，每集都三十万言。余无似，年来奔走军政界，谋升斗之食，笔政久荒，俗尘满腹，而资料之采集，又极烦苦，率尔操觚，勉以报命，宁贻笑于大方，恐取诮于狗尾，蔡子闻之，得毋哂其谫陋？[②]

赵苕狂序云：

> 老友许廑父以蔡东藩所作《民国通俗演义》一至三集见示，谓出版者会文堂主人将以续稿之责相属。余笑曰：撰稿不易，续稿尤难，而历史小说之稿尤不易续也。子向不为人续稿，今兹何自破其例？吾恐子之吃力不讨好也。然廑父则碍于情意，且以为蔡氏亲友，故谊不容辞，则竭三月之力，续四、五两集，约计每日盖成万言云。[③]

徐枕亚序云：

> 吾老友东越许廑父氏，自幼卓荦，工文史之学。年来息影海上，以著述自娱，所为稗官家言，无虑等身矣。近更受会文堂主人托，为续民国通

① 范志强：《蔡东藩评传》，中国社会科学出版社2015年版，第169页。

② 许廑父：《民国通俗演义》（四集），上海会文堂新记书局1932年3版，自序。

③ 赵苕狂：《民国通俗演义》（四集），上海会文堂新记书局1932年3版，序。

> 俗演义两集，起民九李纯自杀案，迄民十七革民功成，民国政府成立为止。时仅数载，而内政外交之紊乱，政府社会之变迁，殆有甚于民九以前者。廑父常曰：掠美不德，点铁未能，续貂之诮又所勿甘，故秉笔廿年未尝为人续稿。然会文堂主人之言曰：民九以还，开自来扰攘历史之新纪录。微公恐遂无能为者，且蔡为公友。廑父不能却，勉为撰成。①

这些序言清楚地表明，许廑父续著《民国通俗演义》是会文堂主人所托，他碍于情意，才“勉为撰成”第四集。蔡东藩与许廑父同为东越人，且为“葭莩亲”，所以蔡东藩应该是知悉许廑父续著之事的。

那他自己为什么不续著呢？自1925年以来，子震濆结婚，长孙、仲孙相继出生，又要在庄里陈置家业，虽都属好事，但却也纷杂。而且，续著《民国通俗演义》，搜集资料极为烦苦。所以，笔者推测，蔡东藩极有可能是碍于家事及自身的体力、精力，才不续著的。

随着长孙、仲孙的出生，蔡东藩的家庭人口也达到了6人。为了改善家庭条件，也为了提倡国货，蔡东藩开始尝试发展实业。1930年，他在庄里陈开设了坤元毛巾厂，有十来张木机，用手工操作。据一位当年曾在坤元毛巾厂工作过的胡姓老太太回忆：

> 坤元毛巾，在当时所前一带是家家必备之物。工厂规模并不大，10多个工人，厂址就在庄里陈新房子里。管理工厂的是蔡东藩唯一的儿子蔡震濆。最初几年，蔡东藩仍住在临江书舍，一边教书，一边跑“销售”。当年的所前名牌坤元毛巾，大都通过门前的西小江，船运到临浦和萧山县城。
>
> 胡老太太曾在毛巾厂做了6年，从13岁开始做到19岁出嫁。那时候“做一天，一个银角，一个银角可以买一斗米，很不错了”。毛巾厂的幸福生活让胡老太太至今记忆犹新。②

坤元毛巾厂开办后，蔡东藩让震濆任经理，他自己仍在临江书舍开设私塾。民国初年，新的政治体制需要匹配新的教育体制。1912年，南京临时政府教育

① 徐枕亚：《民国通俗演义》(四集)，上海会文堂新记书局1932年3版，序。

② 富利刚：《蔡东藩的救国之路》，《杭州日报·西湖副刊》，2010年11月25日。

部颁发《普通教育暂行办法十四条》，明确规定取缔私塾，开办学校。北洋政府时期，对私塾实行改良政策。南京国民政府成立后，于 1929 年发布训令，明确要求各地取缔、改良私塾课程，但改良的情况并不乐观。1929 年，杭州市原有塾师 245 人，改良后为 101 人。[①] 原因是多方面的，与塾师的收入不无关系。据资料显示，1930 年，镇江的塾师收入多的超过了百元，最少的也有 20 元，而小学教员的工资却仅在 13 ~ 50 元之间。重庆的塾师收入也报告多于教员。[②]

正是因为有了地租、毛巾厂、塾师等收入，才维持了蔡东藩一家后来的逃难生活。

1926 年以后，蔡东藩的家庭生活还算安宁、温馨。他每天在临江书舍教授学生，也时时去庄里陈看看孙子、看看毛巾厂、看看儿子的诊所。同时，在 1932 年，应会文堂新记书局主人的嘱咐，对唐芸洲原著《写信必读》进行了订正。1934 年，又完成了《蔡东藩续著写信必读》二百则。另外，蔡东藩鉴于“普通应酬之联语，亦几成为《广陵散》也”，又编著了《联对作法》，仍由上海会文堂新记书局出版，这是目前可知的蔡东藩生前最后一部公开出版的著作。

岁月在这安宁温馨中悄悄流逝，转眼间，蔡东藩已经 59 岁了，按当地“做九不做十”的习俗，一些亲朋好友张罗着，为他做了六十大寿。席间，蔡东藩的忘年交鲁瑞熊（1914—1993，字友仙，临浦人，毕业于国立上海艺术专科学校，擅画芦雁）为蔡东藩画了张水粉画肖像。鲁瑞熊曾有《历尽艰辛——为蔡东藩先生画像回忆》一文，摘引如下：

> 回溯抗日战争前，蔡东藩先生与我作为忘年交，过往甚密，时而论诗文，时而论史，无话不谈。其时，我曾为他画过大幅水粉画肖像，蔡老自己看过，十分满意。蔡老在抗日战争避难时此画失落，每一念及，惋惜之情，难以解怀。3 年前，为纪念蔡东藩这位历史名人，临浦镇人民政府傅毅同志要我再默画一幅，当时碍于如何着手，不敢贸然尝试。继而吴泽教授及上海亲友，亦都怂恿我画，为了表达我对蔡东藩先生无限敬仰，抱着

① 杨光辉：《20 世纪 30 年代私塾改良及其成效》，《史学月刊》，2016 年第 7 期，第 130—133 页。

② 左松涛：《晚清民国私塾与塾师的“权势”问题研究》，《中山大学学报》（社会科学版），2006 年第 2 期，第 61—65 页。

试试看的心情投入了创作。我先白描了一幅轮廓草图给蔡老的二孙福源兄看，再根据他的意见，探索修改。以后就这样边改边画，由铅笔至水墨，由线条交比至多样统一，不下画了10余幅，每画一幅都送去与蔡老熟悉的人提意见。

蔡东藩先生外表儒弱，沉默寡言，为人朴实，正直，不附炎趋势。为了表达他这种复杂微妙的内心世界，曾带了画好的作品，访问了颜文梁先生。颜先生看了我的画之后，便欣然拿起钢笔在我的画面上写了“颜文梁题时年九十有二”，这是1984年冬天的事。①

以往，小镇上的风俗，人过了本命之年（即36岁）就可为自己选址修墓的，特别是那些富裕的人家修墓是不会超过50岁的。而蔡东藩大半辈子来，生活清贫，没有能力为自己选址修墓。过了六十大寿，这墓是非修不可了。于是，在亲友们的帮助下，他选中了三姐夫家所住的所前山里沈割子山上的一块地，为自己修了墓。

这一年，上海会文堂新记书局将蔡东藩所著历史演义，连同许廑父续著的《民国通俗演义》部分，全部改铅印出版发行，并请卢冀野逐部作序，总称为《历朝通俗演义》，共44册。

这种安宁、温馨的生活很快被枪声打破了。1937年7月7日，抗战全面爆发，战火很快蔓延到萧山。12月24日，杭州沦陷，隔江相望的萧山成了浙东抗战的前沿阵地。抗战爆发不久，蔡东藩就在震滇的劝说下，迁至所前庄里陈的住宅内。从此，便离开了租住20多年的，完成他一生绝大多数著述，且创造人生最辉煌时期的临江书舍，也从此离开了给他留下太多印记的临浦镇。据蔡福恒回忆：

抗日战争爆发后，祖父从临浦镇迁至所前乡庄里陈居住……侵华日军占领杭州后，敌我隔钱塘江对峙，家境困难尤甚。曾有几个自命“聪明，识事务”而留在上海孤岛的亲友，来信劝说祖父去上海工作。祖父都——

① 鲁瑞熊：《历尽艰辛——为蔡东藩先生画像的回忆》，政协萧山市委员会文史工作委员会，《蔡东藩学术纪念文集》，1988年版第47—48页。

婉言谢绝。[1]

在庄里陈，年事已高的蔡东藩并没有居家休息，而是租用了邻居李家的西厢房，再次设馆授徒。孙子福恒、福源和李家的亲属陈玮宝都在这里读书。

1939年3月9日，日军飞机27架次空袭临浦，投弹100余枚，炸死居民200余人，全镇有一半以上民房被毁。蔡东藩的老家牛场头一带，同样无一幸免。

“内政夫修，则内讧必起；内讧起，则外侮乘之而入。”这是蔡东藩在历朝通俗演义中反复告诫的。此时，63岁的蔡东藩默默地遥望惨遭屠戮的临浦家园，悲痛、复杂的心境，是我们难以想象的。

更加不幸的是，该年秋，庄里陈的家遭到一伙趁战乱而为非作歹的匪徒的抢劫，所幸一家人的生命没有受到伤害。但这也是在蔡东藩那忧愤国破家亡的伤口上撒了一把盐。

1940年1月21日午后开始，天降大雪，至是日凌晨积雪已深达一尺[2]余，日军以漫天大雪为掩护，由汉奸带队，在盈丰“六百亩头”偷渡得逞，前沿失守。22日，占领萧山县城，25日占领临浦镇。日军所到之处，烧杀抢掠，大批同胞惨遭杀害，房屋被焚，满目颓垣断壁，一片凄凉景象。1月底，中国军队进行了凶猛反攻，先后收复柯桥、钱清、临浦、衙前等镇。萧山战役结束后，日军控制了北萧山，中国军队退守萧山南部山地。

战事惨烈，炮火无情。64岁的蔡东藩只好带领全家到四处避难。很快，他在庄里陈的家宅，包括坤元毛巾厂都遭到日寇洗劫。

据《夏履镇志》记载：

> 是年底（指1937年，笔者注），《历代演义》作者蔡东藩全家由萧山逃到夏履桥避难，住在十八房3间民房里，人称“蔡老爷”。
>
> 民国29年（1940）1月22日，日军冒雪偷渡钱塘江，入侵萧山，占领萧山县城。夏履桥人心惶惶，夏履桥至萧山的埠路、航船均停开。萧山

① 蔡福恒：《正直为人，不阿时好——纪念祖父蔡东藩诞辰110周年》，政协萧山市委员会文史工作委员会，《蔡东藩学术纪念文集》，1988年版第58页。

② 1尺＝33.33厘米

城里有人逃到夏履桥亲友家避难。

2月15日（正月初八）上午，日机2架轰炸夏履桥，炸死炸伤多人。后蔡东藩率家属逃离夏履桥去诸暨。①

夏履镇，是绍兴县西北部的一个山区镇，南毗诸暨，西邻萧山，自古为名士隐逸之地。南宋爱国诗人陆游曾“卜居遮翠岭”。那时，临浦人去绍兴，可从进化翻坎坡岭经夏履再翻越古城岭，下湖塘坐船到绍兴。所前人也可翻越这条萧绍古道上海拔300多米的越王峥至夏履。而且，自杭州沦陷后，萧山就成了浙东抗战的前沿阵地。1938年3月初，因县城被炸，日机又经常空袭，萧山县府迁就萧山南部山地。所前距萧山县城也就不到二十里②。所以，从地域、情理上看，蔡东藩率家避难夏履桥是可能的。而蔡福源在《颠沛　奋斗　奉献——纪念祖父蔡东藩》一文中写道：

> 杭州沦陷，临浦常遭日机轰炸，祖父就携眷迁居庄里陈。1940年初，日伪军偷渡钱塘江，庄里陈亦为日军所占，幸我全家早几天避入山里王（位于所前镇，笔者注），免遭蹂躏。半月后，日伪军龟缩萧山、临浦据点，庄里陈一带易受“扫荡”，祖父痛恨日本帝国主义，不愿在刺刀下过奴隶生活，毅然携全家避难于诸暨藏绿坞。③

这里，并没有提及蔡东藩曾避难夏履桥。那么，是当年年仅10多岁的蔡福源遗忘了，还是另有可能，这需要进一步考证。

不管怎么说，在1940年农历三月左右，蔡东藩携家避难至诸暨十四都藏绿坞。藏绿坞现属诸暨五泄镇，为十四都村之自然村，四面环山，一谷藏春，故名。在藏绿坞，孙子福恒、福源插入藏绿坞小学读书，蔡东藩则与儿子震濆一起为邻里施诊治病，并撰写《内科临症歌括》。农历七月，蔡东藩的第三个孙子福绥出生。

---

① 《夏履镇志》，中华书局2010年版，第13页。

② 1里＝500米

③ 蔡福源：《颠沛　奋斗　奉献——纪念祖父蔡东藩》，政协萧山市委员会文史工作委员会，《蔡东藩学术纪念文集》，1988年版第78页。

1941年夏，蔡东藩的孙子福恒、福源都从藏绿坞小学毕业，考入鄞县私立三一中学诸暨分部（校址在藏绿坞）。

萧山沦陷后，诸暨就成了浙东抗日前沿，日军也早有觊觎这“八邑通衢”之地。1942年5月，诸暨沦陷，战火遍及藏绿坞。蔡东藩只好带领全家再迁至距藏绿坞20里的野鸭岭。约3个月后，局势稍微平稳，蔡东藩全家才回到了藏绿坞。

这番战火，使三一中学诸暨分部停办，福恒、福源再次由蔡东藩在家亲自授课。直到次年春天，三一中学诸暨分部在马剑觅得新址后，蔡福恒、蔡福源才返校复学。

而蔡东藩本人自感身体日渐虚弱，他深知来日无多，因此闲暇时便开始整理一生所撰写的诗词歌赋等一些闲散书稿，最后辑成了《风月吟草》《写忧草》《浮生若梦》《蔡郕文稿》。

1944年深秋的一天，蔡东藩家里来了4个青壮年农民，自称是从富阳紫阆来的，特来请蔡东藩去给他们的父亲看病。刚巧蔡东藩自觉身体不适，去与不去踌躇未决。但禁不住4个农民的恳请，就不再推辞了，带病前去富阳出诊。老农的病是治好了，但蔡东藩返回后，就发“三日疟”，从此每隔3天发一次疟疾。到了年底，卧床不起的蔡东藩自知在世不长了，就要其子震濆设法，把他从小路送回所前庄里陈旧宅。[①]

1945年3月5日（民国三十四年农历正月二十一日）深夜，带着“死去元知万事空，但悲不见九州同”的深深国恨，带着“来生再望出头年”[②]的美好期待，蔡东藩在庄里陈住宅与世长辞了，终年69岁。过世后，他被安葬于所前池头沈割子山东南坡。池头沈南朝青化山，北靠会稽山余脉，旧有“湖塘瀑布”“越峥映秀”八景，山清水秀，也可谓是青山有幸埋傲骨了。

蔡东藩生活的时代正是从晚清到抗战结束这一中国近现代历史上最动荡、最惨烈的阶段。虽然国事、家事坎坷不已，但蔡东藩为我们留下了许多宝贵的精神遗产。1987年7月8日，蔡东藩诞辰110周年，他的三位孙子福恒、福源、

---

① 蔡福源：《我的祖父蔡东藩》，陈志根：《蔡东藩研究》，中国文史出版社2005年版，第17页。

② 蔡福恒：《几本祖父诗文手稿散失记实》，政协萧山市委员会文史工作委员会：《蔡东藩学术纪念文集》，1988年版，第91页。

福绥在《祭祖父文》中言简意赅地概括了蔡东藩的一生：

> 祖父生不逢辰，命途颠扑。列强入侵，军阀互戮。椿萱咸凋，手足尽覆。国难家愁，危机四伏。难能可贵，自勉自勖。排瘴除雾，勤奋好学。不愿合污，执缨自濯。武昌炮响，共和如旭。精神振作，誓雪耻辱。赤子情深，为我民族。
>
> 盲瞽陆沉，世人受束。正视历史，借以教育。努力秉笔，丹心之光照千秋，千秋增辉；积极成书，青云之志垂万世，万世流渥。十载辛劳，巨著累牍。气年日月，声溢金玉。前无古人，雄才荦荦。盛矣哉，硕果丰盈，举世瞩目。巍巍青松，令人钦服！①

蔡东藩写尽了中国历史，他自己的经历却俨然成了谜。但我们还是可以透过这模糊的“谜面”，看到在时代巨浪的裹挟下，一介布衣，虽然僻居乡野，过着箪食瓢饮的日子，却依然“以道自任”，用自己的秃笔凹砚，发出并不洪亮的声音，以警世醒民。他的思想是复杂的，步伐是踉跄的。他，是中国从传统走向现代的极尽跌宕起伏时代的一个平民知识分子命运的缩影！

---

① 蔡福恒、蔡福源、蔡福绥：《祭祖父文》，政协萧山市委员会文史工作委员会：《蔡东藩学术纪念文集》，1988 年版，第 2 页。

临江书舍

第二章 辉煌的著述

一、教育类著述

自1840年鸦片战争后，国门打开，中国逐渐沦为西方列强蹂躏宰割的对象，民族危机异常严重。甲午战争，中国惨败，举国上下感到亡国灭种、危机日蹙之时，以康有为、严复为代表的“教育救国论”应运而生，教育被提升到救亡图存的高度。自此，“教育救国”思潮顿然发轫，并在以后的一段时期里绵延不绝。

陆费逵曾说：“立国根本在于教育，教育根本实在教书。”[①]1912—1913年，南京临时政府教育部在颁发《普通教育暂行办法》的同时，颁发了《审定教科用图书规程》，规定“初等小学校高等小学校中学校师范学校教科用书，任人自行编辑，惟须呈教育部门审核”[②]。这是我国首次实行教材的审定制度。在教材审定制度下，各大书局竞相加入中小学教材的编撰出版行列，蔡元培、朱自清、叶圣陶、高梦旦、张元济、吴研因等学者也都参与了教材的编写。

---

① 宋原放：《中国出版史料·近代部分》（第3卷），湖北教育出版社2004年版，第159页。

② 舒新城：《中国近代教育史资料》，人民教育出版社1981年版，第355页。

在教材近代化的进程中，上海会文堂书局也加入了教材编撰出版的行列，出版了《初学论说必读》《初级小学论说初步》《高级小学白话论说文范》等教材。邵伯棠认为：

> 吾国学校开办亦数年矣，父师之所诏告，子弟之所研求，莫不以国文为最苦，且其进步亦较他科学为缓。是非教者之不得法，乃由无适宜之本，为之前导。譬如瞽者之无相，欲东而适西，致足慨耳。①

为此，邵伯棠著有《初学论说文范》《高等小学论说文范》《女子论说文范》等教材。蔡东藩曾与邵伯棠纵谈当世事，认为应“以教育急进为第一义”。1911年秋，他在邵伯棠的邀请下，开始著述教育类书籍，以期“发挥新道德、新政治、新社会之精神，为新国民之先导”。

（一）《中等新论说文范》

1912年正月，《中等新论说文范》正式出版。全书分为4卷，每卷20篇，共计80篇。

1. 编撰宗旨

《中等新论说文范》的编写时间正值辛亥革命爆发前后，一个新的时代即将到来，一个新的政治体制即将诞生。蔡东藩为中华民族的新生感到由衷地兴奋和激动。在《拟上新政府书》中，对“天祚中华，扫除蟊贼，合四百兆人之义愤，革两千余年之专制，先声固已振矣”② 表达了极高的热情。在《拟告国民军文》中，对民国军表达了自己的敬佩之心，指出“谨以拳拳之诚，为我可敬可爱之热血诸君告，军兴以来，四方响应。赖诸君之力，奋勇直前，不匝月而已下十余省，此固吾国历史上未有之快举也。”③ 同时，他也对新政府、新领袖、新国民提出了新期待，如《送孙中山先生赴宁任职序》于褒扬之中寓砥砺之

① 邵伯棠：《初学论说文范》，上海会文堂书局1917年版，撰述大意。

② 蔡东藩：《拟上新政府书》，《中等新论说文范》（第四册），上海会文堂书局1912年版，第47页。

③ 蔡东藩：《拟告国民军文》，《中等新论说文范》（第四册），上海会文堂书局1912年版，第31页。

意；在《严禁鸦片议》中提出了“今者国运一新，宜乘此百废待兴之日，首禁鸦片以为下手之方。外则改订约章，缩短时限。内则严申禁令，定期戒绝”[①]的建议。

他认为，“君主政体之组成也易，而共和政体之组成也难，必人人具有自新之资格，斯共和政体可以进行”。所以，著述此书“以发挥新道德、新政治、新社会之精神，为新国民之先导”。他说：

> 待人而新，新民或可为，而新人格尚未之备，于共和政体无当也。即不然，新其口未新其心，新其名未新其实，亦岂真足为新人格哉。今者国运一新，闻将新建一共和政体，甚盛举也。然数千百年来旧社会之腐败，而忽期其悉能自新，亦岂易事？……今则旧政府已去，而欲一跃而登于共和之域，则宜先正其名曰新人，而不得仍曰新民。新人乎，新人乎，我黄帝之子，果锐意自新也，则勿以新民为限，当亟起而造完全之新人格，革旧思想，蓄新道德，协力同心，无偏无党，纠成一新政体，而后可为吾国政治上之新纪元。[②]

那么，如何造就他所谓的“新人”呢？蔡东藩认为，应当先革除奴隶性，令国民有自己的个性、创见和思想。他说：

> 窃谓新国民，当革奴隶性。为新国文，亦不可不革奴隶性。前此老师宿儒，终日咿唔案下，专慕唐宋诸大家文调，每下笔，摭拾古文一二语，即自命为韩、柳，为苏、王，而于文字之有何关系，绝非所问，是谓之优孟学也可。今此后生小子，入塾六七年，自谓能作三五百字文，实则举报纸拉杂之词，及道听途说之语，掇拾成篇，毫无心得，是谓之盲瞽学也可。之二者，于文字中皆含有奴隶性者也。夫我伸我见，我为我文，不必不学

① 蔡东藩：《严禁鸦片议》，《中等新论说文范》（第三册），上海会文堂书局1912年版，第25页。

② 蔡东藩：《说新民》，《中等新论说文范》（第二册），上海会文堂书局1912年版，第23页。

古人，亦不必强学古人；不必不从今人，亦不必盲从今人。①

所以，《中等新论说文范》的取材立论始终贯穿着蔡东藩“我伸我见”、为国民先导的指导思想，其中不乏真知灼见。如《革命与复仇辩》：

革命公也，复仇私也。或谓为君父复仇，公矣，何私之有？抑知既云仇，既云复仇，则无论为君为父，皆近于私见，非文明时代所宜尚也。然则君父之仇，不当复乎？曰仇莫大乎为君父，但君父之仇，亦有可复不可复者。……君不德，父不法，其罪当诛，无复仇之理。若不顾是非，恣情报复，一旦得志，举仇人之子孙族类而尽殄灭之，即令理直亦伤人道，遑问其倒行而逆施乎。今之革命则异是。革命之说，虽争种族革命、政治革命二大派。种族革命，吾且未敢赞成，以其与复仇相近，易致残杀也。若政治革命，则与复仇本旨适形一反比例。……复仇之宗旨在自逞，而革命之宗旨在自治；复仇之宗旨在好杀，而革命之宗旨在好生；复仇之宗旨在雪其不平，而革命之宗旨在化其不平……故吾不当以复仇为前提，而唯以革命为目的。目的既达，则不问亲仇，一律平等，合二十二行省及三大藩部，以组成一大公无我之良政体。②

辛亥革命时期，排满主义在中国沸沸扬扬，诸如“今之革命，复仇其首”“张九世复仇主义，作十年血战之期”之类的言辞，在报刊中俯拾皆是。蔡东藩是理智的，他清楚地意识到排满复仇是与自由、平等、博爱的民主共和精髓相抵牾的。他的革命观更重在政治革命，与当时的排满主义相比，其进步意义是不容置疑的。类似于《革命与复仇辩》这样颇具新意的文章，还有《释统治权》《原勇》《论洪杨失败之原因》等。可以发现，蔡东藩的这些“我见”皆以国家、民众利益为重，目的就是为了培养“新国民”的“新道德”，从而陶铸国魂。

文以载道，在包含新道德，令青年学生读之“能爱身爱家爱国”，但《中等

① 蔡东藩：《中等新论说文范》，上海会文堂书局1912年版。

② 蔡东藩：《革命与复仇辩》，《中等新论说文范》（第三册），上海会文堂书局1912年版，第1页。

新论说文范》中的一些篇目也暴露出蔡东藩不少与时代不相符的，甚至是迂腐保守的思想观念。这些局限，是他长期深受传统思想教育的结果，也是对新的思想观念并不完全理解的结果。

2. 编撰体例

《中等新论说文范》为“高等小学三四年级及中学适用之书”，每篇的“篇幅自四百字起递相衔接至八百字止”①。文体有：记述文，如《记黄帝涿鹿之战》《述日本并吞朝鲜事》《浙江观潮记》《谒岳王墓记》等；说明文，如《说林政》《说累进税之利用》《说好利之害》《说明租税之理由》等；通讯文，如《记墨西哥华侨遇难事》《论法西德干涉摩洛哥之乱》《志葡萄牙革命》等；雄辩文，如《禅让论》《论洪杨失败之原因》《驳均产主义》《论竞争心与嫉妒心之异点》等。

按现在的文体来说，主要是记叙文与议论文，以议论文为主。每篇文章后面都有注释，以及总评，还缀以眉批。总评、眉批以指导学子写作方法为主，如“从旁面折入，理解益明”“觑定宗旨，笼罩全篇”“回顾前段，如常山之蛇首尾相应”等，概言其命意所在，间及经营结构之法。示材又示法，确实起到了“文范”的作用。而其文、批、评的结构，又与后来编述历史演义的自撰、自批注、自评相吻合，足见蔡东藩“究心教育”之用意。

3. 版本

1913 年 11 月，上海会文堂书局出版了订正版《中等新论说文范》。与初版相比，订正主要采取了以下几种形式：

一是题目和内容全改，如《招友人从军书》《释共和政体》《好恶同民说》《通古斯人种考》《送孙中山先生赴宁任职序》等篇分别改为《招友人求学书》《释局外中立》《原忠》《俄蒙交涉考》《送各议员赴都序》。

二是题目不变，内容全修改。如《各国议会多用二院制试推论其得失》。

三是题目改，内容局部修改。如《辟崇俭说》《革命与复仇辩》改为《崇俭辩》《复仇辩》。

四是题目不变，内容局部修改。如《办民团议》《述乡农语》《说新民》《各国所用教科书制度不同究以何制为善》《严禁鸦片议》《评曾左李三人之功罪》《民主政体组织不同试述各种制度而核其利弊》《拟告国民军文》《论君主国与民

① 蔡东藩：《中等新论说文范》，上海会文堂书局 1912 年版，例言。

主国之利弊》《拟上新政府书》等篇。

辛亥革命带给民众的希望犹如昙花一现，到 1913 年之后事情“即渐渐坏下去”[①]，致使士人普遍失望。蔡东藩的思想也产生了一些变化，譬如改正版的《说新民》云：

> 吾尝闻朱子之注大学矣，曰：革其旧染之谓新。旧染云者，指所染之敝俗而言，非欲举固有之国粹而尽去之也。……吾华立国于亚东，殆五千年矣。此五千年间，凡世界各国之兴亡几不胜数，而吾华乃岿然独存此，非具有一种特别之国粹，亦曷克臻此。乃晚近以业，群言庞杂，维新之议愈出愈淆。夫以五千年来相传之遗绪，容或有历久渐敝者，有因穷思变者，诚使于已敝者更而新之，当变者革而新之，宁不甚善。况环顾吾民，日即退化，浇漓之习，已不可讳。此时不振作自新，恐后此且无自新之日。新民新民，固吾人所日夕望之也。但今之主张维新者，徒新其口未新其心，新其名未新其实，新其形式未新其精神，是而言新乌足为新。甚且欲举吾固有之道德礼义纲常名教尽灭之而后快，一若非是不足以当新民之称者。呜呼，道德也，礼义也，纲常也，名教也，是吾华之国粹也，是吾华五千年之本原也。荡而决之，新固新矣，然其如亡国灭种何哉？……吾始恐吾民之不喜新，吾今恐吾民之专喜新。吾国民而果欲求新也，则请发挥其本有之德教，而革除其后起之浇风，循轨以趋，自新不难矣。[②]

显然，蔡东藩在初版《说新民》中“当亟起而造完全之新人格，革旧思想，蓄新道德，协力同心，纠成一新政体”的思想观念上倒退了，重新回到旧道德之礼义纲常上去了。可见在新社会的政治动荡和旧道德的相互撕裂碰撞中，夹在两种力量之间的蔡东藩，依然没能冲破旧道德的藩篱。保守与开化的矛盾冲突交织并存，也是当时国文教材的一个普遍现象。

---

① 鲁迅：《两地书》，《鲁迅全集》（第 11 卷），人民文学出版社 2005 年版，第 33 页。

② 蔡东藩：《说新民》，《中等新论说文范》（第二册），上海会文堂书局 1921 年订正 22 版，第 22 页。

（二）《女子初学新论说范本》

昔邵伯棠曾著《初学女子论说文范》，蔡东藩认为，“惟邵君寝馈古文，下笔即神与古会，读者或犹以高深为憾，宜于高等小学中用之，初等小学尚未逮也”[①]。所以，蔡东藩踵其后，于1912年著述完成《女子初学新论说范本》。全书4册，共144篇文章，适用于三四年级。此后，蔡东藩又编纂了《女子高等小学国文教科书》，于1913年3月出版，适用于高等小学。体例与《女子初学新论说范本》不同，出现了课次。如第二册的目次为“第一课　国庆日”“第二课　纪念日”“第三课　自立”……

1. 背景

鸦片战争打开了清王朝尘封已久的大门，女子学校教育开始踏上在曲折中前进的道路。1907年，清廷颁布《奏定女子小学堂章程》，规定女子小学“以养成女子之德操与必须之知识技能并留意使身体发育为宗旨”，不得与男子小学混为一体。[②]这些规定虽然有缺陷，但自此女子教育被光明正大地纳入学制系统。辛亥革命后，南京临时政府教育部颁布《普通教育暂行办法》和《普通教育课程标准》，规定初等小学可以男女同校，强调女子学习的主要内容是缝纫之类。1912年9月，颁布《小学校令》，从对有关课程的规定来看，还是有抱持“女子主内”“主中馈”思想的嫌疑。袁世凯复辟时期，大力推行复古主义教育，对女子教育冲击较大。1914年12月，北京政府教育部颁布《整理教育方案草案》，提出女子教育注重“保护严肃之风纪”的问题，规定女子教育须本“贤妻良母主义”，认为女子所谓的职业“应当以家族为重，并且拥有手工、画图、刺绣、养花、养优美等能力”[③]，再次将女子囚禁于闺阁之中，拘限于锅前灶下。直至1922年的“壬戌学制”，男女两性单轨课程体系才得以实施。

从清末到民初的女子教育政策、课程设置来看，虽然逐渐具备一些新时代的特征和要求，但近代女子教育总体上仍未逃脱“贤妻良母”的角色形象塑造和培养。可见，当时社会对于女子的定位仍然从属于家庭，政府也更倾向于让女子从事与妻、母相关的工作，将其活动限制于居家劳动和教育儿童。

---

① 蔡东藩：《女子初学新论说范本》，上海会文堂书局1920年版，著述大意。

② 熊贤君：《中国女子教育史》，山西教育出版社2009年，第212页。

③ 《教育部整理教育方案草案》，《教育公报》，1915年8月。

2. 编撰宗旨

“三从四德”是儒家礼教根据内外有别、男尊女卑的原则，对妇女的道德、行为、修养等方面提出的规范要求，几千年来一直约束着中国女性的生活道路。蔡东藩认为：

> 礼曰，女子从人者也。幼从父兄，嫁从夫，夫死从子。呜呼，自此说出，而四千年来之女子遂惟以依人为主义，而毫无自立性矣。夫当幼稚之时，知识缺乏，未能独立，宜从父兄，犹可言也。既嫁矣，则有相夫之职，务徒令从夫，已非正论。至夫死从子之说，则尤言之失当矣。养母之责，非子而谁？乃曰母须从子，讵不谬甚。吾今敢创一说以正之曰，女子三从，从教从法从道而已。旧说之三从，吾无取焉。①

> 妇德、妇言、妇容、妇功，是谓四德。曹大家女诫曰：妇德，不必才明绝异也。妇言，不必辩口利辞也。妇容，不必颜色美丽也。妇功，不必奇巧过人也。吾谓大家之释妇言、妇容韪矣。若其释妇德、妇功，吾窃未敢和之。天下有才明绝异之女子，而尚致无德乎？有奇巧过人之女子，而尚谓非功乎？今特患无此奇女耳。若有此奇女，且爱敬之不暇。大家之言，其犹近于墨守者哉。②

从上述两段文字来看，蔡东藩的女德观具有一定的进步性。所以，他在《女子不可无学说》篇中批评“女子无才便是德”；在《女子参政权平等》篇中认为“女子之有参政权，亦其宜也”；在《女子宜讲明法律说》篇中建议女子应注意于法律，从而谋取真平等、真自由。

“方今女学初兴，振女权，启女智，固文中应有之宗旨，而女德则尤赖维持”③。但纵观全书可知，蔡东藩的女德观依然没有跳出“贤妻良母主义”。他认

① 蔡东藩：《三从辨》，《女子初学新论说范本》（第三册），上海会文堂书局 1920 版，第 21 页。

② 蔡东藩：《四德说》，《女子初学新论说范本》（第三册），上海会文堂书局 1920 版，第 22 页。

③ 蔡东藩：《女子初学新论说范本》，上海会文堂书局 1920 版，著述大意。

为，男有男职，女有女功，“男子主外，女子主内，此男女分职之通例也”“温柔慈爱本女子之天性，即女子固有之美德也”。而女权“曰有相夫权，曰有教子权，相夫教子，绰有余裕，而后可有参政权”。不仅如此，他认为女子在学校之所以学图画、数学、体操、农林、营商等，都是为了更好地相夫、教子和持家。如《论数学为女子之要科》：

数学者，算术之基也。而家常日用之间，当以此为最要焉。钱财之出入，岁时之稽核，亦妇女之所应知。若于加减乘除诸术，素未之习，亦安能主持家计乎？夫女子之心性，多静细，教以算术，最为合宜，但使造成一会计材，已足治家而有余，即欲独立谋生，亦固有自易易尔。①

当然，我们也可以看出，在新道德未生而旧道德尽替之际，蔡东藩并非顽固的传统价值观念的卫道者，他试图“调和”新旧道德。如《自由结婚议》：

凭媒妁之片言，贸贸然以女与人，此固未足为训也。夫人生于世，以夫妇之相处为最长，倘情不相洽，则穷年反目，岂不大可悲者。于是新学界之士女，遂有自由结婚之说。顾自由结婚，非不足以绵爱情，破积弊。然或极端之自由，不告父母，不邀媒证，竟为私奔之行，终非正道所当然，无已。其惟自择相攸，继之以亲命，通之以媒氏，可乎？②

可见，蔡东藩的“调和”之法是基于旧道德，汲取他认为合理的东西，确立新道德的范围。“若轶乎道德之范围，酿成放任之渐，吾终未敢赞同。”形象地说，他是戴着礼教的脚镣在起舞。所以，蔡东藩没有如同乡蔡元培那样具有前导的特质。

那时，蔡元培的女子教育思想已开始扬弃“贤妻良母”主义了。他在爱国女校演说时说“完全人格，男女一也”，主张以“民主”和“科学”教育女子养

---

① 蔡东藩：《论数学为女子之要科》，《女子初学新论说范本》（第二册），上海会文堂书局1920年版，第17页。

② 蔡东藩：《自由结婚议》，《女子初学新论说范本》（第四册），上海会文堂书局1920年版，第4页。

成“完全之人格”，使女子教育不仅仅为成为贤妻良母作准备，更在于培养具有国民意识和身怀一技之长、自立于“社会的人”①。蔡元培培养女性成为“女国民”的思想无疑比蔡东藩的女子教育思想跨出了更大的一步。

3. 写作指导

“吾作此书……以德育为本，以智育、体育为辅，于文词之中寓裁成之道，区区此意，愿阅者共谅之”②。如果说，维持女德是蔡东藩著述《女子初学新论说范本》的一大宗旨的话，那么指导女子写作则是他的另一宗旨。因此，蔡东藩在书的“著述大意”中用了很大篇幅来谈作文之道：

> 初学作文，第一步是立意，第二步是合法，第三步是选材，再进一步，则从大处落墨，开拓笔势，初学之文事备矣。……作文之道无他，实字与虚字之运用而已。虚字之运用较实字为难，因实字易解，而虚字不易解也。然文笔之起承转合，机神声调，全赖虚字之作用。③

本着这一宗旨，《女子初学新论说范本》前两册以示法为主，言之甚详。如《论人》篇：

> （正文）动物之中，惟人最灵，以其智识之独优耳。顾人类繁矣，大别之则为男女二类。男与女，皆动物中之最灵者也。
>
> （评语）凡作一题，必先立定一意。意既立定，乃讲文法。起承转合，是初学行文之第一要法也。如本书首篇，是“论人”二字。人，动物也，以此命题，则人为动物之灵，与人分男女二大类，即此题之应有之意思。若释起起承转合之法，起者，虚笼题意，如文中首二句之提醒人字是。承者，申说上文，如第三句之说明人所以灵是。转者，折入正意，如顾字以下三语，转到男女二类是。合者，收合总旨，如未二语之总结上文是。悟此乃可与论文。④

---

① 中国蔡元培研究会编：《蔡元培全集》（第二卷），浙江教育出版社 1998 年第 12 页。

② 蔡东藩：《女子初学新论说范本》，上海会文堂书局 1920 年版，著述大意。

③ 蔡东藩：《女子初学新论说范本》，上海会文堂书局 1920 年版，著述大意。

④ 蔡东藩：《论人》，《女子初学新论说范本》（第一册），上海会文堂书局 1920 年版，第 1 页。

前两册的示法多围绕起承转合来谈谋篇布局之法，涉及虚词、叠词的运用，以及叙述文、书信、辩论体的写法等。后两册则注重示材，主要围绕文意和文辞来展开。

（三）《高等小学论说文范》（订正）

《高等小学论说文范》原为邵伯棠所著，成书于1911年2月。全书分4卷，共260篇短小精悍的文章。蔡东藩曾评论其文“磊落有奇气，假借文字，陶铸国魂”。因其中部分内容已与辛亥革命后的社会形势不相符，故会文堂主人叮嘱蔡东藩予以订正。1912年秋，蔡东藩完成订正。

1. 订正办法

1913年9月订正的9版中，邵伯棠的原文一概照旧，凡抽换修改的字体显然不同，令人很容易知晓哪些内容是蔡东藩修改的。从修改的篇目数上看，约为10%。蔡东藩自称是“勉易数篇，并于行间之未合时局，亦略为更动”①。他的修改主要用了三种办法：

一是题目内容全改。如《说党争》《共和释义》《志万国女子参政会会长来华序》等篇。

二是题目不改，文章全改或大半修改。如《国耻论》《论民国之财政》《与友人言实业书》《救国论》《冢宰制国用论》《建设海军议》《论宪法与国会》《与友人论却外患书》《与友人论自立书》《铁路论》等篇。

三是局部修改。如《原民》《说游侠》《劝友人力学书》《唐太宗教将卒习射殿前论》《论地方自治》《释国忧》《振兴实业论》《论铁血主义》《民气说》《论东三省》《不信仁贤则国空虚论》《与友人论改革人心书》《论国民道德之堕落为亡国之根》《答友人论时事书》等篇。

2. 思想观念

辛亥革命时期，中华大地热血沸腾，国人对国家的新生产生了热切的希望。蔡东藩在《民国通俗演义》中记下了这一幕：

> 小子每忆起辛亥年间，一声霹雳，发响武昌，全国人士，奔走呼应，

---

① 山阴邵伯棠，蔡东藩：《重校高等小学论说文范书后》，《高等小学论说文范》（第四册），上海会文堂书局1913年订正9版。

仿佛是痴狂的样儿。此时小子正寓居沪上，早夕与社会相接，无论绅界、学界、商界、工界，没一个不喜形于色，听得民军大胜，人人拍手，个个腾欢，偶然民军小挫，便都疾首蹙额，无限忧愁。因此绅界筹饷，学界募捐，商界工界，情愿歇去本业，投身军伍，誓志灭清。甚至娇娇滴滴的女佳人，也居然想做花木兰、梁红玉，组织甚么练习团、竞进社、后援会、北伐队，口口女同胞，声声女英雄，闹得一塌糊涂。还有一班超等名伶、时髦歌妓，统乘此大出风头，借着色艺，醵资助饷，看他宣言书，听他演说谈，似乎这爱国心，已达沸点。①

然而，这充满激情的场面并没有给中华民族带来真正的新生，党争纷沓，军焰熏天，政局动荡，这让许多知识分子陷入痛苦、失望和彷徨的状态之中。但蔡东藩没有当冷漠的看客，而是拿起笔来，用锋利的笔锋刺向“雄桀”和“乡曲小民”：

吾国之可耻者亦多矣，割地也，偿金也，以至外交之失败，内政之溃烂，何一而非可耻者也，乃卒无一雪耻之方者。革命以后，耳目一新，若可与谋雪耻矣。乃二三雄桀士，偶一得志，或且营宫室，拥妻妾，但顾行乐，不务雪耻。乡曲小民，仍贸贸无知，但曰：此国事也，肉食者谋之。吾侪小人，朝不及夕。夫岂热血之尽冷也，由未识国民之责也。嗟乎，寇深矣，可若何？而环顾吾国仍无一誓雪国耻者。夫无一誓雪国耻之人，是终于无耻者也。我不敢谓此终于无耻者，其国即亡也。我亦不敢谓此终于无耻者，其国即不亡也。惟外族方张，鉴吾国民之不复知耻，将奴我辱我，我国民乃真万劫不复矣。②

蔡东藩对各政党相互倾轧，相互掣肘，只顾争权而置“国利民福”于不顾的行为极为不满。他写道：

---

① 蔡东藩：《民国通俗演义》（上），中华书局 2015 年版，第 1—2 页。

② 山阴邵伯棠，蔡东藩：《国耻论》，《高等小学论说文范》（第二册），上海会文堂书局 1913 年订正九版，第 8 页。

或曰今之所谓政党者，大都皆朋党耳，彼以鼠窃狗偷为党者无论矣。其所谓数大政党，亦不明党德，不辨党纲，以权利为竞争，置义务于不问，甲攻乙，乙攻甲，有丙丁者起，而又攻甲乙，各是其是，即各私其私。未几而甲乙丙丁各党，又以个人之私见，而自相为攻。于是名为同党，其间也隐有纷争之势。以此而为政党，吾不敢知也。夫以我民国创造艰难，国基未固，合群策群力以图之，尚恐不逮，乃复自相水火，自相鱼肉。内讧既起，外侮乘之，瓜分之惨，悬诸眉睫矣。

嗟乎，吾向以为政党者，必以国利民福为前提，今若此，可奈何？①

如果说，在《中等新论说文范》中，蔡东藩是基于期待对新政权提出了不少的建议。那么，此时他在修订《高等小学论说文范》时，是基于“怒其不争”而拿起了批评的武器，给国民当头棒喝，希望民众既要“革命”更要“革心”②。这更充分地体现了蔡东藩拳拳的忧国忧民之心。

3. 版本

《高等小学论文文范》（订正版）于1912年冬由上海会文堂书局出版。订正版后附有蔡东藩的《重校高等小学论说文范书后》，版权页的著述者署“山阴邵伯棠”之名。其后，因引发中日教科书风波，该书重新修订。修订版的版权页写明“修正高等小学论说文范”，著述者仍署邵伯棠之名。之后，为适应教育部将国文改为国语的形势需要，又出现了自修适用的《言文对照高小论说文范》，演译者吴江钮君宜，校正者绍兴汤寿铭。言文对照版的体例为：原文、注释、批评、白话体、要旨和课外良友。如《国耻论》：

原文 （略）

批评 其气磅礴，上触星辰，下动河岳，是爱国伟男，是文坛健将。

白话体 孟子说道：“耻心和人的关系很大呢，不以不如人为耻，还有如人的希望么？”讲到我国可耻的事情很多哩，割地呀，偿金呀，以至于

① 山阴邵伯棠，蔡东藩：《说党争》，《高等小学论说文范》（第一册），上海会文堂书局1913年版，第22页。

② 山阴邵伯棠，蔡东藩：《与友人论改革人心书》，《高等小学论说文范》（第四册），上海会文堂书局1913年版，第24页。

外交的失败，内政的惰窳，那一种不是可耻呢！无如终没一个雪耻的方法。自从革命以来，居然耳目一新了，似乎可以和他打算雪耻了。不料一班号称有魄力的人，偶尔得意，便要起造房屋，拥抱妻妾；但知道眼前快活，却不想到雪耻上去。还有一种乡曲小百姓，依然不知不觉，但说道这是国家的事情，吃王粮的打算的；我们小百姓，朝上顾不得夜里。这难道是热血完全冷却了吗？实在不晓得国民的责任啊。可怜哪！外患迫切了，有什么法儿？何以返观我国中，仍没一个血性报仇的。讲到没一个血性报仇的人，这是到底无耻的了。我们不好说这到底无耻的景象，国家就要亡的；我们也不好说这到底无耻的景象，国家不会亡的。不过外国人势焰张大，藐视吾国百姓恬不知耻情形，将要奴隶我，侮辱我；我国的百姓，真正万劫不复了。可叹啊！

要旨　天下兴亡，匹夫有责，原文全写国耻，柱意却在一个责字。

课外的良友　区区小事，尚且不是空口可以挣得，何况国耻是莫大的事情呢。所以我国的耻辱，终没昭雪的一日，不坏在知道得少，就坏在知道得太多。你看满巷，那一处不写着“毋忘国耻”么？没一个不知道国耻，却没一个愿意负责任。原文把这层写出，痛快极了。[1]

值得注意的是，订正版、修正版的著述者都署邵伯棠之名，而言文对照版却有的署邵伯棠之名，有的署蔡郕之名。如 34、36 版次署邵伯棠之名，22、25、27 版次署“绍兴蔡郕”。

（四）《国文新范》

1914 年 7 月，《国文新范》出版，共 6 卷。内容分类如下：

“（甲）论文。推阐历代之吏治，发缀先哲之政论，择焉必精，语焉必详”。共 2 卷，计 70 篇。如《法治人治论》《治乱民如治乱绳论》《为官当清慎勤论》《仕学一贯论》等。

“（乙）策问。观察现今之时局，揭橥新政之方针，志在折中，蕲当实

① 山阴邵伯棠，吴江钮君宜，绍兴汤寿铭：《言文对照高小论说文范》（第二册），上海会文堂书局，第 15 页。

用。”共2卷，计40篇。如《澄叙吏治策》《问道德教育与实利教育之轻重》《统一币制策》等。

“（丙）文牍。据最新之公文程式，为行政之草拟简书，陈言务去，格局一新。”共1卷，计33篇。如《拟崇祀先贤吕留良详文》《拟整顿吏治条陈》《拟维持教育条陈》等。

“（丁）杂著。行文不拘于一体，立说务合乎时宜，敢诩著作之林，翼作观摩之助。”共1卷，计33篇。如《义利辨》《原礼》《读山海经》《八大山人传》等。”①

1. 背景

清末科举制度的废除，摧毁了传统的人事制度。为建立新的人事选拔制度，南京临时政府首次提出了《文官考试委员官职令》《文官考试令》等法令草案。但由于南京临时政府仅存在两三个月，这些草案未能付诸实施。后北京政府在参考这些草案的基础上，于1913年颁布《关于文官任免执行令》，规定《文官考试法草案》等9项草案，“其于本法未公布以前，关于文官之考试、任免适用之”②；规定文官普通考试科目为国文、历史、地理、笔算、法学通论、经济学，从而构成了北京政府文官考试制度基本内容，标志着民国文官考试制度的正式确立。

蔡东藩认为，“今欲整肃仕途，必先明仕学一贯之道。仕无不学，学而后仕，则盛治其庶可期乎”③。而“士子既入中学，应即为试验之预备。业已报名于试者，尤不可无临时之揣摩”，所以他编辑《国文新范》一书，作为“临试诸君所宜读也”。

同时，他也对学子每况愈下的国文水平深感忧虑，“鄙人曩任教员有年，尝慨中学以下之学子，于国文一科，每下愈况。阅其文，非浮夸即粗俗，求其明白晓畅者，什不得一二”④。的确，蔡东藩的担忧不无道理。有资料显示，1909年北京的高等小学毕业考试，不仅“经学、国文无一佳卷”，而且“各学堂学生

① 蔡东藩：《国文新范》，（卷一），上海会文堂书局1917年版，著述大意。
② 北京国民政府《政府公告》第243号，1913年1月9日，藏中国第二历史档案馆。
③ 蔡东藩：《仕学一贯论》，《国文新范》（卷二），上海会文堂书局1914年版，第36页。
④ 蔡东藩：《国文新范》，（卷一），上海会文堂书局1914年版，著述大意。

于经学、国文殊少合格”[1]。蔡东藩视国文为国粹，所以《国学新范》也为“中学士子所必需”之国文范本。

2. 思想观念

文以载道。尽管《国文新范》主要是为学子应试备考所作的范文，但我们还是可以看到蔡东藩依旧忧国忧民，依旧我伸我见，表达着自己对国家、时局、社会的观感与忧虑：

> 吾国自政治革命后，易君主为民主，海内人士皆诩诩然曰：吾共和国也，吾共和国民也。呜呼，为共和国民，必须有共和国民之资格，道德备而资格乃全。今试问二载以来，果有可称之道德否耶？士从田间来，为议员则排击以外无方针，为官员则侵渔以外无目的。营私而害公，争权而攘利，道乌乎寄？德乌乎存？农工虽稍为驯朴，然非愚惰即刁顽，佃田则不愿完租，佣役则未肯尽力，道德益堕落矣。商人无信，尔诈我虞，售欺作伪，卷资没本，鬼蜮伎俩，时有所闻，何道德之足言？回忆前清之季，世道凌夷，尚未至此，不谓国体更新，而人心愈坏。新道德毫无端倪，旧道德尽归荡灭，以此而期共和之治，是犹南其辕而北其辙，愈行而愈远也。[2]

对社会的失望之情，跃然纸上。如此局面，在蔡东藩看来，是“未沐欧化，先弃国粹”之使然。他主张“当举吾国旧制之适宜者，发挥而光大之。……旧制之不足，或未合时宜者，然后采外人之长而变通之”[3]。

蔡东藩的观点，明显有着“中体西用”文化观的烙印。这种文化观，在传统文化遭遇危机、面临衰败之时，也是民族自救观念觉醒的一种表现。应该说，蔡东藩有着对民族文化的自觉和自信，但他没能立足于时代发展的大势，解决好新旧、中外文化之间的“会通”问题。

---

① 《孟丞堂对于小学之箴言》，《大公报》，1909 年 3 月 19 日。

② 蔡东藩：《共和国民重道德说》，《国文新范》（卷六），上海会文堂书局 1914 年版，第 11–12 页。

③ 蔡东藩：《释新民》，《国文新范》（卷六），上海会文堂书局 1914 年版，第 8 页。

（五）《高等小学新国文范本》

1904年，商务印书馆的《最新初等小学国文教科书》出版后受到读者普遍欢迎，洛阳纸贵，“国文”一词就大行其道了。1912年，南京临时政府发布了《小学校教则及课程表》，在课程设置上废止了“读经讲经”科，提出设“国文”科。这期间审定公布的小学国文教科书主要有陆费逵编的《新中华新制初小国文教科书》，庄俞编的《共和国新国文教科书》等。

会文堂书局也曾编写了《初等小学新国文范本》，又于1915年1月出版了蔡东藩编纂的《中等新国文范本》。此书共4册，每册20篇文章，收有《中国飞行家冯如传》《中等新国文范本》《吊邓壮节文》《苍髯叟传》《八德箴》等文，适用于中学及以下学生。同年1月，蔡东藩又完成了《高等小学新国文范本》的编纂工作，共4册，计110篇文章，于2月出版发行，适合五六年级学生之用。

1. 编撰宗旨

教育救国思想的核心观点是社会的改造和进步应该首先或主要通过教育才能实现。蔡东藩认为，要发展教育、振兴学校，“当以注重国文，改良课本为第一义”。他认为：“近今各小学之讲授国文，或采用坊间通行之教科书，或采用各种论说文。教科书之弊，在直率而乏意味。论说文之弊在虚浮而鲜实用。”于是，他本着“以学识为体，以文字为用，不病直率，不蹈虚浮”的原则，编纂了《高等小学新国文范本》，以“期学生易于讲解，因悟生明”[①]。

显然，蔡东藩充分认识到教科书之于教育的重要性，也期望通过改良教科书来振兴教育，从而达到改造社会的目的。但他没有认识到教育还要受到社会的政治、经济制度的制约，在当时的历史条件下，教育虽然可以兴国，但并不是解决社会主要矛盾的突破口。正是因为没有认识到这一点，所以蔡东藩的思想也就无法上升到政治革命的高度。

2. 选材特点

《高等小学新国文范本》的文体主要为叙事、说明、论辩等，每篇文章书眉加以细批，题后略述评语，概言其命意所在，间及其经营结构之法，旨在启发学生有所受益。在选材方面，遵循两个原则：

---

① 蔡东藩：《高等小学新国文范本》，上海会文堂书局1924年第11版，著述大意。

一是言之有味，“不病直率”。语言浅显，注重启发，富有意味，这是本书选材的一大特色。如《驴喻》篇：

> 有人畜一驴，畜一小犬。犬身短而毛甚泽，主人爱弄之，每出必俱，相依不忍释。驴则任重行远，日供主人役，稍蹇缓辄鞭挞，无少恕者，驴遂自怨，并嫉犬。一日，主人赴宴，跨驴去，犬亦随之。入席后，常得饵饲犬。犬跳跃以媚主人，主人益欢。驴见而自忖曰：“吾今而知悦人之术矣。”宴毕，驾主人返。主人甫下驴，驴跳跃不已，一如犬媚主人状。主人入室，驴紧随其后，触几几倒，触案案覆。主人急呼家众械驴，操杖逐之。驴返枥，被挞已无算矣，自是驴常伏枥，不敢效犬。犬渐长，行止滞钝，无可悦主人心，亦屡受扑责，有时且不得食。驴则刍豢无闲，犬视之，勿如也，至是而驴乃慰。呜呼，悦人之术之不足恃也，固如此哉。①

整篇纯用譬喻之法，并有故事情节，文章结尾虽点出题意，也较为含蓄，发人深思，有很强的学生针对性。

二是言之有物，“不蹈虚浮”。尤其是一些论说文，说理透彻，观点鲜明，并时有极具新意的“我见”，给人启迪。如《释忠孝》提出了“徇君非忠，徇国乃忠”的观点，并对“平等之说倡而人欲弃忠，自由之论起而人欲蔑孝”的现象提出了批评。《新旧辨》则提出了“宜旧者则从旧，宜新者则从新”的看法。而《论洪杨之变》则延续《中等新论说文范》中的思想，认为“仁者杀一不辜而得天下，犹且弗为。洪杨杀人，何止千万”，从而从民生的角度反驳了洪杨“为革命模范”的观点。

（六）《重增幼学故事琼林》

《重增幼学故事琼林》是蔡东藩在古代儿童启蒙读物《幼学琼林》基础上加以增补成的。《幼学琼林》最初叫《幼学须知》，又称《成语考》《故事寻源》。一般认为其最初的编著者是明代程登吉，后由清人邹圣脉作了增补，更名为《幼学故事琼林》。该书内容包罗万象，举凡天文地理、科举官职、饮食起居、花

① 蔡东藩：《驴喻》，《高等小学新国文范本》（第一册），上海会文堂书局 1924 年第 11 版，第 19 页。

鸟虫鱼、名物制度乃至处世为人，皆有涉及，犹如一部小百科全书，成为中国历代启蒙读物中的佼佼者，人称“读了《增广》会说话，读了《幼学》走天下”。

蔡东藩认为，该书“以罗列故事取精用宏，童而诵之，事半古之书，而功且倍之欤”，故“为一般乡塾儿童所日夕披诵而不辍者也”。但他认为：

> 知今不知古谓之盲瞽，知古不知今谓之陆沉，世变方日新而未已，学术亦日出而不穷，苟徒知墨守挟旧章以问世，即非盲瞽如陆沉。何况邹子梧冈已增定于曩时，今何妨援据先例为再续之举，体例仍其旧，学说采其新，而于政教道德之关系尤为注重。至若古今之嘉言懿行，久传人口而为程邹所未及者，亦择取而文之。盖不第欲广学者之见闻，抑并欲端后生之趋向。①

因此，他在原著基础上增补了300多联内容，复于上栏增辑白眉故事。

1. 重增特点

一是用骈文旧体，易诵易记。骈文也称“骈体文”“骈俪文”“骈偶文”，在形式上讲究对仗，因句式两两相对，犹如两马并驾齐驱，故称骈体；在声韵上讲究运用平仄，韵律和谐；在修辞上注重藻饰和用典。蔡东藩的重增在体例上仍采用骈文体，如“式相好，无相尤，欢言一室；既有义，尤有礼，推重一乡”“前姚江，后蕺山，学徒称盛；北孙李，南顾陆，宗派不同”等句。

二是多典故成语，言近旨远。《幼学故事琼林》又名《成语考》《故事寻源》，说明这是以成语典故为主的蒙学读物。蔡东藩在重增时，也喜用成语典故。如“女子”部分，有着“漆室女”“北宫女”“杨香扼虎救父”“杨姬诉冤”“荀灌乞援”“木兰从军”等典故，几乎每句都有一个典故，用以言明女子之忧国、之节孝、之才智、之侠义。

再如成语，在“疾病死丧”部分，蔡东藩重增有“哭子曰西河抱痛，哭弟曰人琴俱亡”句，这里是用上语解释了下语“西河抱痛”与“人琴俱亡”两个成语；在“鸟兽”部分，有“鸡司晨，犬守夜，独循职业；乌反哺，羊跪乳，尚具孝思”，这里用下语诠释“鸡司晨，犬守夜”和“乌反哺，羊跪乳”两个谚语。

三是增新知新学，不为陆沉。“学说采其新”是蔡东藩重增的一个原则。主

① 蔡东藩:《绘图重增幼学故事琼林》，上海会文堂新记书局1936年版，序。

要体现在对原著由于历史原因造成的虚妄不实或不科学内容的增补。如在关于彗星的介绍，原著有彗星出现必有灾民之说，对此蔡东藩增补为“星芒烛天，尾行如帚，谓之彗”，并加以解释“中国目为妖星，西人则否”。同时，还增补了共和国体知识、科学新知识等内容。

四是重道德教育，应世风世。蔡东藩对于道德教育尤为重视，他专门“搜录先儒书籍，择其言行可风者，得120则，标目成编，自近及远，由家而国……不凌杂，不复沓，以之诱导青年易生观感，其庶足以矫私塾之积弊，补小学所未逮者欤。编既竣，名之曰《青年模范》”[①]。《青年模范》附于页眉，如“孝悌之道”文曰：

> 百行孝为先，而悌次之。善事父母，孝道也。善事兄长，悌道也。有父母而不知孝，有兄长而不知悌，则大节已亏，其他无论已。故修齐之道，端自孝悌始。

其后，又有文字具体说明“孝悌”的做法和图示。《青年模范》多为短小的故事，切合孩童的年龄特征。

2. 版本

由于史料有限，蔡东藩的增补本究竟何时初版，很难确定。其仲孙蔡福源所作《蔡东藩年表》记载为1913年秋增补，该年冬出版。[②]

但就笔者目前所发现的最早版本看，其版权页上注明为“中华民国八年八月重增出版”，也即由蔡东藩增补的《绘图重增幼学故事琼林》初版于1919年。至11月，已出4版。

令人称异的是，在“中华民国二十年七月重增七十版”中，蔡东藩序言后面的落款时间为“中华民国八年九月一日”。而在“中华民国九年三月重增，中华民国十四年十二月四十九版”上，其序言记为“中华民国十二年”，即1923年。同时，《青年模范序言》一文，落款时间却是“中华民国十一年十二月”，

---

① 蔡东藩:《青年模范序言》,《重增幼学故事琼林》，上海会文堂新记书局1936年注册后五版。

② 蔡福源:《蔡东藩年表》，政协萧山市委员会文史工作委员会:《蔡东藩学术纪念文集》，1988年版，第81页。

真可谓是扑朔迷离，也许只有找到真正的初版本才能确定具体的出版时间了。

另外，蔡东藩的增补本还有重校版，重校者为山阴石韫玉。1921 年 2 月重校版的页眉上为汉语词语、词组的中英文对照，且用汉字的同音字来注读英文的读音，并且将《青年模范》的篇目减少为 66 则，《故事白眉》改成了《最新学堂尺牍问答教科书》。蔡东藩的重增本出版后深受广大读者的欢迎，至 1930 年 9 月已重印 74 次。同时，香港永新书局、香港兴记书庄、上海大成书局等也相继出版了蔡东藩的重增本。

蔡东藩认为："有完善之教师，必须得完善之教科书。教科书不良，虽有良师尚无益也。"① 何谓教科书？国内外的研究者对教科书的概念也是众说纷纭。曾天山认为，教科书具有广义和狭义两种定义："从广义上看，教科书包含一切以书本为形式的教学媒介；从狭义上看，则限定在学校的教学用书"②。与教科书意思相近的一个词叫教材。教材也有广义和狭义之分。广义的教材指课堂内外师生使用的所有教学材料；狭义的教材就是指教科书、课本。蔡东藩所编纂的教育类书籍（计著述 6 部、修正 1 部、重增 1 部），基本为文选型，前后文章的内容一般不相关，无序列，无单元，无练习设计。虽然他自己认为这些书籍，既可以作国文（或作文）范本读，也可以作国文教科书读，但从现代意义上的教科书定义来看，只能称之为广义的教科书或教材。尽管如此，这些书籍无不倾注着蔡东藩"究心教育久矣"的心血，是研究蔡东藩思想观念乃至我国教材变迁的重要依据。

二、历史类著述

中国是个史学国度。梁启超在《中国历史研究法》中说："中国于各种学问中，惟史学为最发达；史学在世界各国中，惟中国为最发达。"③ 他认为，"史学者，学问之最博大而最切要者也，国民之明镜也，爱国心之源泉也。"④ 他举起了"史界革命"的大旗，提倡通过编纂新体历史演义来普及历史知识。在这场

---

① 蔡东藩：《各国所用教科书制度不同究以何制为善》，《中等新论说文范》（卷二），上海会文堂书局 1912 年版，第 32 页。

② 曾天山：《国外关于教科书功能论争的述评》，《西南师范大学学报》，1998 年第 2 期。

③ 梁启超：《史学论著四种》，岳麓书社 1985 年版，第 116 页。

④ 梁启超：《新史学》，《新民丛报》，1902 年第 1 期。

历史启蒙运动中，留下了许多名篇巨作，其中影响最大的莫过于蔡东藩的《历朝通俗演义》。

（一）《清代史论》

在评介《历朝通俗演义》之前，首先要简要介绍蔡东藩撰写《清史通俗演义》的基础，也是目前可知的蔡东藩的第一部历史论著——《清代史论》。这部书，在不少研究蔡东藩的文章中，被误称为《清史概论》。

由会文堂主人的序和蔡东藩的自序可知，此书是蔡东藩平时“究心史学，于清代史尤加注意”“随时节录，暇则附以臆说”约得200则，会文堂主人见之，“推为近世创见之作，怂恿印行”的结果。

清王朝的灭亡，标志着传统王朝统治在中国的终结，同时也意味着一部完整的清王朝历史呈现在治史者的面前。自1913年起，短短数年间，便有吴曾祺等人的《清史纲要》（1913）、刘法曾的《清史纂要》（1914）、黄鸿寿的《清史纪事本末》（1915）等十余部清史著作问世。《清代史论》出版于1915年11月。可以说，蔡东藩的《清代史论》与上面所提及的这几部作品，开启了中国史学中清史断代研究的先声。

1. 著述体例

蔡东藩在例言中说明该书踵《东莱博议》《历代史论》《读通鉴论》的体例悉心编纂而成。特别是效仿王夫之《读通鉴论》的体例，以帝王之号为目，目下又分专题，就清代天命朝至宣统朝12朝的“内政外交提纲挈要逐条揭橥，或一事一目或一事数目”，依事之先后，成4册16卷。其中，康熙、乾隆、道光、光绪四世因“享年较永，事实较多”，各分2卷，其他各为1卷。

如顺治朝条目，设有“多尔衮率师入关”“世祖定鼎燕京”“剿灭李自成”“明福王之拥立及败亡”等专题。每个专题皆以史为经，以文为纬。先为史，“各叙事实，备述颠末，年月亦均载入，且逐篇多衔接而下，分则互殊，合则一贯。即格时例，两不相属，亦必先后呼应，遥为接续……汇览全文可作一部清代史略”[1]；后为论，因事生文，因文明理，对史事加以评论。

2. 史论特点

① 蔡东藩：《清代史论》，上海会文堂书局1923年十版，例言。

我国有着悠久的史论历史。自唐代以后，史论逐渐成为史学领域中特有的一种形式。史论即历史评论，是关于客观历史如史事、人物、历史现象等的评论。《清代史论》遵循了史论的“史论结合，先史后论”的一般规律，形成了“简史重论”的特色，“论”更是别具眼光，不以盛衰之见为主，就事论事，我伸我见，其中的真知灼见可谓俯拾皆是，颇有吕祖谦“知当自知，见当自见”的精神。例如《太平天国之中衰》一则：

> 自洪秀全据江宁，政权俱归杨秀清。及江南大营溃，秀清益骄恣，令部属称万岁，有反抗者杀之。秀全恐，密召韦昌辉自江西归，以计诛秀清，赤其族。石达开闻变返国，诮其过甚，昌辉怒，并图达开。达开侦知其谋，缒城走宁国，纠合上游军队，将向金陵，时昌辉已杀其母妻子女。秀全亟约秀清余党攻杀昌辉，以谢达开，然心实惎之。达开驻军安徽，不复归。自是与秀全起事之诸王略尽，军政皆出秀全诸兄弟仁发、仁达，颇拂众意。清帅和春与张国樑乘机进取，于咸丰七年冬，攻克镇江。江北大营统帅德兴阿亦同时拔瓜州，复进逼江宁。江西各郡县，因援军大集，次第规复。曾国藩丁父忧回籍，诏以杨载福统领水军，彭玉麟副之，厥后杨载福克彭泽，彭玉麟克小孤山，而自楚援赣之李续宾亦克湖口，惟九江敌将林启荣等，固守不下。八年春，曾国华至九江助续宾，会合杨彭水师，毁城入，毙敌无算，启荣与焉。长江一带，大半肃清，其为洪氏所踞之都会，唯安庆、江宁而已。不意英法二国，启衅两粤，延及京津，内忧外患，交迫而至。太平天国之后起者，如陈玉成、李秀成辈，复骁勇敢战，相机四出，而洪氏之命运，得以迁延者又六七年。①

天京事变是太平天国由盛转衰的转折点，其过程甚为复杂，充满疑团。但在蔡东藩笔下，只是寥寥数语，交代了事变的来龙去脉，真可谓是言简意赅。而下面的“论”却不同，具体如下：

> 盗贼之起也，以争利。其败也，亦以争利。因争而夺，因夺而杀。始

① 蔡东藩：《太平天国之中衰》，《清代史论》（第12卷），上海会文堂书局1923年，第15页。

则为争夺计，杀千万人而不恤，继则自相争，自相争必至自相杀而后亡。天下未有不嗜杀人之盗贼，亦未有嗜杀人者，不还而至于自杀也。吾尝以盗魁目洪杨，闻吾说者，或竟起而斥吾之非。夫吾岂好訾洪杨哉？不暴洪杨之恶，恐天下后世，群称盗贼为圣贤，而争杀无穷，期人种将因之灭绝也。洪杨非盗，胡为好杀人？洪杨非盗，胡为转自杀？洪不杀杨，杨必杀洪。至若韦昌辉、石达开诸徒，皆其类耳，宁分优绌哉。藉非然者，陇上辍耕，亦英雄之思想。荷戈而出，转战无前，既已据江宁，握长江之险要，则进可以图西北，退可以保江南。三数志士，始终一心，与觉罗氏角逐中原，鹿死谁手，固未可知。讵必不能成事耶，乃洪氏子一得自豪，因江宁之骤下，俨然南面，侈筑宫廷，自是深居九重，不问朝政，凡军事、文报、刑赏、黜陟诸大权，概操于杨秀清之手。彼岂以为皇帝之贵，果如此是欤，抑溺志荒耽而不遑他顾欤。秀清苟鞠躬尽力，勉效驱驰，则如管子之相齐桓、诸葛之辅刘禅，左右弥缝，亦堪补阙。顾淫佚与洪氏同，而骄恣且倍之，毁民居以置大厦，夺少艾以充下陈，掠娈童以备内侍，穷奢极欲，无恶不为。逮夫向营溃败，自恃功高，遂亦有帝制自为之想。盖彼本未知道德政治为何事，哄然起衅，猝然奏功，宫室妻妾车马衣服之奢望，一一如愿。但惟是至尊无上之称号，除洪氏一人外，莫能兼及，此则犹不能怏怏者也。秀清位最高，权最大，跋扈最甚，故发难亦最早，韦昌辉继之。一秀清诛而一秀清复出。石达开自张一帜，历走东南，盖其心固无洪氏矣。要之洪氏为盗魁，而与洪氏并起者，皆盗魁之流亚，始终不脱盗贼之行径。方其初起也，指天誓日，歃血结盟，握手出肺肝相示，几若生死之与共。至于子女玉帛，剽掠无数，足供欲壑。志既得而气益骄，于是人人有惟我独尊之妄想，而互相猜忌。忌之不已，则必争。争之不已，则必夺。夺之不已，则必自相杀而后已。盗贼之所为，大都若如此，此其所以无成耳。然韦杨内讧以后，扰攘东南者，犹六七年，此由清廷之衰弱使然，非关洪氏之强悍也。①

对太平天国运动的评价，自辛亥革命以来，为了更好地“古为今用”，我们

① 蔡东藩：《太平天国之中衰》，《清代史论》（第12卷），上海会文堂书局1923年，第15—16页。

总是在刻意地拔高、美化。可以说，在改革开放之前，鲜有“杂音”。蔡东藩认为，“论史在别具眼光，当就事论事，不当就时论事”①。因此，他从洪秀全、杨秀清抱一帝制自为之目的，给普通民众造成极大伤害等角度斥洪秀全、杨秀清为盗魁，这一观点不能说没有一定道理。比如，著名学者郭廷以认为：“太平天国的信仰其实就是一个低级迷信，其组织是绝对的暴力集团，依赖神权、极权、愚昧的统治，只为满足高层人物的无限欲望，丝毫不顾及大众的福利，所造成的是遍野白骨，满地荆棘，丧失的生命至少为二千万至五千万。以富庶著称的长江下游各省，受祸尤烈，几乎无地不焚，无户不掳，死亡殆尽。幸存者亦均面无人色，呻吟垂毙。这是一场中国历史上的浩劫惨剧。”② 太平天国运动，功耶罪耶，盖棺难定，因此我们不能简单地把“污蔑农民起义”这张标签贴在蔡东藩的身上。

（二）《历朝通俗演义》

自 1915 年开始酝酿，蔡东藩经过 10 余年坚韧不拔的努力，克服家庭变故、资料不足和真伪难辨等困难，于 1926 年将《历朝通俗演义》全部完稿。这套书分 11 部，共 1040 回，计 650 多万字，记叙了上起秦始皇，下至 1920 年 2166 年的历史。其内容跨越时间之长、人物之众、篇制之巨，堪称历史演义之最。因此，有着“古今说史第一人，通俗史著第一书”之美誉。

1. 著述时间

1935 年，上海会文堂新记书局把蔡东藩的 11 部演义汇集 44 册出版，并请卢冀野逐部作序。从其序看，卢冀野以为《历朝通俗演义》是以朝代先后顺序来写作的，其实不然。各部历史演义的具体出版时间如下：

《清史通俗演义》：1916 年 7 月脱稿于临江书舍。次年 2 月，会文堂书局初版，共计 100 回 65.5 万字。

《元史通俗演义》：1920 年 1 月脱稿于海上寄庐，3 月初版，共计 60 回 32.6 万字。

《明史通俗演义》：1920 年 9 月脱稿于临江书舍，11 月初版，共计 100 回 57 万字。

---

① 蔡东藩：《清代史论》，上海会文堂书局 1923 年版，自序。

② 郭廷以：《太平天国的极权统治》，《近代中国的变局》，九州出版社 2012 年版。

《民国通俗演义》：1921年1月脱稿于临江书舍，分初集（辛亥革命起至1914年）、二集（1914年起至1917年）、三集（1917年起至1919年）先后出版，每集四册40回，共计120回70万字。

《宋史通俗演义》：1922年1月脱稿于临江书舍，3月初版，共计100回61.9万字。

《唐史通俗演义》：1922年9月脱稿于临江书舍，11月初版，共计100回68.5万字。

《五代史通俗演义》：1923年3月脱稿于临江书舍，5月初版，共计60回39.4万字。

《南北史通俗演义》：1924年1月脱稿于临江书舍，2月初版，共计100回68.7万字。

《两晋通俗演义》：1924年9月脱稿于临江书舍，11月初版，共计100回64.7万字。

《前汉通俗演义》：1925年10月脱稿于临江书舍，次年1月初版，共计100回62.4万字。

《后汉通俗演义》（附三国）：1926年7月脱稿于临江书舍，次年9月初版，共计100回65.5万字。

11部通俗演义全为有光纸石纸插图本。出版后，海内称许，风靡一时，销售量达10万部以上。

2. 版本

1935年5月，上海会文堂新记书局出于“一方面减少读者经济的担负，一方面改善全书的纸质装潢”，把这套书连同许廑父续写的《民国通俗演义》后40回，全部改排为铅印本再次出版，分装44册，每部书前有卢冀野所作的序及著者自序，总书名为《历朝通俗演义》。除44册外，书局还印赠《历朝通俗演义》（样本）1册，内容为改版印行缘起、序、历朝世系图、目录、样张、预约通知书等。其《改版印行缘起》中写道：

> 俗语说得好，一部二十四史，叫人从何看起呢？况且现在一般国民知识的贫乏，经济的恐慌，中等以上学校学生，因课务繁杂，在时间上、能力上，绝不容你从容地去读那样巨制。那么历史知识又如何才可传播给大众呢？这的确是学术界一个严重的问题。记得民国二十一年，教育部召集

中小学校课程编审委员会的时候，于国语、历史两科，认为补充读物，有积极编制的必要。本局在那时候早已编纂成一部历朝通俗演义了。作者浙东蔡东藩先生，是当代宿儒，有多年教学经验。他细心地费了近十年的工夫，才完成这繁重的工作。在这部演义中表见（现）出几种特有的风格：

（一）言必有征。无论任何细微的记载，都有坚确的根据。其不见于正史的，他都注明出处。

（二）描绘传神。他以文学的手腕，随处写来，总带有一种风趣，使读者很感觉有味的，不忍释手。

（三）阐明因果。历史最大的效用，便是阐明因果。在这套书中，从秦汉一直到现今，一贯的叙述下来，而处处把因果的关系，都显示出来。如读清史的，看了明史，便已隐隐伏了满洲入关的因，再去看民国，便又了然于清室之不得免于灭亡。以清史为中心，明史、民国史都成了羽翼。在一部独立的史中，也同样的有这样显明的因果，虽一件小事的记载，亦复如是。对于增进读者的识力，此书是有功效的。

（四）祛疑存信。自从疑古史派的树立，大家对于秦以前的史料，认为不尽可靠。本书是从秦代叙起，取材尽是可以作信史的，读者看了这一部演义以后，于史实的真伪，便自然的能锐利的去判辨了。所以本书不独是大众的必需的读物，并且足供中等以上学校教科补充读物之用。进一步说，不独做人求学，都要借重这历史的一面镜子，就是治兵治国，又如何能少掉它呢。①

这段文字可以说是迄今为止，对《历朝通俗演义》做出的最早的较为系统的评价了。改编时，江苏省立南京中学校长张海澄写信给上海会文堂新记书局。信中说："贵局所印行之历朝通俗演义，提纲挈领，文字流畅，于中等学校学生文史知识，裨益匪浅，特采作课外补充读物。"②

1955年，上海文化出版社重印了《历朝通俗演义》，总书名改称为《二十四史通俗演义》，历史学家顾颉刚为之作序。他认为，"一般历史通俗演义，在过去也曾出版过不少，可是似乎还很少能和蔡东藩先生这一部相提并论

① 《历朝通俗演义改版印行缘起》，上海会文堂新记书局。

② 《历朝通俗演义改版印行缘起》，上海会文堂新记书局。

的。……这部书的重新出版，不但可以作为一般人的读物，而且也可以作为爱好历史的人们的参考，因为一部《二十四史》，分量太多，就是历史专家也不容易把它完全熟记，倒不如这部演义，随意翻览一下，说不定会有提纲挈领的功效”[①]。在此前后，上海文化出版社又出版了陈稚常所撰的《秦楚演义》和《中国上古史演义》，可说是补了《历朝通俗演义》汉前部分之不足。20世纪70年代末、80年代初，上海文化出版社再次重印这套书，将总书名改为《中国历代通俗演义》，重印4次，一般印数累计20万册以上，最高的达到50多万册。历史学家吴泽撰写了《蔡东藩与〈中国历代通俗演义〉》一文作为序。序言中说："这样一部自秦写到民国，系统完整，独力完成的历史演义书，确是空前的巨著。……就历史知识传播说，蔡著称得上一部演义体断代史通俗辅助读物；就文学艺术价值和社会影响说，因受正史史料束缚过甚，远不及《三国演义》《水浒》之大之广。[②]

此后，浙江人民出版社、江苏人民出版社、山东人民出版社、中华书局、三联书店香港分店等也曾重印全套演义或其中的一部。1980年2月，著名学者李敖将《历朝通俗演义》改编为《中国历史演义全集》，共31册，由台湾远流出版社出版。出版不到一年即售出数万套，营业额超过5000万元台币，刷新台湾出版历史，是台湾远流出版社的镇社之书。

随着《历朝通俗演义》著作权保护期的结束，以及我国市场经济的建立和逐步完善，出版业的竞争日趋激烈，一些出版社纷纷对蔡东藩所著演义进行"包装"，寻求新的热点和效益。1995年，北京古籍出版社抓住蔡东藩逝世50周年的时机，以《中国历代演义》为名重印《历朝通俗演义》，并把《中华全史演义》和《慈禧太后演义》一并付印；2015年，在蔡东藩创作历史演义100周年之际，中华书局以1935年的铅印本为底本，推出了《蔡东藩历朝通俗演义》双色绣像典藏本，计11部21册。出版说明指出，"百年来'历朝通俗演义'一版再版，名称也有'古今通俗演义''二十四史通俗演义''中国历代通俗演义''中国历代演义''中国历史通俗演义'等改变。这套书之所以受到各个时期的读者喜爱，与作者蔡东藩先生'以正史为经，务求确凿；以轶闻为纬，不

① 陈志根：《蔡东藩研究》，中国文史出版社2005年版，第243—244页。

② 陈志根：《蔡东藩研究》，中国文史出版社2005年版，第247—252页。

尚虚诬’的创作原则和‘文不尚虚，语惟从俗’的艺术特色密不可分”。[①]

同时，为吸引更多的读者，一些出版社迭出创新之举。1999 年，延边大学出版社出版了《战国演义》。该书由晋卿糅合冯梦龙的《东周列国志》、蔡东藩的《前汉通俗演义》部分内容改编而成。而《后汉通俗演义》后 41 回，则被中国工人出版社改名为《蔡东藩说三国》单独出版发行。2010 年，京华出版社出版了“中国历代通俗演义连环画”丛书，共 10 辑 29 册。这套丛书，由王良根据蔡著演义改编，画家卢定兴绘画，以连环画的形式，从远古传说到清王朝覆灭，再现了中华五千年的文明史。

100 多年来，《历朝通俗演义》一版再版，累计销量超过了 1000 万册，在各个时期都呈现出火热的局面，对满足广大读者的要求，普及历史知识发挥了巨大的作用。诗人邵燕祥说：

> 记得前人说过，自古以文章鸣世的人，可以分为两种，一种是文以人传，一种是人以文传。文以人传的，时过境迁，最终难免云烟过眼的命运；人以文传的，也许作者本人无意于不朽，但一脉文心或诗情可与后来者相通，书在，有读者，虽时空远隔，仍有如晤对。
>
> 蔡东藩先生应是属于人以文传的作者。从八九十年前直到现在，人们是从他所著六百万言的中国历代通俗演义而知其人的。他的史笔如椽，纵横挥洒，把中国近两千年历史舞台上的兴亡盛衰、生死离合尽收笔底；他的史笔又如雕刀，把那么多的人和事、情与景疏密有致地刻画入微。普通的读者无分老幼听他娓娓道来，如临其境，而于叙事间渗透了作者的识见和感情，好恶判然，真的让我们看到了一面历史的镜鉴。
>
> …… ……
>
> 蔡东藩不仅属于他的故乡，他是属于中国的；他属于史学界，更属于广大读者。我相信，他对从民初上溯二千年的历史叙述必将传世，历百年而垂千古。[②]

---

① 蔡东藩：《蔡东藩历朝通俗演义》，中华书局 2015 年版。

② 陈志根：《蔡东藩研究》，中国文史出版社 2005 年版，序。

3.《清代十三朝演义》

《清代十三朝演义》是《清史通俗演义》的另一版本。由1949年8月新一版徐枕亚、许廑父、赵苕狂等人的序中可知,《清代十三朝演义》于1928年冬初版。令人诧异的是,蔡东藩的原序,时间也改为了1928年冬月。

《清代十三朝演义》的扉页由范烟桥题写。林屋山人题诗一首云:

稗官莫笑总荒唐,胜国风流纪述详。
也似琵琶新曲好,沿街应唱蔡中郎。①

该书除蔡东藩自序外,还有七人作序。如网蛛生:

蔡子东藩,今之积学士,明习史事,善谈掌故。著清代十三朝演义一书,搜罗宏博,褒贬精严。而于种族、国际问题,尤三至意焉。是书一出,吾知有裨于学校、社会。夫研究史事者,必非浅显。而蔡君生花之笔,庄谐俱现,亦正不让《三国演义》,专美于前耳。会文堂主干徐宝鲁、王秋泉二君,购得版权,梓以问世,嘱志一言,因据所见,而为之序焉。②

徐天啸序:

古越蔡子东藩,昔之所谓史才,今之所谓专家,恫国势之凌夷,念纲纪之失坠,推本穷源,深有责于满清历时君主之昏庸乖谬,而欲以激扬民气,恢复国权,故举二百六十七年之往事,编为演义之文,期于妇孺皆晓。其寓意之深,用心之苦,洵不可及已。老友文学家许廑父,于蔡为葭莩亲,馈蔡书而索一言,因举夙昔所感者,书而归之,以为序。③

① 蔡东藩:《清代十三朝演义》,上海会文堂新记书局1949年版。
② 蔡东藩:《清代十三朝演义》,上海会文堂新记书局1949年版。
③ 蔡东藩:《清代十三朝演义》,上海会文堂新记书局1949年版。

赵苕狂序：

老友东越许廑父，以其戚蔡东藩氏所作《清代十三朝演义》一书见示，嘱序一言。尝观近人作清代小说，谈满清掌故，或铺叙淫秽，辱及祖宗；或专记残酷，而略其宽仁之政。一若满清二百六十七年之政事，无一非淫秽残忍之举，揆之情理，宁有是乎？今读蔡子所作，以忠厚之心，运公正之笔，于其善者，扬之甚力；其恶者，亦不甚掩讳。而文词典雅，文笔清新，尤令人有屡读不厌之观，是真良史才，岂第小说家言也哉。[①]

“旧事梦华记兴废，更无人说十三陵。分明一掬辛酸泪，和墨扪来字有棱”。[②]这些序言大多由出版商及许廑父所邀约，可以一窥时人对蔡氏演义的评说。特别是网蛛生所序中提及“会文堂主干徐宝鲁、王秋泉二君，购得版权”一语，值得研究。如果说，蔡东藩离沪后，他与会文堂书局的关系极有可能是被“包”下来。那么，1926年书局改制后，似乎又是另外的方式了。

4.《民国通俗演义》的续集

说到《历朝通俗演义》，不能不提许廑父续著的《民国通俗演义》第四集。许廑父与蔡东藩为葭莩亲，又因“会文堂主人以续稿之责相嘱”，“向不为人续稿”的许廑父才“率尔操觚，勉以报命”原拟续写2集，实际却只续了1集。

许廑父认为，“一书不宜作两种文体”，“因戏摹蔡文”[③]。但毕竟蔡东藩、许廑父两人的学养不同、经历各异、文风有别，所以，续写与原著在演义风格上还是存在着差异。

如在叙述方式上，许廑父比蔡东藩多了些文学色彩。蔡东藩为尽量保持观察者和记录者的角色，始终坚持客观型叙事方式，即便使用一些对白，也显得很谨慎。许廑父则不然，在其续著中不乏大段的人物对白。如第一百四十四、第一百四十五回写孙美瑶劫持人质一事，顾克瑶、亨利与匪徒头目的对白几乎贯穿始终。而且，在顾克瑶被匪徒放下山送信时，有大段的心理描写：

---

① 蔡东藩：《清代十三朝演义》，上海会文堂新记书局1949年版。

② 蔡东藩：《清代十三朝演义》，上海会文堂新记书局1949年版。

③ 徐枕亚：《民国通俗演义·序》，《民国通俗演义》（许廑父续著），上海会文堂新记书局1932年版。

顾克瑶听了这话，一声不响，自已思量道："土匪并不是讲什么信义的，就失信于他们，也并没有什么要紧。假使我的回去，能够使被难的同胞得益，倒也不去管他，可是我看土匪的情形，对于外人，因想假以要挟政府，所以十分重视，至于对我们本国人，少一个多一个，并不十分希罕，我何必多此一举呢。至于亨利他是个外国人，一方面，有外交团竭力营救，一方面，中国政府因怕此案迁延不决，酿成国际上之重大交涉，不惜纡尊降贵，向土匪求和，所以外国人的释放，不过迟早问题，亨利回山，可保必无危险，像我们这些中国人，百十条性命，那里值得政府的一顾？将来能否回家，尚属问题，我假如回山，真个是自投罗网的了。亨利所以定要我回去，无非为着我能说外国话，我假如走了，我们就要感着不便咧……"他一面想，一面胡乱答应亨利。①

人物的所思所想，这是演义家无法观察到的。虽然不写人物的心理活动，会使读者对于某些人物所采取的行动背后的真正动机不甚了然，可以"实录"为秉笔原则的蔡东藩，基本谨守着不作直接心理描写的规范。许廑父却少了这份顾虑，他在人物的刻画上，还用上了一些自己想象的词句，如"气忿忿""咬牙切齿""哑然失笑"等。而且，还有"当时天昏地黑，狂风怒号，不一时，鸡卵一般的雹，纷纷从天上落将下来，打着人，痛不可当，更兼大雨交加，淋得众人如落汤鸡一般，十分苦楚""可巧这天又刮着大风，树枝颤舞，树叶纷飞。加以空中风吼，如龙吟虎啸一般"等一些关于环境、气氛的描写。

在逸闻处理上，许廑父比蔡氏更为主观。"以正史为经，务求确凿，以轶闻为纬，不尚虚诬"是蔡东藩禀奉的宗旨。蔡东藩的前一百二十回中，采用轶闻时，一般都用"相传"一词作引，如第二十二回："却说凶手武士英，自从西捕房移交后，未经华官审讯，遽尔身死，这是何故？相传武士英羁押捕房，自服磷寸，因致毒发身亡。"对于一些无法定论的事件，蔡东藩会录取一些不同的说法并存于文。如第二回写到吴禄贞被刺案，文中就存有吴禄贞为周符麟、良弼、袁世凯遣人所刺杀 3 种说法，并没有枉下结论。

许廑父在使用轶闻时，往往比较主观。如李纯之死，蔡东藩说"李督歿后，谣传不一，或说由仇人所刺，或说他妻妾中有暧昧情事"，没下一定论。许廑父

---

① 许廑父：《民国通俗演义》（下册），中华书局 2015 年版，第 1084 页。

续写时，却说：“那些外面揣测之词，不止一种，实在都属无稽之谈，至于真正毙命原因，仍旧逃不出上回所说‘妻妾暧昧之情，齐帮办不能无嫌’这两句话”，结论十分明确。换作蔡东藩，即便采用此说，也必然会说明其出处。再者，许廑父在使用这些逸闻时，往往将其直接原封不动地著录于续著的演义之中，如第一百二十七回写陆锦与刘喜奎之情事，第一百五十二回写李彦青与张志潭作对，第一百五十七回写夏兆麟从龙游到杭州的途经之事，很容易使读者混淆。

此外，回目与回末的处理也不同。蔡氏往往以重大的历史事件或重要的历史人物的活动为回目的名称，如第四十二回“廿一款恃强索诺，十九省拒约联名”这是以重大的历史事件作为回目名称的；第二十回“宋教仁中弹捐躯，应桂馨泄谋拘案”则主要是以历史人物的活动为回名称目。这样的回目名称，容易让读者未看内容便可大致了解回目下所要叙述的历史大要。而许氏所拟的一些回目名称采用了文学手法，显得更为隐涩。如第一百二十回“月色昏黄秀山戕命，牌声历碌抚万运筹”，第一百二十七回“醋海多波大员曳尾，花魁独占小吏出头”等。

在回末，蔡东藩善诗评，许廑父则多使用楹对，如“人情变化浑难测，昨日今朝大不同”“惟大英雄能本色，是真名士自风流”“福无双至非虚语，祸不单行果又来”等，甚至第一百二十四回为：“爬得高，跌得重。心越狠，命越穷。人生不知足，得陇又望蜀。饭蔬食饮水，乐亦在其中”，史论的意味也淡化了许多。

撰稿不易，续稿尤难，往往会招狗尾续貂之诮。但不管怎么说，许廑父的续著基本上承继了蔡东藩演义的风格。那么，这个“许一刀”后来为什么辍笔不续了呢？

> 《民国通俗演义》一至三集，吾友蔡子东藩所著。蔡子嗜报纸有恒性，搜集既富、编著乃详，益以文笔之整饬，结构之精密，故成一完善之史学演义，出版后，不胫而走遍天下。会文堂主人以蔡作断自民九，去今十稔，不可以无续，乃商之于余，属继撰四五两集，自民九李纯自杀案始，迄民十七国民政府统一全国为止，凡四十回为一集，每集都三十万言。余无似，年来奔走军政界，谋升斗之食，笔政久荒，俗尘满腹，而资料之采集，又极烦苦，率尔操觚，勉以报命，宁贻笑于大方，恐取诮于狗尾，蔡子闻之，

得毋哂其谫陋？[1]

“宁贻笑于大方”，这是许廑父的自谦。真正让他辍笔的原因，也许是“资料之采集，又极烦苦”，这从另一侧面也可看出蔡东藩之毅力了。

（三）《西太后演义》

玉座珠帘五十春，临朝三度抱冲人。慈禧自1861年垂帘听政以来，统治清王朝长达47年之久。1918年11月，蔡东藩完成《西太后演义》的写作，共计4册40回25.9万字，次年4月由上海会文堂书局出版。1980年，浙江人民出版社重印该书，书名改为《慈禧太后演义》。此后，辽沈书社、中国社会科学出版社又将书名改为《慈禧演义》。1994年，该书被收入“慈禧纪实丛书”。

1. 写作缘起

一是补《清史演义》之不足。“鄙人前辑《清史通俗演义》，于孝钦一生行迹，十举四五，自谓粗得大凡，乃时论犹有未尽之憾，用特续编西太后专集”[2]。因此，《西太后演义》可以说是《清史通俗演义》的重要补充之作。

二是正坊间流传之不确。“晚清之季，党人蜂起，保皇党笔伐于先，革命党口诛于后，孝钦之名为之大损。坊间曾有西太后一编，卷帙无几，第述宫闱秽亵事迹，近诬蔑毫无价值，故不崇朝而毁灭。清室已覆，复有慈禧外纪，及慈禧写照记等书流传市肆，顾或稗贩西文，未必尽确，或掇拾野乘，所见多偏，据片面之见闻，漫欲加以论定，保无有管蠡之诮者”[3]。对这些坊间流传的有关慈禧书籍，蔡东藩并不认可，所以他“裒录大政，遍采遗闻”，用演义体裁写就此书，以作为“稗史的先声”。

2. 写作主旨

《西太后演义》的写作主旨，在蔡东藩的序言说得非常明白，那就是“防范女权，唤醒世梦，以人为鉴，即劝即惩”[4]。20世纪初，在西方女权理论的影响下，近代中国妇女解放思想已发生了显著的变化，由男女平等到男女平权，进

---

① 许廑父：《民国通俗演义》，中华书局2015年版，序。

② 蔡东藩：《慈禧太后演义》，浙江人民出版社1980年版，序言。

③ 蔡东藩：《慈禧太后演义》，浙江人民出版社1980年版，序言。

④ 蔡东藩：《慈禧太后演义》，浙江人民出版社1980年版，序言。

而直指女权，对妇女权益的关注也从最初呼吁的身体健康权、教育权，转向直接要求参政权。在这种主体思潮的背景下，蔡东藩依然认为，“妇人可小知，不可大受；可暂试，不可常专”①，尤其在《西太后演义》中所表露出来的“牝鸡司晨，惟家之索”“妇人不足语家国事”“妇女预政祸非虚”②等封建思想，充分显示了其思想的落后一面。

3. 传主评价

过去，我们一讲到慈禧，就是一个祸国殃民、狠毒凶残、腐化保守的形象。这种“负面人物”脸谱化的认识，就会造成好的就是绝对的好，坏的就是绝对的坏的带有片面性的刻板印象。

其实，世上的事情都不是平面的，慈禧也是如此，她是一个立体的人。蔡东藩认为，慈禧“有善有恶”，“往时的称颂未免过情，晚来的谤毁也不无太甚”。无疑，这是客观公允之语。所以，在《西太后演义》中，蔡东藩既写慈禧平粤寇之“英明”，也写筑颐和之腐败；既写讲新学之慧鉴，也写祖拳匪之愚昧。为读者展示了一个立体的、复杂的慈禧形象。

最后，蔡东藩认为，“西太后一生之娱，误于鹜虚，误于崇华，又误于好奢、好逸、矜才、使气”③。显然，这样的评论还是停留在历史的表面现象，并没有从当时的世界大势、中国的制度文化的角度深层次地挖掘慈禧最终造成丧权辱国的原因。

（四）《中华全史通俗演义》（增订）

如果说，《西太后演义》是《清史通俗演义》的补充。那么，《中华全史通俗演义》则是《历朝通俗演义》的提要。该书是蔡东藩在吕安世原辑《二十四史通俗演义》基础上增订而成，完成于1919年仲春，共计48回46.7万字，是年6月由上海大东书局发行。这也是目前可知，蔡东藩著述中唯一一部非上海会文堂书局出版的作品。

上海大东书局，创办于1916年。早期由吕子泉、王幼堂、沈骏声和王均卿4人合资经营，发行所初设上海公共租界中区福州路昼锦里，是当时的一个重

---

① 蔡东藩：《慈禧太后演义》，浙江人民出版社1980年版，序言。

② 蔡东藩：《慈禧太后演义》，浙江人民出版社1980年版，第227页、275页、372页。

③ 蔡东藩：《慈禧太后演义》，浙江人民出版社1980年版，第350页。

要出版社。包天笑在《钏影楼回忆录》中称："如果那时候以商务印书馆与中华书局为上海第一号书业，那末，世界书局与大东书局便是上海第二号书业了。"大东书局的创办者中，吕子泉、沈骏声、王幼堂都是绍兴人，沈骏声更"专与上海的作家接洽"①。或许，正因如此，《中华全史通俗演义》才由大东书局出版。

1. 增订缘由

《二十四史通俗演义》原名《纲鉴通俗演义》，系浙江新昌吕安世"越十寒暑"著述而成，于雍正元年（1723）付梓，名噪一时，称"为史学界另开生面"。

蔡东藩认为，吕氏此书"事依正史，语若新闻，约而能赅，俗不伤雅，得失为之了然，妇孺亦能通晓，深有合于通俗教育之宗旨者"。但此书迄于有明，缺少清史，后生小子读之，恐知古而不知今，且其中某些内容也"与时宜或未尽协者"，于是增订之，以为通俗教育之一助也②。

2. 增订办法

一是增补。增入清史，分辑七回。"清代事实较前为繁，且前代纂史已多，不妨从略，清代尚无正史，私家著述亦不数觏，为广益见闻计，不得不搜寻近著，稍求赅备，故体例一仍其旧，而记录特别从详"③。

二是删改。本着"援史以传信之义"之原则，删去原著中一些浮夸、荒诞之词。如删去吕著上古史事中盘古开辟天地、共工头触不周、娲皇炼石补天等"事涉荒唐，徒滋迷信"的内容，改为介绍天文、地理方面的知识。

原著第三十九回、第四十回，有目无文，"仅申祝颂"。如第三十九回回目是"天付与，大清朝，升平万岁"，内容也仅为一诗：银烛朝天紫陌长，禁城春色晓苍苍。千条弱柳垂青琐，百啭流莺绕建章。剑珮声随玉墀步，衣冠身惹御炉香。共沐恩波凤池上，朝朝染翰侍君王④。蔡东藩认为，"在当时尊王主义，不得不尔。今则故帝退位，政尚共和"，与时势不符，故概从删去。

---

① 朱利民：《文化浙商与中国现代出版文化构建》，浙江工商大学出版社，第124—126页。

② 蔡东藩：《中华全史通俗演义·序》，《中华全史通俗演义》，上海大东书局1919年第6版。

③ 蔡东藩：《中华全史通俗演义》，《中华全史通俗演义》，上海大东书局1919年第6版，例言。

④ 吕抚：《二十四史通俗演义》，中国书店1993年版第600页。

原著第四十二回，“或谈神鬼，或录格言，或志物源，或记天变人异之类”[①]。这些内容随着学术、风俗的变迁，也不切时宜，所以也删去了。

同时，蔡东藩还校订鱼豕，改讹存真。如原著中有后羿射日、嫦娥奔月的故事，蔡东藩改写为：

> 羿世善射，故以善射闻。后人且穿凿附会，设为夸诞之词。谓尧时有十日并出，羿登之嵕山，射落其九，惟一日连射不落，乃照耀至今，可嗤孰甚！又谓羿治水时，遇仙人西王母，给以长生不死药，羿怀归，藏诸家，羿妻窃而吞之，身轻若云，飘然而上，奔入月宫内，羿急揽其袪，随之上升，其妻为嫦娥，羿化为蟾蜍，此尤无稽之谈，有识者固目笑存矣。[②]

然而，他也有自相矛盾之处。如原著第九回写孔子诞辰时，“有二龙绕室，五老降庭。颜氏房中，闻钧天之乐，空中有声云‘天生圣子’”；第十回写“老子即太上老君也。于商阳甲时，分神化气，始寄胎于玄妙王女理氏腹中。理氏食李而孕，八十一年”，这些内容明显“事涉荒唐，徒滋迷信”，蔡东藩却没有删改。

3. 版本

1919 年 6 月 1 日，《中华全史通俗演义》出版，全 8 册，封面注“新昌吕安世原辑　绍兴蔡东藩增订”。1924 年再版，改称《历朝史演义》，全 8 册，至 1926 年 12 月已出 4 版。1980 年 12 月，浙江人民出版社重版，书名为《中华全史演义》，由蔡福源校点。

吕安世的《二十四史通俗演义》可视为简易通俗历史读本。除蔡东藩增订外，1926 年，上海锦章书局也出版了由皖南舒屋山人编纂、新安俞文渊缮校的《精订纲鉴二十六史通俗演义》，增入清史 8 回、民国史 14 回，将吕氏原书又续写至清末民初，共 60 回。不同的是，相较原著前 38 回，《中华全史通俗演义》改动较大，而《精订纲鉴二十六史通俗演义》则基本不改。

除上述历史著述外，还有一部不能不提的作品，那就是《国史概论》。民国成立后，实行文官考试制度，普通考试的科目主要是国文、历史、地理。为此，

---

① 蔡东藩：《中华全史通俗演义》，上海大东书局 1919 年第 6 版，例言。

② 蔡东藩：《中华全史通俗演义》（第 1 卷），上海大东书局 1919 年第 6 版，第 12 页。

会文堂书局专门编辑了3部考试参考书，即《国文新范》、《地理概论》和《国史概论》。这3部书的封面上都标注“学校必需，考试必读”字样。

其中，《地理概论》版权页上注明“编辑者葛陛纶”。葛陛纶（1877—1940），字需生，山阴县天乐乡（今杭州市萧山区进化镇）人，20岁左右由庠生补廪贡，后受上海各大书局之聘，任编辑有年，与蔡东藩为好友。据其后辈回忆，俩人还差点成为儿女亲家。葛陛纶曾编辑《经说粹选》《论史范本》等书。

《国史概论》于1914年7月初版，分历代史事、各朝史事、历代文化和历代吏政4部6册。该书中华民国十七年（1928）十月十五版的版权页上印有“编辑者绍兴蔡郕”字样。范志强认为，从编辑的本义看，收集、整理、纂修，是编辑最重要的工作内容。而且，从上海会文堂书局在为蔡东藩的《唐史通俗演义》《宋史通俗演义》所做广告词中可看出，“编辑”和“著”是同义的。据此，他断定《国史概论》是蔡东藩的著述作品[①]。

然而，笔者发现，《国史概论》的初版、再版、5版、7版、8版、9版等版次的版权页上，却注明“编辑者绍兴葛陛纶，校订者葛遵礼”。并且，核对15版与初版、再版的内容，却一致无异。同一部书，署不同编辑者的名字，这一现象在清末民初也时有发生。如《新时代学生尺牍》编者初为“沈维钧”，第11版、第12版却换成了“曹芝清”；《中华高等学生尺牍》原只署“编者中华书局”，1935年新版改成了“注释者喻守真”；《高等小学论说文范》不同版本的著述者有署“邵伯棠”的，也有署“蔡郕”的。

此类现象的产生与清末民初版权法的不尽完善有关。具体就《国史概论》而言，很有可能是蔡东藩也参与了该书的编辑，但主要编辑者是葛陛纶。当然，这有待进一步的考察和辨析。

蔡东藩的著述很多，但享盛名而传之久远的，则是《历朝通俗演义》。他在“救亡图存”时代潮流的影响下，拿起一杆秃笔，研尽一寸墨，耗时十余年，写出两千多年中国历史的兴衰治乱，用以警觉民众，匡救时弊，其救国素志自不待言！

---

① 范志强：《蔡东藩评传》，中国社会科学出版社2015年版，第146—147页。

三、短篇小说集

《客中消遣录》是蔡东藩唯一一部文言短篇小说集。随着晚清“小说界革命”的展开，小说成为“新民”之利器，白话小说繁荣一时。但文言小说却没有销声匿迹，反而在小说界革命及白话文运动的浪潮消退后，在1910—1919年间，文言小说出现了前所未有的繁荣时期。《客中消遣录》就是这一时期出版的一部重要的文言小说集。

（一）创作主旨

在序言中，蔡东藩阐述了自己的小说创作观点：

> 说部夥矣，而短篇小说久传人口者，莫若蒲留仙《聊斋志异》一书。蒲之作此书，每篇之中各有寓意，非劝即惩，不便明言则假诸狐鬼以为词。后之阅者或疑其好诞，或病其导淫，岂知作书之旨哉？……自欧文迻译，而体制一变；自杂志盛行，而格局又一变。庞言杂沓，媟语浸淫，于是以昔人为好诞者，今果好诞矣；以先作为导淫者，今果导淫矣。夫小说之作劝善惩恶，所以补圣经贤传之未逮。读圣经贤传往往未终编而即倦，读小说则虽一知半解之徒，亦且醰醰乎有味也。故经传之有功于世也大，而小说之有功于世也尤大。①

可见，蔡东藩十分重视小说“劝善惩恶”的教育功能。所以，《客中消遣录》虽名为“消遣”之作，实则“俾阅者神游目想于卷帙间，探盈虚之理，达祸福之源”②，其劝世、讽世的意味很是浓厚。

一是劝诫意味。如《缎子大王》通过王某因不愿终生为丐而发愤图强，终成富甲一方的大商人的故事，劝世人身穷志不屈，偶遇逆境也不要自暴自弃。《丐捕蛇》写杜翁行善，老丐捕毒蛇，救治其长子的故事，劝世人行善得福。《寻徒》则告诫世人“天下事只在尽心，鲜有不能成事者”。善恶到头终有报，只争来早与来迟。在劝善惩恶的主旨下，因果报应也如影随形。如《妾命》篇

---

① 蔡东藩：《客中消遣录》，广文书局有限公司1980年版，序。
② 蔡东藩：《客中消遣录》，广文书局有限公司1980年版，序。

谓翟女珠姑“其父若非行善，则完璧亦成虚望，遑期产男耶”。翟父行善，是珠姑“造命”之因。显然，把因果报应视为警世之桴鼓、醒人之木铎，也显现了蔡东藩思想的局限性。

二是批判精神。对于“沉溺于禽息兽态而不知返”[①]的世风世相，《客中消遣录》给予了深刻的揭露和嘲讽。如写《苗喜凤》是有感于“世道日衰，人心不古，魑魅魍魉之属，横行白日下，自好者流反跼蹐无容身地”，故以苗喜凤事比照之；《骗术》通过三则故事揭露“上骗下，下亦骗上；大骗小，小亦骗大”这一忠信不行的社会恶习；《盗侠》则对“义失而求诸盗”的社会现实进行了抨击和嘲讽，这其中，也流露出一种避世的消极思想；《秦生》篇的秦生有耿直风，因父母早殁、妻子迭丧，荆天棘地间无可容身，最后醒悟，避之于山林间。作者评曰：“天下之直道而行者，亦乌在不可作秦生观耶。能如秦生之悟而出世，乃为之大智慧、大解脱。超身苦海，即是仙境。”胸中小不平，可以酒消之；世间大不平，非剑不能消之。《客中消遣录》有数篇侠义小说，如《苗喜凤》《大刀王五》《韦十一娘》《黄面虎》《盗侠》等。但蔡东藩并没有把重点放在“以武行侠”上，而是远取司马迁，近取李贽，把“忠孝节义”纳入平民社会所承奉的“侠义”思想的范畴，以达到劝世的目的。如《智赌三则》（其二），贼寇侵真州，妓女阿脆离城欲避，路遇一贼目欲与其苟合。阿脆凭着自己的聪明才智，淹毙了贼目。评曰：“阿脆，妓而侠者也。”为何称阿脆为“侠”？是其“从人不从贼”，“节”也。《寻徒》篇突出一个“信”字，冀州顾生“性好奇，尝慕福尔摩斯桑伯勒之为人”，因见一寻人布告而开始为某丝绸肆寻徒，花费不少周折方才“破案”。丝绸肆主出千金为酬，顾生只取二百金而离去，“尤有义侠风”。

其中，《客中消遣录》中的《韦十一娘》作者为胡汝嘉。凌濛初在其编著的《初刻拍案惊奇》第四卷《程元玉店肆代偿钱，十一娘云冈纵谭侠》中进行了改编。在胡汝嘉版、凌濛初版本中，有侠之仇皆为私仇的论见，而蔡东藩版本则明确提出剑侠“当为公不为私，为国不为家”的观点。所以，他在《红儿》篇中肯定了红儿“国为重，身家为轻”的行为，在《刘姬》中对刘长钦虽具文武才，却“不为国家死，而死一妇人”的行为予以批评。可见，蔡东藩对侠义的认识和定位是以国为重，大仁、大义方谓大勇。这比金庸在《射雕英雄传》中所表述的“侠之大者，为国为民”的思想要早得多。

---

① 蔡东藩：《客中消遣录》，广文书局有限公司1980年版，序。

“侠的出现，是现实生活的需要与理想化期待的综合产物，归根结底，他是正义的体现者，不义的铲除者”[①]。蔡东藩希冀侠者救世，但是，侠者真的能救世吗？

（二）故事来源

《客中消遣录》共4卷52则故事，是蔡东藩“于目所睹者择而辑之”、“于耳所闻者又酌而记之”而成的。篇目主要为：卷一——《赵善人》《苗喜凤》《黎某》《麻城狱》《奇女》《智赌三则》《骗术三则》《情耦》《孽缘》《卫生》《缎子大王》；卷二——《韦十一娘》《于青天》《华十五》《燕尾轻》《万人迷》《舟缘》《刘姬》《包义团》《印月僧》《鲁驹》《义犬》《义丐》《补恨》《丐仇》《狸媒》；卷三——《徐天官》《琴娜》《红儿》《妾命》《丐捕蛇》《赛昆仑》《鬼妻》《江生》《苦鸳鸯》《谋婚案》《儿头案》《盗侠》《秦生》；卷四——《大刀王五》《黄面虎》《情天精卫》《寻徒》《奕技》《婚妒》《陈阿尖》《易嫁》《奇缘》《慧婢》《卫宫人》《龚半伦》《华氏》。

从上述篇目可以看出，《客人消遣录》的故事类型与传统文言小说集无大异，主要以奇闻逸事、言情、侠义、案狱等为主，少志怪类短篇，无疑更富纪实性。

另外，52则故事中，有出处的有《苗喜凤》《黎某》《麻城狱》《奇女》《智赌三则》《缎子大王》《韦十一娘》《于青天》《华十五》《燕尾轻》《万人迷》《舟缘》《包义团》《印月僧》《义犬》《琴娜》《红儿》《丐捕蛇》《龚半伦》《大刀王五》近20则。如《麻城狱》记1735年麻城涂如松冤狱故事，见于袁枚《小仓山房文集》，又见于徐珂《清稗类钞》；《燕尾轻》记神偷燕尾轻之高超技艺和被捕经过，见于《小说月报》1915年3期“杂谈”之《燕尾轻》篇。所以，张振国把《客中消遣录》归入纂辑体文言小说集。所谓纂辑体就是用纂辑的形式对前人的小说进行重新的排列、组合，改头换面之后加以出版[②]。

然而，蔡东藩并非只是简单地编纂，而是对故事进行了“翻旧出新，添长补短”，从而使这些故事所表现的主题更为凸显，情节更为传奇。如《韦十一娘》为突出“侠之大者，为国为民”的主旨，删去了原本中“论剑”的一大段

① 王立：《伟大的同情：侠文学的主题史研究》，学林出版社1999年版，第61页。
② 张振国：《民国文言小说史》，凤凰出版社2017年版，第111页。

文字，着重写“侠者所重惟正人，所仇惟奸佞”的对话。《麻城狱》源出《清稗类钞》之《麻城涂如松杀妻案》，篇幅较原作增加了近二千字，可见蔡东藩进行了再创作。

《客中消遣录》还有不少无法一一查明来源而情节、叙事俱佳的作品，或许是蔡东藩“于耳所闻者又酌而记之”而成的。如《赵善人》写赵廉帮助亡友妻女，通过中间人激励亡友妻女靠双手针黹自谋生计而起家，最终不再靠别人求助而生活，刻画了一个授之以渔的善于助人的形象，颇具教育意义。《情耦》《补恨》等篇写男女婚恋题材，作者善于设置悬念，巧构杰设，同样引人入胜。

在这些无法查明来源的小说中，《秦生》尤值得一提，几可视为蔡东藩本人的自叙体小说。现全文附录如下：

秦　生

越右秦生，素业儒，端谨无嗜好，但终日攻书，咿唔不绝。年十六，入邑庠，黉序有声矣。旋试于乡，屡不第，主司白眼，文字无灵。秦生亦安之。弱冠娶某氏，内助颇贤，伉俪殊相得也。未几失恃，又未几失怙，双亲见背，痛不欲生，赖室人善言排解，始少释然。家故贫窭，又遭丧两次，费不资，负逋遂累累矣。

会邑中有张姓者，耳其名，延主西席。秦生教读甚严，日夕不倦。张甚契重之。居数载，子弟多获隽。秦欲辞，张竭情挽留，乃复以期月为约。转瞬届期，张又欲留之，而秦固辞。分袂时，主人犹涔涔泪下。嗣是秦名浸盛，丐文者日接于途，予之资不固却，不予亦未尝向索。三都炼赋，纸贵洛阳，逋负赖以尽偿，而家计亦得稍裕。

未几又遇大比期，秦无心仕进，不欲应试。有嬲之者，乃与焉。试毕，友人睹其文，多阘冗泛滥，迥非昔比，大奇之。及揭晓，竟获选，居然上列。秦叹曰：“今而知金盆玉碗之皆贮狗矢也。”入都覆试，又如前作。榜发仍与首选。铨叙某县，领凭赴省，睹官场龌龊形，颊辄为之赤。需次数月，只倘佯山水间，作竟日游，而于钻营运动等情，概不之讲，故历久未得一差。同僚或揶揄之，或讽劝之。秦曰：“国家取士胡为乎？将以理万民治庶政也。今先养一班阘冗卑鄙之人物，欲其躬居民上，政能治乎？礼义廉耻，国之四维。四维不张，国乃灭亡。吾枉文以求知，已增渐汗。若枉道以求官，是为国家增一蝇狗，即为国家多一蠹贼。负己尚可，负国断不可也。”遂拼挡行李，乞假去。

彭泽归来，松菊犹存，尚有啸傲烟霞之乐。而秦生则未邀斗米，徒耗千金，累岁积储，已付乌有。苏季子裘弊金尽，屈左徒被发行吟，几可谓秦生写照矣。不意命途多舛，祸不单行。归田未几，炊臼梦来。秦生本伉俪情深，陡占困之六爻，宁有不奉倩神伤耶？秦本有子二，髫年绕膝，或可解愁，谁知一刹罡风，又折雁翼。鼓盆之戚未已，丧明之痛又增，未免有情，谁能遣此。

有同学周生者，本总角之交。知秦长于文而短于辩，优于德而劣于才，尝语之曰：“子一书生耳，官不汝许也。世之为官者，必工谐媚善揣摩。丧其良心，汨其本性，见上司如狗马，对百姓如虎狼，庶攸往咸宜，无乎不利。观子之头甚钝，量子之手甚短也，乌足与之语官学。为子计，不营生则已。欲营生不如鬻文。”秦生会，叹为知己。至是，周为某局经理，闻秦丧偶，懊丧无聊，乃简招为襄办。秦诺之，即慨然往。

雷陈旧好，沆瀣相投。周固每事与商，秦亦得当思报，未始非穷途幸遇也。乃任事甫逾月，而周患瘵疾，无药可瘳，竟逝世，遗言浼秦生代理。秦以死友之约过于生友，黾勉从事，不敢告劳。约岁余，局中方倚为柱石，而觊其位者则多方诋毁，必倾排之而后快。秦乃语股东，请亟选经理，否则宁辞职。于是，股东会议延刘君为主任，秦副之。

秦此时已庆续鸾胶矣。内顾无忧，专襄局务，刘亦虚心下问，遇事必咨。秦则知无不言，言无不尽，竭情书诚，唯恐其有负知己也。然市直不无招谤，惟口易致起羞，始则两好无猜，继则微言起衅，求其善交久敬，不至凶终隙末者，鲜矣。况秦性素戆，未能委婉迎人。人已胸生芥蒂，而秦犹以为内省无疚，不妨坦率以行。于是，蜚语中乘而风潮又起。

刘任局务已二年，忽提出辞职书。居停强留之，刘不允。问其故，曰以办事之多掣肘也。秦闻之，喟然曰：“项庄舞剑，目注沛公，吾知过矣。然冤诬亦不可不辨也。”乃一面辞职，一面与刘开谈话会，侃侃直陈，不啻掬肺腑以相示。至是，而刘亦鉴其诚，起而谢过，且于居停前代述秦劳，有彼留我亦留，彼去我亦去之语。居停懵然，不解其故，只唯唯诺诺而已。秦为之强留者一年，而刘则屡次告假，卒不赴局。

一年之限，倏已届期。秦卸事回里，闭户著书，消磨岁月，有时作髀肉复生之感，不免欷歔欲涕。中夜闻鸡，祖生起舞，又由来也。幸继室某知书达礼，有老莱妻、梁鸿妇风，愿与偕隐，不求闻达。闺阁中得一知己，亦秦生幸事也。天也不吊，继室某以椿荫之凋，鸽原之恨，戚戚寡欢，积成肝郁，初则营卫失调，继且膏肓罹厄，抱病百日，又复谢世，呜呼痛哉。

安仁之痛，奉倩之伤，一之已甚，宁堪至再。秦迭遭颠沛，绝无聊赖。亲友闻其事者，咸来劝慰。秦婉谢之曰："天下有殉国殉亲者矣，未闻殉妻也。况妻如衣服，屡破何妨屡补，丈夫子岂沾沾于儿女情哉？只以时局艰难，人心叵测，荆天棘地间，无可容我身之地。而复遭家不造，两折鸳俦。自问半生尚无绝大隐慝，或者如佛家因果之说，前生造孽，今生受难耳已矣。余将谢绝尘寰，不愿出而问世矣。"亲友多太息而去。治丧毕，秦病几殆，或劝其延医疗之。曰："余病心不病体也，何医为？"

病数日，渐有起色，独居无事，聊阅书以自遣。少顷，形神疲倦，隐几欲寐。忽有一皂隶自门外入，投刺而请曰："主人命仆召君，请速往。"秦索刺观之，恍惚若有旧交，乃拂衣随行。既出门，见路旁多阴惨状，不类人世，姑从之而趋。约数里，见有古屋数椽，门有匾额，字迹模糊。秦凝神细视，未识全豹。再前行，忽不见隶役，歧路亡羊，莫测所往。正惶急，间有一人在背后呼其名，回顾之，乃故人周生也。秦大喜，转而握手道故。周生曰："且至敝室小坐，一谈契阔。"秦曰："甚善。"遂随周行数步，至前所见之古屋。周停足，导之入门。秦问："此处何廨？"周曰："君毋惧，此即地下修文处也。"秦愕然曰："然则，吾其死矣乎？"周曰："唯唯，否否。"

秦既入户，视室中几案之属，皆以土为之。案上陈设之书籍，均为人间所罕见者，问周曰："此为何书？"周曰："大半为冥箓。"秦随手翻阅，周曰："毋，君非死人，不应阅此书，我姑与君道阳间事可也。"秦乃止，便与周谈中国现状及五洲大势。周慨然曰："乱不远矣。世间无桃源，泉下亦少乐园也。"秦诘周以何时供职。周曰："予来此已二年矣。"复问以月薪若干。周曰："冥中任事，计功不禄，与阳世不同。"秦曰："然则，用费何出？"曰："衣食由此发给，外无所需也。"秦问地狱在何处。周答以距此不远。秦欲往觇之，周不肯导往，惟速其回阳间。秦曰："死则死耳，予固原死，不愿生也。"言未已，前导之隶役又至，曰："主人待君久矣，君胡暇在此喋喋耶？"秦乃与周别，趋而出。

隶在前，秦在后，急行数百步，有大廨在焉。隶引秦入，堂上有古衣冠者，面南坐，旁立一员衣冠亦古，左手执册，右手握管。见秦生至，令向面南者行礼。礼毕，面南者即问曰："子非秦某否？"秦答曰："然。"面南者复曰："子虽寒微，尚有鲠直风，但惜生非其时耳。今之世一狐鼠当道之世也，谁用子，子其休矣。"秦曰："人浊我清，所如辄阴宜也。然椿萱早谢，已痛孤哀，伉俪两伤，迭悲惨别，此岂愚直之咎乎？原有以晓之。"面南者微哂曰："嘻，傲骨即穷骨也。子身多傲骨，不穷胡为？父母之早殁，妻子之迭丧，即致穷之兆也。圣如孔子而绝粮，贤如颜子而短命，智如诸葛而身陨五丈原，忠如岳飞而冤沉三字狱，傲骨之为累大矣。子宁不闻之乎？夫何怨焉。"言已，目视司员令视册爵秦寿。司员即检册呈阅。阅毕，语秦曰："子寿数未终，请速归。"秦曰："某已不愿再履尘世。"面南者悻然曰："修短有命，不容汝自主。汝违我命，即违天。速去，毋少留。"秦惧而退，仍由隶役送之归。

归途风景与前又异，秦诘隶，隶不之答。复恳隶导见周生，隶又不之应。秦大呼曰："子岂病聋，胡屡问而未见答耶？"隶亟前奔，秦尾追之，触石而踣，蓦然警觉，才知此身固隐卧案头也。细思梦境，犹在目前。忽自悟曰："是矣，是矣。余志决矣。"拂衣而去，不知所终。后有乡人遇之于石牛山下，芒鞋竹杖，步履从容，语之曰："嘱吾儿好自为之，毋以我为念也。"乡人归，语其子。其子往访之，云深谷静，杳然无人迹，乃返。

阅者曰：此篇大意仿佛楚辞之卜居，及明文之司马季主论卜相类。秦生未必有是人，姑借之以写照耳。虽然，天下之直道而行者，亦乌在不可作秦生观耶。能如秦生之悟而出世，乃为之大智慧大解脱，超身苦海，即是仙境。天之所以困阨之者，或即所以玉成之与？是故，君子不怨天，不尤人。[①]

（三）艺术特色

总体来说，民国前后文言小说在艺术上主要继承了传统小说的手法，也有着对西方小说创作技法的借鉴，呈现出些许现代小说的特点。《客中消遣录》也

① 蔡东藩：《秦生》,《客中消遣录》，广文书局有限公司 1980 年版，第 68—73 页。

体现出这种新旧杂糅的特点。

一是整体风格传统化。从体式特征上来看，以“某地某某某”或“某某某，某地人也”这样模式开头的，如《赵善人》开头为“赵廉，字志芳，安徽太和县人”，有一半之多。而且，53 则小说结尾都有“阅者曰”这样的论赞式文字。显见，《客中消遣录》主要还是沿袭了中唐以来习见的史传体模式。

此外，有些篇目的开头还呈现出拟话本“入话”的特色。如《江生》：

> 有情人都成眷属，此为人生最满意之际遇。然天下事类多缺陷，才子未必偶佳人，佳人亦未必偶才子。凤逐鸦飞，鸡与鹤伍，局外犹视为不平，当局无论已。就令才子佳人，果谐姻好，而天心偏为之反对，若成之，若忌之，卒令美满姻缘，变为镜花水月。人孰无情，何心堪此，著者不忍述伤心事，但以目所睹，耳所闻，往往遇此离奇之惨剧，不忍述而又不能不述。笔数行下，泪痕涴青衫矣。敢志其巅末，为才子佳人哭，亦为义夫烈妇哀。①

长长的一番议论后，方转入正文，恰是拟话本小说的重要特征。

同时，《客中消遣录》还有通俗小说叙事的痕迹，这跟蔡东藩熟于历史演义体裁是分不开的。如《奇女》写杜宪英与敌将左山虎对阵一段就有明显的通俗小说的痕迹：

> 忽见一红妆美女拍马挺枪，前来扑阵，左（山虎）忽拔刀御之。战数合，女枪法不乱，飘飘如梨花舞。左失声曰：“好女子！好女子！不意乡村间遇此劲敌也。”遂抖擞精神，与女酣战。往来又数十回，女似渐渐力怯，虚晃一枪而走。左大声呼追，党羽掩而上。②

二是局部叙事创新化。西方小说“起笔多突兀，结笔多洒脱”。《客中消遣录》对西方小说的结构和叙事手法也有借鉴和模仿，呈现出现代小说的特点。如《赛昆仑》的开头，运用了场景开篇的手法：

① 蔡东藩：《江生》，《客中消遣录》，广文书局有限公司 1980 年版，第 40—49 页。

② 蔡东藩：《奇女》，《客中消遣录》，广文书局有限公司 1980 年版，第 17—24 页。

粤江之畔，有一老人曳杖前行，形容枯槁，面目黧黑，其衣履皆破碎不完，屡摇其首，辄拊其膺，吞声饮泣，自言自语曰：“恨心哉，淫妇！恨心哉，淫妇！”①

此外，某些篇目在叙事顺序上运用了倒叙、插叙、补叙的方法。如《鲁驷》开头写道：

江水淙淙，波浪叠叠，有一扁舟随流而来。舟中坐一男子，形色仓皇，若有急事，时探首舱外，察路之远近，眉峰眼角，俱含愁思。繄何人？繄何人？盖吴江著名文士鲁驷也。②

其后才叙述鲁驷因母命，赴鄂教读，后助学生浣花雪冤，忽接母来信，才知其母已卧病月余。“篇首所述之归棹，正鲁驷由鄂返吴，计程省母时也”。倒叙开头，设置悬念，引人入胜，正是现代小说常用之手法。

（四）版本

《客中消遣录》于1918年7月由上海会文堂书局初版，校阅者为绍兴汤寿铭。至1934年，已有32版之多，可见销量之大。1943年8月，东北光明书局发行了另一版本的《客中消遣录》，发行人金国祥，版权页上未注明原作者。但查其篇目与内容，实为蔡东藩编辑之《客中消遣录》的选集，仅收36则故事。1980年，台湾广文书局编辑《中国近代小说史料汇编》，收《今古奇闻》《留西外史》《艳镜水浒人物论赞》等80种，含《客中消遣录》。

《客中消遣录》是我们目前所知的蔡东藩唯一一部短篇小说集，也是他唯一一部非历史演义小说。与同期的《女聊斋志异》《物妖志》《语怪》等短篇小说集相比，《客中消遣录》属比较纯粹的传奇小说集，在传奇渐稀的易代之际显得尤为可贵，应在民初文坛上占一席之地。

① 蔡东藩：《赛昆仑》，《客中消遣录》，广文书局有限公司1980年版，第22—26页。
② 蔡东藩：《鲁驷》，《客中消遣录》，广文书局有限公司1980年版，第37—46页。

四、类书著述

类书的主要特征是采辑群书，分类汇编，以供检查资料之用。《辞海》将其定义为："辑录各门类或某一门类的资料，并依内容或字韵分门别类编排供寻检、征引的工具书。"[①] 类书因其较为特殊的编撰，对历史面貌的独特反映，对图书典籍精华的传承，有着自身特殊的价值。

（一）《留青别集》

《留青别集》于1917年12月由上海会文堂书局出版，至1927年已出12版。该书是蔡东藩编述的一部综合性类书，其版权页注明"编述者古越东飘"。

1. 书名由来

别集是一个作家全部或部分作品的综汇，是经、史、子、集中集部的分目。唐代之前，别集大多收辞章诗赋。至清代，别集编辑除文学作品外，还包含有哲学、历史及至自然科学各个领域的著述。

《留青别集》是《留青新集》的重编本。《留青新集》原为陈枚所辑。陈枚（1638—约1708），字简侯，号补庵，浙江钱塘人，编有《留青集》《留青新集》《留青广集》《留青全集》，皆为清代禁书。凭山阁增辑《留青新集》共30卷，内容有寿文、祭文、杂文、姓氏、月令考等。后来，闽中伊秉绶重加编次，名为《重编留青新集》，共24卷，内容包括寿文、祭文、杂文、分类诗、分类词、尺牍、舆地辑玉、姓氏联珠、楹联等。

> 昔闽中伊子重编《留青新集》，本西冷陈氏原本量为增损，取宏用佥，目为应世宝筏，不胫而走，几乎人手一编，伊氏之嘉惠文人亦足多矣。顾自伊集发刊以后，陈氏原本不复盛行，夫岂真青逾蓝者？文字随风会为变迁，陈则腐，新才奇也。况原集为应世而作，数十百年来之旧著，断不足供当世之需求，其居于淘汰之列亦宜矣哉。迄今距伊集之作，又数十年矣。此数十年间，运会之转移，制度之沿革，俗尚之推迁，不知凡几，较诸陈、伊相距之百六十年，历时虽短而趋变尤多。过眼烟云，尽成陈迹，徒沾沾于伊氏遗集而奉为秘笈，非惟拘牵，抑亦背盭，膠柱而鼓瑟，削足而适履，

① 《辞海》，第7266页。

恐非伊氏之所愿也。鄙人不文，有志改良，苦于未逮，第就平时所闻见者，采录成帙作，作为案头橘秘，临文时随意獭祭，触类引伸，较为便捷，非敢出而问世也。适会文局主人见是编，谓足踵伊氏后尘，不妨公诸同好，狗尾之讥自知不免，但芟其旧，增其新，若因若革，若损若益，即平居之甄采，供社会之需要，就令起伊氏而质之，或亦为之心许也。[①]

“文字随风会为变迁”。的确，语言不仅折射并记录时代，同时也为时代所重塑和改变，尤其是其所表现的形式，所承载的思想，必然随着时代的改变而改变，这是蔡东藩编述《留青别集》的主要原因。从这则例言也可以看出，无论是《清代史论》，还是《客中消遣录》，甚至是《历朝通俗演义》，与蔡东藩随时把所见、所闻、所思摘记下来的良好习惯相关。博观而取，厚积而薄发，斯言诚不欺也！

2. 编述体例

《留青别集》共 13 卷，其中：

文苑类 5 卷。伊集首 8 卷，列文诗词 3 类，多采清代成文。蔡东藩删古增今，编为 5 卷。其中卷二为时人文选，收有吕公望的《宁杭铁路通车祝词》、蔡元培的《大学校长就职之演说词》等 44 篇文章。卷四为时人诗选，收有陈三立的《游旧劝业场所公园》、胡思义的《留别浙江》等 202 首诗作。

文牍类 2 卷。伊集所采骈、散尺牍，取格式并尚对仗。蔡东藩编录最新公文格式及公文，“加以按语暨用词解释，俾一般人士过目了然，得心应手，以免假手他人之弊”。

礼制类 1 卷。民国成立，礼节从新，“就现今新定之大纲及当世通行之细目，酌量采入，折中古今，综为一卷”。内容有礼服制、宾礼、冠礼、婚礼、丧礼、祭礼等。

氏族类 1 卷。“伊集有姓氏联珠一卷，原诸陈本。是编亦仍之，第量为删节，期便浏览。其间有杂姓，尚阙者，则特为编入”。

舆地类 1 卷。遵民国内务部编制，编入“现行各省道县区域名称”，附以古今异名。末列铁路、商埠表，以便查找。

楹联类 1 卷。取原集之可存者存之，采其新之可录者录之。如新录其乡人

① 蔡东藩：《留青别集》，上海会文堂书局 1918 年版，例言。

汤寿潜《挽何眉孙》联等60多副近人对联。

杂录类1卷。录入时人备览、中西纪年参照表、五洲分类括要歌、平常交际称呼等常识，以资应世。

消遣类1卷。录入文人余闲时酒令、灯虎、射覆、诗钟等4类游戏，“叙其缘起，并录述名人手著”。如杭绍等地历来猜谜之风盛行，蔡东藩汇编了166条灯谜。灯谜也叫灯虎、文虎，“谓之虎者，喻其不易中也”，这一解释被收入《中华谜语大辞典》中。

3. 蔡氏诗文

《留青别集》收有蔡东藩本人诗文12篇，分别为对联3副、诗作3首、文章6篇。

3副对联为第一章所提及的《挽妻》《挽继室》《挽亡儿》，写得端是“语语呜咽，巫峡啼猿，无此哀苦也”。其中，《挽妻》《挽继室》被收入《近现代名人名联品鉴》一书。

3首诗分别为《游古刹有感》《舟中志感》《读史随咏》，特录如下：

游古刹有感

梵宫戒律已无凭，禅学谁知契上乘。
我佛有灵宜降劫，莫教酒肉老庸僧。[①]

舟中志感

飘泊孤踪一叶舟，不堪心事问东流。悬帆半幅分吴越，攲枕三更数斗牛。

风雨鳌山增别绪，江天胥水咽离愁。浮萍来去皆无定，强向人间说自由。[②]

① 蔡东藩：《留青别集》（卷四），上海会文堂书局1918年版，第12页。

② 蔡东藩：《留青别集》（卷四），上海会文堂书局1918年版，第13页。

读史随咏

艳妃入国暴君休，才识施苏本善谋。褒妲有心亡桀纣，论功未必亚伊周。
帝国无端起战尘，争王谁复顾君臣。强权世界由来久，汤武何曾是圣人。
乞灵蠹简转无灵，牢缚英雄本六经。翻恨祖龙烧未尽，梦酣典籍竟难醒。
一剑轻挥灭帝秦，乃公南面觐廷臣。当年放浪依然在，谁说人君自有真。
绝塞琵琶曲调哀，西行无复汉宫回。毁容休罪毛延寿，娄敬和亲本祸魁。
益州未定三分早，抚髀由来感已深。莫道奸雄惟阿瞒，蜀刘心术更阴沉。
八公草木尽成兵，只为苻秦数已倾。安石立功原倖事，退师岂竟仗棋枰。
玉树琼花迹未销，闲披粉本拟新描。江南春色浓如许，韵事由来算六朝。
天降雌龙压九州，大唐帝祚改称周。女权早向中朝现，巾帼当年易冕旒。
马嵬吊古泪沾衣，寂寂芳魂寸土依。怪底六军多叛逆，捐躯殉国只杨妃。
世变纷纭不忍闻，王侯盗贼竟难分。朱温三让才登极，侈说中原出圣君。
陈桥兵甲拥权豪，侍卫居然帝位叨。莫道韩通甘殉主，此身尚未着黄袍。
歌场闲出女英雄，战鼓轻挝走悍戎。名盛不遭三字狱，料应胜算定闺中。
天心未许济时间，燕市身捐碧血殷。可奈末流名节隳，不闻正气抗文山。
烽火连天帝座倾，煤山泣尽鬼神惊。闯儿也属英雄汉，扫尽堂堂一大明。
觉罗世祚不常延，花样翻新尚选贤。争说共和今已造，如何洪宪又编年。
莽操雄心一旦休，毕生事业付东流。功名富贵浮云似，为语同胞莫妄求。①

这3首诗作中，《舟中志感》流露着作者萍草无根、聚散无依的悲哀情绪。“可怜褒妲逢君子，都是周南梦里人”。《读史随咏》对褒姒、妲己、杨贵妃等艳妃充斥着同情之心，对所谓的圣人、圣君则多有嘲讽，与《历朝通俗演义》中所表达的思想，迥然不同。

6篇文章分别是《中国飞行家冯如传》《苍髯叟传》《吊邓壮节文》《送友人赴都应试序》《募建吕晚村先生专祠启》《修桥启》。其中，《中国飞行家冯如传》歌颂冯如忠诚为国的精神，是一篇研究冯如的重要文献，惜未被《中国航空之父冯如研究》纳入文献资料知见录；《苍髯叟传》赞扬苍髯叟品高性洁的风骨；《吊邓壮节文》则追念先烈邓世昌，彰显强烈的忧国情怀：

① 蔡东藩：《留青别集》（卷四），上海会文堂书局1918年版，第17页。

嗟夫，坡惊风落，地惨彭亡，睹黑稍以梦将军，骑赤牛而思都尉，益足令望风兴感，吊古生悲者矣。方兹国步愈艰，海氛益炽，戎马听渡江之警，长鲸乏息浪之期，武库甲稀，藩篱洞撤，纵请缨之有志，谁作终军，叹击楫之无才，空怀祖逖。鉴韩亡兮不远，雪国耻兮何年？呜呼邓公，生为烈士，死作鬼雄。一旦碧血，千年白虹。倘使申甫复生，钟灵嵩岳，庶几颇牧犹在，静戢烽烟，合祝馨香，默期诞降，愿追弓剑。①

吕留良案是清代文字狱案之一，主要人物死者戮尸、活者斩首，受牵连者或杀或流。辛亥革命后，吕氏冤案昭雪，浙督汤寿潜改西湖小瀛洲之彭公祠为三贤祠，崇祀吕留良、张煌言、黄宗羲 3 位反清义士。1912 年春，钱塘（今杭州）人李盛任崇德（时称石门）县知事。他与地方坤董发起筹建吕公祠，特请蔡东藩撰写了《募建吕晚村先生专祠启》。同时，在中山公园为吕留良建造纪念亭，请蔡元培题写了楹联。绍兴“二蔡”同为纪念吕留良撰文撰联，也可算是一桩美谈了。

（二）《写信必读合璧》（续著部分）

“尺牍书疏，千里面目”。尺牍范本在民国时期大量出版，单是上海会文堂书局就出版不少于 30 种的尺牍书籍，如林万里的《学生便用尺牍》、孔宪彭的《共和新尺牍》、董坚志的《写信快览》等。深谙尺牍掌故的郑逸梅就曾感叹这一时期“尺牍充斥坊间，各类皆备，欲标新立异，殊属难能”②。

在这个时期，有一部书曾以新增、增注、增广等名目不断再版，这部书就是唐芸洲的《写信必读》。唐芸洲，生卒不详，江苏人。“英年积学，妙岁游洋，惜乎怀才不遇……游幕于公卿大夫之门”③，著有《七剑十三侠》《鹅幻汇编》等作品。《写信必读》是瀛园旧主施世守于唐芸洲书箧中拾得，而后详加注脚，付诸石印。

《写信必读》为江苏唐芸洲所著，此书平易近人，雅俗共赏，以经施君

① 蔡东藩：《留青别集》（卷二），上海会文堂书局 1918 年版，第 137 页。

② 郑逸梅：《尺牍丛话》，上海古籍出版社 2004 年版，第 1125 页。

③ 施世守：《写信必读》，《写信必读合璧》，上海会文堂新记书局 1935 年版，第 1 页，序。

为之注释，俾后生学子一目了然，故自出版以来风行海内，相率欢迎，每岁销售以亿万计，洵尺牍中之第一佳本也。[①]

“尺牍中之第一佳本也”，这是蔡东藩对《写信必读》的评价。《写信必读合璧》由唐芸洲原著与蔡东藩续著两部分合并而成，经上海会文堂新记书局出版发行，初版时间大约在1934年1月，同年3月再版，既有分册的，也有合本的。如果说，《留青别集》是一部综合性类书，那么《写信必读合璧》则是一部专门性类书。

1. 原著订正

《写信必读》出版后风行海内，“但经坊间辗转翻印，鲁鱼亥豕，愈沿愈讹。且因时局变迁，风教互异，原著中所陈事实未必今古悉符”[②]。故此，会文堂主人嘱蔡东藩对《写信必读》进行订正。

订正版内页内容由三部分组成，即俗称的三节版。上部为最新简明算法；中部为酬世南针，分交接称呼、接见常谈、应酬佳话、契约成规和呈词状式五部分；下部为写信必读正文。

从“跋”中可知，蔡东藩对《写信必读》的订正完成于1932年夏。查《会文堂新记书局目录》，似乎蔡东藩的订正版没有单独发行。或许是他在订正过程中，产生了续著的念头，才没有单独出版。

2. 蔡氏续著

蔡东藩认为，“文字之酬应，当随时事为转移。苟陈陈之相因，虽多多而奚善？且来而不往非礼之宜，原书多载去信，绝少还函，是投遗者有取则之词，而裁答者无观摩之语，尚未免令人向隅也”[③]。故此，他在1934年1月，“特编成尺牍二百则，一施一报，针芥相投”。有去信，又有还函，这在尺牍范本中也算是“标新立异”之举了。

蔡东藩续著部分不采用三节版，分岁序栏、政务栏、家族栏、姻戚栏、学

① 蔡东藩：《写信必读》，《写信必读合璧》，上海会文堂新记书局1935年版，第142页，跋。

② 蔡东藩：《写信必读》，《写信必读合璧》，上海会文堂新记书局1935年版，第142页，跋。

③ 蔡东藩：《蔡东藩续著写信必读》，《写信必读合璧》，上海会文堂新记书局1935年版，第141页，序。

校栏、实业栏、道德栏和礼仪栏8卷。每栏前都有针对性的写作要求，如家族栏，“家书中但尚朴诚，参以和蔼，繁文缛词无取也”；姻戚栏，“因姻戚之对于家族，非无亲疏之别，然较诸朋友则相亲多矣。凡有往来书信……宜加委婉，然过从客套，则转似太疏，此又不能不斟酌适当者也”。①

新文化运动期间，文白之争是重大的文化事件。这一争论自然波及尺牍，早在1917年5月，刘半农就在《新青年》3卷第3期上发表了《我之文学改良观》一文，其中有：“至于信札，则不特前清幕府中所用四六滥调当废。即自命文士者所作小简派文学，亦大可不做。”② 当然，反对则自有之。所以，上海会文堂书局既有用文言写就的尺牍书籍，如《清代名人书牍》；也有白话尺牍书籍，如《白话分类商业日用尺牍》；更有言文对照的，如《言文对照尺牍初步》。对此，蔡东藩认为：

> 中学以下白话风行，此为年幼学生易知易行起见，非真置文言于不用也。若夫中学以上，声应气求，范围较广，口头所不便直达者，代以书函，白话所未易婉致者，必用文言。言之无文，行而不远，左氏不我欺也。③

从上述这段话可知，蔡东藩对文言和白话是持折中主义的。他的这番见解与梁启超相类似。梁启超在东南大学暑期讲演“中学以上作文教学法”时，曾说：

> 我主张高小以下讲白话文，中学以上讲文言文，有时参讲白话文。做的时候文言白话随意。以为“辞达而已”，文之好坏，和白话文言无关。现在南北二大学，为文言白话生意见。我以为文章但看内容，只要能达，不拘文言白话，万不可有主奴之见。④

从语言发展的规律与社会发展的需要看，白话取代文言是历史的必然，但

① 蔡东藩：《蔡东藩续著写信必读》，《写信必读合璧》，上海会文堂新记书局1935年版，第29、第45页。

② 刘半农：《我之文学改良观》，《新青年》3卷第3期，1917年5月1日。

③ 蔡东藩：《蔡东藩续著写信必读》，《写信必读合璧》，上海会文堂新记书局1935年版，第61页。

④ 梁启超：《中学以上作文教学法》，文心出版社2017年版，第53页。

从与过去的联系和文化的传承来看，文言有其不可取代的价值与地位，不是一个“废”字就可以解决的。应该说，语言的变革也须经历一个层层递嬗而为新的过程。

所以，蔡氏的续著体现出“文求旧”① 的特点，如依然使用为刘半农所反对的诸如“春祺诸维”“台祺不一”“诸维自珍”等“不着四六的陈词滥调”。然“文虽求旧”“意独趋新”，这在政务栏和道德栏中体现得尤为明显。

> 按民主国之人民，应有政权，是为民权主义之特点，即为三民主义之要素。虽本书为普通赠答之函件，与公文性质不同，但亦不可无私人之讨论，为改良政治之枢机。朋友往来，究以政治，正民主国家之天职也。②

故此，政务栏有《约同选举》《约同弹劾》《约同创制》《约同复决》《邀赴考试》《考论刑法》《请辨保甲》《议兴水利》《询问减租》《陈议捐税》等函件。如《约同选举》：

> 某某先生朗鉴：
>
> 久仰光仪，时殷怀想，比维道履冲和为祝。现因某机关主席，又届改选之期。选举为民权中之第一端，所关甚大。设或所举非人，贻误事机，被选者固有应得之咎，主选者更无可恕之愆。黜王良而用贱工，必遭覆辙；退公输而进拙匠，必致偭规。试问谁为之主？而颟顸若此。迨至偾事以后，乃徒欲诿责于贱工拙匠，恐懦者尚谢过而去，强者且反唇相稽。辨之不早，后悔已迟，选举其尤大者也。足下为今世之伯乐，定应先为物色，相赏有真。此次同往选举，倘蒙示我周行，俾无误举，则微特某免失人之咎，即为国家进一贤能，其造福亦非浅鲜也。谨祈惠复，并约偕行。草此布陈，诸维垂照，顺询台祺不一。

① 蔡东藩：《蔡东藩续著写信必读》，《写信必读合璧》，上海会文堂新记书局 1935 年版，第 1 页，序。

② 蔡东藩：《蔡东藩续著写信必读》，《写信必读合璧》，上海会文堂新记书局 1935 年版，第 15 页。

答接来书，知吾兄为国求贤，殷勤恳至，而于不佞独奖饰过当，益令增惭。窃以选贤举能，本大道为公之首务。周时乡举里选，虽非民主政体，尚有明扬侧陋之风。乃自选举之敝而变为科第，科第之敝而复为选举，循环往复，法立弊生，清季之选举无论已。即如民国成立以来，选举之行不一而足，小则行之于乡里，大则行之于国都，聚数十百人于一堂，同时投票，非为势所迫，即以贿相交，甚且由监督选举者，包揽而来一人可以书千票，千票不能书异名。种种诡秘，罄竹难宣。宁特情感攸关，阿私所好云尔哉。故国都之选举，当选者大率为军阀，为政客。乡里之选举，当选者大率为土豪，为劣绅。若夫岩穴异能之士，虽伊吕复生，亦终难与选，徒坐老莘渭已耳。屈子有言，黄钟毁弃，瓦釜雷鸣，不图民主国家，乃亦如之，诚古今之所同慨也。本届某处改选，恐未必廓清积弊，一秉大公。某虽不敏，宁放弃此选举权，不愿厕列此溷浊场。辱承邀约，恕不能追陪。至若应举何人，想吾兄自有月旦之评，无烦鄙人多口。兄如临场投票，但求心之所安足矣，外此可不必问也。履此布臆，顺询某某仁兄道安。①

这哪里还是一封回信，分明如同一把匕首，对民国选举舞弊现象进行直言诛伐！从中也体现了蔡东藩强烈的批判精神和洁身自好的态度。

人何以立，曰道与德。道德不存，乌乎为人？吾国开化最卑，经数十百圣贤之提倡，道德深入人心，方能称为文物之邦，历五千年而不敝。乃降至晚近，异说沸腾，竟欲举国之旧有之道德悉数唾弃，而别求所谓新道德者，卒之旧道德日被摧残，新道德未闻接替，衣冠败类，鸟兽同群，是谁之过欤？中山孙先生，为革新界之巨子，其演讲民族主义也，不外以固有道德为基础，何物狂夫，昌言破坏。②

道德栏主要有《劝忠》《劝孝》《劝践信约》《劝恤孤寡》《劝息争讼》《戒嫖》《戒赌》《戒奢华》《戒游荡》《评国民教育》《论公共卫生》《询自由结婚》

① 蔡东藩：《蔡东藩续著写信必读》，《写信必读合璧》，上海会文堂新记书局 1935 年版，第 15 页。

② 蔡东藩：《蔡东藩续著写信必读》，《写信必读合璧》，上海会文堂新记书局 1935 年版，第 93 页。

等篇。古人云："相见无期，惟是书疏，可以当面。"读道德一栏，如与蔡东藩"见面"，他正谆谆地劝规着、告诫着。

纸辞情长，意在笔外。蔡氏的续著融"技术指导"与"观点启迪"于一体，依然体现着他"期为通俗教育一助"的创作主旨。在书信黯然退出历史舞台的当下，蔡氏续著的价值更在于其内容上所体现的思想观点，是研究蔡东藩必不可少的资料。

五、对联作法

短短小文，洋洋大观。对联以其形式精巧别致、内容包罗万象、蕴涵魅力无穷而为人们所喜闻乐见，是中华民族独具特色的文化瑰宝。蔡东藩的《联对作法》一书于1935年由上海会文堂书局出版，凡6卷，近四十万字，是近代联论类的一部重要著作，也是蔡东藩生前最后一部公开出版的著作。2000年，经余滇、秋实整理，该书以《中国传统联对作法》为名，由浙江摄影出版社出版发行。

（一）缘由

对联起源于何时？至今仍是一个众说纷纭、争论不休的话题。蔡东藩在《联对作法》体制卷绪言中云：

> 联对一门，谐偶文之变体也。谐偶文始于诗赋，古人之作诗赋也，只以声韵为主，未尝专尚对仗。至唐以律诗、律赋取士，于是谐偶兴焉。俪青骈紫，判白妃红，文字之中，含有一种美术，殆未始不足观者。厥后或拟诗一联，帖于门楹，称为"楹帖"，亦号"楹联"。相传五季时，蜀未归宋之前一年，岁除日，蜀主令辛寅游题桃符版于寝门。嫌其词未工，自命笔云："新年纳余庆；嘉节号长春。"斯实为楹联之滥觞。[①]

联对即对联，又称对子、对句，"对联一词开始出现于明代"。楹联最早是指镌刻或悬挂在楹柱上的对句，"楹联之名见于清乾隆年间"。谷向阳认为，楹

① 蔡东藩：《中国传统联对作法》，浙江摄影出版社2000年版，第1页。

联和对联之间只是雅称与俗称的关系[①]。蔡东藩认为，对联脱胎于唐代律诗律赋，滥觞于五代，“宋代文士亦仿行之”，“元、明以后，作者尤多”。“一般士子，类能撰述。上焉者信手拈来，都成妙谛；下焉者苦心凑集，亦自成章。优劣虽分，体裁固不失耳”[②]。

但随着中国近代化的推进，新一代中国人的知识结构、思维方式和文化习俗都发生了变革。近代化的变革本是民族的幸事，却对传统的对联文体造成了极大的冲击。用蔡东藩的话来说，就是“自学校创设以来，课程杂沓，无暇专习国文，目未睹经史，口未辨音韵。有执联对以相属者，彼且瞠目不知所答。小学诸生无论矣，即卒业中学者，亦多敬谢不敏，间或勉强应命，非出诸抄袭，即难免荒唐。吾不意学风至此，竟如普通应酬之联语，亦几成为《广陵散》也！”[③]

在这种客观形势下，约在 1921 年之后，坊间便开始有“对联作法”之类的书籍问世，如葆光子的《简便作联法》，平襟亚的《对联作法》；吕云彪的《楹联作法》等。也正基于此，蔡东藩著有《联对作法》，意在供“能作联者”参考，“未能作联者”观摩领悟。

（二）体例

平襟亚编著的《对联作法》，于 1924 年出版，与《联对作法》只有一字顺序之差。平襟亚把对联作法归为识音节（分平仄、辨阴阳）和讲词藻（知代替、加色泽）这两个要点，其后又分述了各种修辞技巧联语（如叠字、拆字、连环），以及各类实用楹联（如春联、庆贺联、庙宇联）的写作方法和注意事项，罗列甚为精详。

而蔡东藩的《联对作法》分联对之体制、材料和格式及注释 3 个部分，其中：

卷一为体制篇，讲的是对联文体的作法技巧，分“谐音”“偶句”“修词”3 条，与《对联作法》有别。

卷二至卷四为材料篇。所谓材料就是为作联所储备、搜罗的资料。在近代

---

① 谷向阳：《中国楹联学概论》，昆仑出版社 2007 年版，第 14 页。

② 蔡东藩：《中国传统联对作法》，浙江摄影出版社 2000 年版，第 1 页。

③ 蔡东藩：《中国传统联对作法》，浙江摄影出版社 2000 年版，第 1 页。

联学专著中，唯有《联对作法》《楹联作法》《简便作联法》中有罗列。蔡东藩在材料卷的绪言中说：

大匠筑室，务在庀材；巧妇司炊，不能乏米。凡事皆然，何况文人？文人撰述，必先有相当之词料，为之运用，斯能斐然而成章。即如近今之白话文，犹或援引古语，以佐证之；岂名为文言，顾可言之无文乎？是故磨琢剪裁，文人之巧力也；经史子集，文人之资储也。资储不足，欲其巧力之特呈也难矣！彼夫晚近学子，不乏聪明，而笔下无文者，即苦于资储之不足耳。本书第述联对一门，而其所以构成之要素，全赖词料。是使学者徒知其法，未得其词，恐终无自成联也。惟是词料甚繁，不胜枚举。兹特举联对中之最关需要者，分门别类，提要钩玄，并仿为骈文，逐加笺注。俾阅者无索对之烦，误用之虑，执此为鹄，左宜右有，因应无穷，当亦一临池快事也。①

这篇绪言，蔡东藩强调了材料之于作联的重要性，犹建材之于工匠，稻米之于巧妇，而学者若只知其法却未得其词，“终无自成联也”。他也看到了当时学子笔下无文的现状，才决定捡择出岁时、地理、政务、道德、人伦、职业、祠宇、食货、庆贺、哀挽、年齿、姓氏 12 个门类的材料，以饷学者。在浙江摄影出版社出版的《中国传统联对作法》这本书中，从 28 页一直到 189 页足足占了 160 多页篇幅，实在令人震撼与感动。1999 年，李文郑编著有《中华姓氏对联鉴赏》，所收的姓氏对联主要源自蔡东藩的《联对作法》。

卷五至卷六为“格式及注释”篇。即选取“古今之联词，分类编辑，逐加注释。俾阅者赏奇析疑，可以摹仿，即可以借资”②。一共分为时令、居处、廨宇、术业、祠庙、市肆、庆贺、哀挽八大类，比较重视楹联的实用性。其注释侧重于词语、典故的出处，如一副书斋联：

万里风云三尺剑；
一庭花草半床书。

① 蔡东藩：《中国传统联对作法》，浙江摄影出版社 2000 年版，第 28 页。
② 蔡东藩：《中国传统联对作法》，浙江摄影出版社 2000 年版，第 28 页。

万里——《宋书》："宗悫年少时，叔父问所志，答曰：'愿乘长风破万里浪。'"

三尺剑——李贺《剑》歌："先辈匣中三尺水。"

半尺床——庾信诗："隐士一床书。"[①]

"万里风云"对"一庭花草"，应着千百年来读书人"穷则独善其身，达者兼济天下"的人生理想；"三尺剑"对着"半尺床"，暗合一文一武，文武之道，一张一弛的道理。假如能这样，既有注释，又有赏析，是否更为美满？犹如"修词"篇，更有利于后学者学习呢？

（三）联律观

2010年，中国楹联学会集中联界专家将千余年来散见于各种典籍中有关联律的论述，进行梳理、规范，形成了《联律通则》，作为楹联格律的基本规则。其认定的基本规则为字句对等、词性对品、结构对应、节律对拍、平仄对立、形对意联6项基本要素。蔡东藩认为，"联对之体制，一曰谐音；二曰偶句；三曰修词"。[②]

1. 关于谐音

"谐音云者，即所谓'调平仄"是也"。蔡东藩列举了五言、七言联各两种正格、两种变例后，论及了集古、仿古联的平仄规律。他说：

凡作七言联对者，除集古、仿古外，大率准此。集古如：

虽然在城市；

幸不碍云山。

一庭之内有至乐；

六经以外无奇书。

上二联以古句作对，谓之"集古"，虽平仄不谐无嫌也。其有不用古句，而句法排齐如古文者，吾无以名之，名之曰"仿古"。例如：

藏古今学术；

聚天地精华。

① 蔡东藩：《中国传统联对作法》，浙江摄影出版社2000年版，第123页。

② 蔡东藩：《中国传统联对作法》，浙江摄影出版社2000年版，第1页。

文境高山流水；

心肠铁壁铜城。

春来也，鱼龙变化；

时至矣，桃李芳菲。

如上所述，乃不拘于平仄，别成一格，自得高超者也。然上句煞脚字用仄声，下句煞脚字用平声，则固仍如前例。[①]

就对联的创作手法而言，大体可分为自撰联与集句联两种。“集古”就是“集句”，即“把有关诗词、文章和其他方面可以形成对仗、意思又连贯的现成句子摘下来组成一副对联”[②]。“仿古”还是属自撰联，只是句法仿古文而已。蔡东藩所谓的“集古”“仿古”属变例，其平仄一言以蔽之，可以不谐，但句脚字必须上仄下平。

在论及长联的平仄规律中，蔡东藩有个创见。他引入了“节”的概念，“凡句与句相叠，句分而意相连属，或二句或三句乃尽者，谓之节”。“节”相当于我们所说的划分层次和段落。如此，把长联按意思的表达分成若干“节”，每节短至 1 句，长至 4 句。节内各句脚一般为：

一句：平仄皆可；

二句：一平一仄；

三句：两仄一平或两平一仄；

四句：仄平平仄或平仄仄平。

节与节之间相粘，也就是上一节最后的句脚与下一节第一个句脚同声调。如俞曲园祝李鸿章寿联：

为岁之首，为月之中，/春酒一杯，惟相公寿；（二节，每句句脚为仄平平仄，“中”与“杯”相粘）

治内以文，治外以武，/长城万里，殿天子邦。（二节，每句句脚为平仄仄平，“武”与“里”相粘）

① 蔡东藩：《中国传统联对作法》，浙江摄影出版社 2000 年版，第 3—4 页。

② 余德泉：《对联通》，湖南大学出版社 1998 年版，第 74 页、60 页。

蔡东藩说：

至若增长联时，以七句、八句、九句、十句成联者，或分三节、四节、五节，大致可以类推，不再引证。总之，联对愈长，节数愈多。每节自一句起，至四句止，上节末句煞脚字音为平声，则下节起句之煞脚字音仍应用平声，其用仄声亦如之。惟出联结束句，总应用仄声字煞脚；对联结束句，总应用平声字煞脚：此固联对之通例也。[①]

用蔡东藩“分节粘连式”格式来分析长联，其优势是显而易见的。如钟云航题成都望江楼崇丽阁联：

几层楼独撑东面峰，统近水遥山，供张画谱。/ 聚葱岭雪，散白河烟，烘丹景霞，染青衣雾。/ 时而诗人吊古，时而猛士筹边。/ 最可怜花蕊飘零，早埋了春闺宝镜；枇杷寂寞，空留着绿野香坟。/ 对此茫茫，百感交集。/ 笑憨蝴蝶，总贪迷醉梦乡中。/ 试从绝顶高呼，问问问，这半江月谁家之物？

千年事屡换西川局，尽鸿篇巨制，装演英雄。/ 跃岗上龙，殒坡前凤，卧关下虎，鸣井底蛙。/ 忽然铁马金戈，角色银笙玉笛。/ 倒不如长歌短赋，抛撒些绮恨闲愁；曲槛回廊，消受得好风细雨。/ 嗟予蹙蹙，四海无归。/ 跳死猢狲，终落在乾坤套里。/ 且向危楼俯首，看看看，哪一块云是我的天。

“联圣”钟云舫此联上联、下联各 20 个分句，把联意各分成 7 节，每节短至 2 句，长至 4 句。上联每一节句脚的平仄安排为：

第一节：平平仄；

第二节：仄平平仄；

第三节：仄平；

第四节：平仄仄平；

第五节：平仄；

第六节：仄平；

① 蔡东藩：《中国传统联对作法》，浙江摄影出版社 2000 年版，第 8 页。

第七节：平仄仄。

下联各节句脚平仄的粘连则相反。虽然节与节之间的粘连，都符合“仄顶仄，平顶平”马蹄韵的规则，但从整联来看，该格式并不完全符合马蹄韵，余德泉将称之为马蹄韵的变格。[①] 可见，对于超长联而言，分节粘连式比马蹄韵更有优势。所以，《联律通则导读》把分节粘连式和平仄单交替式、平仄对交替式（即“马蹄韵”格式）、多平一仄式（即“朱氏规则”）列为多分句联各分句句脚平仄安排的四种模式之一。[②]

2. 关于偶句

对联文体的语言学基础是对偶修辞。蔡东藩认为，“联对尤重对偶，否则不成为联对矣”，“对偶之法，不外以同类之字，对同类之字。[③] 为了说明对偶之法，他引用了中国古代属对的字类概念和西方语言学的词性概念。所谓字类是以意义分类的，如天文类、地理类、植物类、动物类等。所谓词性是以语法特征为主要依据、兼顾意义对词进行划分的结果，如名词、动词、状词、介词等。蔡东藩认为，“仅从词性上注意，而学者反视为难事，以其无迹象之足凭也。”所以，最后他还是认为对偶应以传统的虚实相对为根本：

> 联对之法，不必尽拘现今之文典，但以实字对实字，虚字对虚字，即与向来之惯例相合。学者专辨字面之虚实及字音之平仄，以为联对之指针足矣。惟专名词必对专名词、复名词必对复名词。

也就是说，对于民国时期语法学的汉语虚实分类，作联时可以“不必尽拘”，只是在专用名词和复名词上稍严格一些就行。蔡东藩这一见解，至今仍属可取。

（四）关于修词

“修词学者，所以论文字构成之规则也。”蔡东藩认为：

① 余德泉：《对联通》，湖南大学出版社 1998 年版，第 74 页、60 页。

② 刘太品、叶子彤：《联律通则导读》，中国诗词楹联出版社 2017 年版，第 65—66 页。

③ 蔡东藩：《中国传统联对作法》，浙江摄影出版社 2000 年版，第 9 页。

> 文字一定之规则，曰“形式”，曰“意义”，两者缺一不可。苟形式合矣，而意义不合，非文也；意义合矣，而形式不合，亦非文也。联对尤重形式与意义。①

对联应该是“形式”与“意义”的有机结合。形式指“字谐平仄，句成对偶”，意义“则务在相题以行之”。所谓“相题行之”，即作联时要做到切题、切时、切地、切人、切事。笔者把它归纳为“意合人事”。如庙堂楹联，应就庙堂上用意；庆寿联应申颂祝之意，贺婚嫁则应申喜忭之意。如此，“意有专属，乃可引典属辞”，不妄抒，不泛语。如蔡东藩引用了一副关帝庙戏台楹联：

> 顾曲小聪明，当日可怜公瑾；
> 挝鼓大豪杰，至今犹骂曹瞒。

他在联后评点道：“戏台在关帝庙，宜双方着想；若仍泛作戏台联词，便与关帝无涉。联语用《三国志》故事，点染生妍，双方顾到，是亦一妙手笔也。‘公瑾’即周瑜。瑜吴人，少精音律，或有阙误，必顾。……‘挝鼓骂曹瞒’是借用祢衡故事。……事虽不属关公，较诸直引关公事，尤为警切。”② 似这般，通过对一些对联的“修词”说明，使学者明白作联的规则。

对联“若欲运笔入神，独臻高妙，则尤非情文并茂不为功”，故此蔡东藩把对联的“文境”分为 7 种，即沉雄、端庄、清雅、精巧、婉曲、悱恻、藻丽。如沉雄，指“读之令人气壮”者；端庄，指“圆而不滑，工而不佻，文字间含有一种雍容华贵气象”者；清雅，指“借景生情，超然意远，胸中有一片天机，腕底无丝毫俗滞”者③。

他所说的“文境”，其实就是风格。我国古代著名的文学理论家刘勰在《文心雕龙·体性》篇中，归纳了文章的 8 种风格。唐代诗人司空图在《二十四诗品》中，总结了诗的 24 种风格。对联是从诗词中发展而来的一种文体，自然有

---

① 蔡东藩：《中国传统联对作法》，浙江摄影出版社 2000 年版，第 12 页、13 页。
② 蔡东藩：《中国传统联对作法》，浙江摄影出版社 2000 年版，第 15 页。
③ 蔡东藩：《中国传统联对作法》，浙江摄影出版社 2000 年版，第 24 页。

其风格，只是对其论述并不多见。当代，余德泉曾在《对联纵横谈》列举了雄奇、谨深、清雅、谐谑4种风格。侯清海在司空图的基础上，又加上12品，编写了《对联风格三十六品》。蔡东藩也算是较早研究对联风格的之人了。

“字谐平仄，句成对偶，意合人事”，这是蔡东藩的联律观。他主张对联“以浑成工整为主”，“何谓浑成，不牵强，不拉杂是也，何谓工整，不失叶，不强对是也。”[①] 因此，他的联律观是“严而不死，活而不滥”的。或许他的联律观还不全面系统，有些说法也值得商榷。但《联对作法》仍然不失为近代重要的一部对联学专著。此书所说的对联作法，至今还有借鉴意义。

六、散佚作品

综上五节内容，蔡东藩著述（增订、续著）教育类作品8部、历史类14部、类书2部、短篇小说集1部、对联作法1部，其著述不可谓不丰富，然其生平却成了一个谜，这与一些作品的散佚有关。

（一）《风月吟草》《写忧草》《浮生如梦》《蔡郕文稿》

蔡东藩的长孙蔡福恒曾在《几本祖父诗文手稿散失记实》[②] 一文中，具体介绍了《风月吟草》《写忧草》《浮生如梦》《蔡郕文稿》4本手稿的情况，现据此文概述如下：

《风月吟草》。32开本，内容主要为诗、词、歌、赋著作，是蔡东藩不惑之年以前的即兴习作。封背有隶书“风月吟草”题签，出自蔡易斋之手。

《写忧草》。封面题“写忧草”，为蔡东藩亲笔楷书。诗词内容大致分为忧时愤世之作、悼词诗、咏史诗三类。

《浮生如梦》。这是一篇自传式的叙事长笔记录，每一段诗句后面，都间有叙述文字，点明其经历、遭遇，估计是蔡东藩20岁后逐年撰写积累而成。本子最后收录蔡东藩的自挽联，如“往事不堪回首忆，来生再望出头年”。这本手稿的散失，是研究蔡东藩生平的重要损失。

---

① 蔡东藩：《留青别集》，上海会文堂书局1918年版，卷11。

② 蔡福恒：《几本祖父诗文手稿散失记实》，《蔡东藩学术纪念文集》，第90—93页。

《蔡郕文稿》。极大部分是蔡东藩多年来为人代撰的寿文、墓志铭、祭文、书序、书跋之类的文字，间有一部分是蔡东藩自认为值得保存备查的信稿。本子最前面还录有几篇蔡东藩青年时代的“策论”文章。

据蔡福恒回忆，1966年8月31日，《风月吟草》《浮生如梦》《蔡郕文稿》连同印章18枚（合装一小匣）、照片4张（蔡东藩个人相片3张和1帧12寸的“宣统元年浙江省全体入选优贡生合影”）、陆润庠题赠的对联等，均在“文革”中被烧毁。《写忧草》于1964年4月10日被杭州林墨翰古旧书店经理王松泉“买走”，至今不知去向。

（二）《内科临症歌括》

蔡东藩曾为普及中医临床知识，以歌诀的形式编著《内科临症歌括》4卷。故此，文史掌故大家郑逸梅把蔡东藩与恽铁樵、陆士谔等并列为小说家善医者。可惜此书不传，仅在绍兴市志里有其存目，但书名为《内科证治歌诀》。

蔡东藩善医，与其岳父黄镐京有关。黄镐京是当地名医，所著《镐京直指医方》收入上海会文堂书局出版的《黄氏三世良方》，由王超、蔡郕校正，门人蔡封、王世冕、俞国政参订，内容有气论、血论、风论、火论等。

（三）家谱文章

忠厚传家久，诗书继世长。家谱是记载某个姓氏家族子孙世系传承之书，是中华民族三大文献（国史、地志、家谱）之一。蔡东藩是当地的文化名人，他的一些文章也散见于不同的家谱中，从这些文章中我们可以捕捉蔡东藩的某些信息。主要有：

《太学生云浦公家传》，《节孝孔母毛孺人家传》，1919年岁次己未，见《觉山孔氏宗谱》（诗礼堂珍藏）。《太学生云浦公家传》一文中，有“其冢嗣章甫君与予交且久，次孙尔均又与予有同学谊”句。文后署“清优贡生补用福建知县世愚侄蔡郕谨识”。编辑《共和女界尺牍》《共和新尺牍》《初学论说必读》《共和新论说启蒙》的孔宪彭即为觉山孔氏族人，其中《初学论说必读》由蔡东藩评校。

《邵勉卿君行述》，1922年夏历季春，见《天乐邵氏宗谱》（安乐堂珍藏）。文中有“余少时就葛师学，乃识同门邵君”“及予壮，就乡校教师列”等文字，可以证明蔡东藩曾就读私塾，并在乡校执教。文后署“清优贡生福建补用知县同乡同学弟蔡郕东藩谨识”。

《陈子颖君六十年来行述》，1926年夏正十月，见《萧邑陈氏宗谱》（树德堂珍藏）。陈子颖系银行家陈朵如之叔父，现临浦镇柏山陈人，其季子选球曾同学于蔡东藩。文中“洎徙居萧南苎萝乡”，当指蔡东藩租居临江书舍。文后署“补用福建知县优贡生，现充萧山苎萝乡学务委员，古越蔡郕谨识”。

《重修金氏宗谱序》，1931年暮春之月，见《萧山刘氏宗谱》（合莫堂珍藏），文后署“前萧山县学务委员，古越蔡郕谨撰”。序言是家谱不可或缺的一部分，其内容一般涉及修谱的缘由、姓氏渊源、家族迁徙、本族现状等等。然而，蔡东藩的《重修金氏宗谱序》却非同寻常，请看：

> 本年春，余友金君文生监修家乘事，将竣，属序于余。余展览谱系，始知其本姓为刘，且仍以刘氏名谱，有数典不忘之谊存焉。刘氏源流载诸谱首，辞约而详，至若其修谱之举，远不必论，即自清康熙以迄于今，盖已经六七次矣。此六七次之修谱，皆有文人为之序，若敬宗，若收族，若报本追远，若移孝作忠。每篇之中，三致意焉。
>
> 今之修谱，犹前例尔，余不佞勦说而雷同可乎哉。余闻今之所谓大同主义者矣，不曰废宗法，即曰革族制，是说也，他日之中国容或可行，今则未也。盖吾国人民以宗法族制相维系，由来久矣。必欲废而宗法，革而族制，以求所谓大同主义也者，吾恐公德未普，私德先亡，至亲若陌路，全体如散沙。其卒也，必为外族所驱荡而凌夷以尽，故余不患宗法族制之不革新，而但患宗法族制之不守旧。
>
> 吾国民族之远祖，首推黄帝。黄帝之子得姓者十有四人，是为姓氏之滥觞，厥后子孙藩衍，姓氏歧出。至尧时，已有百姓之称，实则皆一姓之所致也。即如谱中所载之源流序云，金氏之始祖，原姓刘氏。考其实，始于监明公，姓伊祁，乃帝尧次子也。余闻帝尧为黄帝四世孙，尧子为刘氏之祖，则其远系之出自黄帝也无疑。由是以推，凡吾国民之类是者，何可胜数？诚使本数典不忘之谊，溯而上之，以求其远祖之所自，则无论为数十百姓，犹一姓也。惟海外诸民族向与我绝不相关，彼方耽耽焉，逐逐焉，伺我之隙以谋我。我祖宗之得存统与否，全视我之后裔之所为。我能合数十百姓而复归一姓，有无端凌我者，我数十百姓共击之，则任何强族莫予敢侮。是即古所云宗子维城，亦即今所云民族主义也。不宁维是，萃数

十百姓以卫吾国，国固矣，彼海外强族无术谋我，且将转而亲我，夫而后大同之盛，庶可冀与。然则宗法也，族制也，正贞下起元之会所，宜相持勿替，笃实而光辉之者也。余喜金氏之不昧本姓，而尤望他族之如金氏者，人人能数典不忘，联为一气，则由小康以抵大同，其幸福宁有涯耶。质诸故友金君，以为何如，是为序。①

中国者，一宗法社会之遗蜕也。宗法制度对中国传统文化的影响极其深远，既有正面的，也有负面的。其正面价值是造就了中华民族国家利益至上的观念，增强了国家的凝聚力。蔡东藩把家国情怀融入传统家谱的序言中，走出了狭隘宗族主义的思维。

（四）应酬诗文

应酬唱和，文人雅事。蔡东藩的唱和之作，少有流传。李维松在《赵宋后裔另一支》一文中提及了蔡东藩的一首应酬诗：

上承先德下诒谋，商战场中建元猷。
为换利权功亦巨，陶公有术傲王侯。

这是蔡东藩和赵庆昌自撰寿诗而作，落款："乡晚蔡郕恭祝"。赵庆昌，字卓卿，萧山义桥赵家坞人，清监生，幼而饱读，后弃儒经商，以道义自居，不屑龌龊效市侩，人称儒商。60岁时，赵庆昌自撰寿诗4首，广征贺诗，蔡东藩、周易藻、王仁溥等人撰贺诗数十首，刊于《浚义赵氏玉牒世谱》

1921年夏历九月，赵庆昌寿届古稀，蔡东藩又奉和4章，落款："乡愚侄蔡郕谨上"：

一掷光阴四十年，无才未敢乞人怜。只因晋祝平原寿，勉赋台莱献席前。
乡存耆旧风犹古，家有仁声泽自绵。为爱百年延赵日，好教四境乐尧天。
弟兄聚首不相离，到老怡然乐可知。更喜白头鸿案共，弄孙呼子笑分饴。

① 参见《萧山刘氏宗谱》（合莫堂珍藏），2013年重修。

掌上珠添一慧儿，晚成大器莫嫌迟。端螽衍庆今犹昔，好咏周家瓜瓞诗。

除以上所说的著述外，蔡东藩还评校过绍兴何琪编辑的《初等小学本国地理教科书》（1912年上海会文堂出版）、萧山孔宪彭著的《初学论说必读》（1912年上海会文堂出版）、校勘过《天乐志》（汤叙撰）。

东藩亭

第三章 新旧杂糅的思想

一、“教育急进”思想

近代中国，外患日亟，内乱频仍，国脉垂微，各种救国救民的社会思潮汹涌奔突，交相摩荡。教育救国思潮即是这些浩荡奔流的救亡思潮中影响最为深远的一支。

教育救国思潮形成于洋务运动晚期。张之洞在《吁请修备储才折》中指出：“人皆知外洋之强由于兵，而不知外洋之强由于学。夫立国由于人才，人才出于立学，此古今中外不易之理”①，明确提出了育才以图存、兴学以育才的教育救国见解。甲午战争中国惨败，以康有为、梁启超为代表的资产阶级改良派掀起了救国图存的维新变法运动，主张变法图强的根本在于开办学校、培育人才。梁启超强调教育首先当定宗旨，培养“新民”最终实现“兴国”。严复从进化论出发深刻提出“是以今日要政，统于三端：一曰鼓民力，二曰开民智，三曰新民德”②，认为国民素质优劣决定民族的盛衰和国家的兴亡。辛亥革命的枪声终止了中国2000多年的封建制度，然而中国的民族危机并没有因为辛亥革

① 张之洞：《张文襄公奏稿》（第24卷），1920年刻本。

② 严复：《原强》，《严复集》，中华书局1986版，第11页。

命的胜利而得到解决。所以，兴学校、开民智、育新民、图救亡的教育主张仍然是当时忧国忧民知识分子的共识。五四运动前后，列强侵略变本加厉，国内政局动荡不安，众多杰出人物和社会名流，如蔡元培、胡适、李大钊、陈独秀、鲁迅等，从不同的角度提出见解，促成了各种“教育救国”思潮的空前高涨。这些爱国人士，虽然对教育救国的具体认识不同，所走的道路不同，但他们的愿望是一致的，那就是通过教育达到救国的目的。

蔡东藩是一位爱国的平民知识分子。早在辛亥革命前夕，他与邵伯棠“纵谈当世事”，就认为应以“教育急进为第一义”。此后，他始终以一个教育者的身份，把自己真挚而强烈的爱国思想渗透于自己的作品著述之中，期望能通过启蒙而开民智、而救亡。

（一）“教育急进”的主要思想

1. 教育地位：人非学不智，国非学不昌

国家与国家的竞争，民族与民族的竞争，归根到底乃是民众素质的较量。蔡东藩认为，“今日之世界，一学战之世界也。学战胜则国昌，学战败则国亡”[①]。他在《招友人求学书》一文中，以“大彼得，俄帝也。尝微服以往各国，几经艰苦，学成始归，而其后卒以强俄”与“得赉赐，一普国小工耳。慨然于祖国之败衄，赴法学业，备尝险阻，卒制成锐利之军械归饷故国，藉以复仇”为例来说明求学之功效，并提出了“人非学不智，国非学不昌”的见解，进而鼓励青年学子“乘此卓荦英年，淬志攻学，再接再厉……储学识以待国家之大用”[②]。可见，他把教育放在了“立国之本”“振兴之道”的重要地位上。正基于此，他对“吾国之兴教育亦有年矣，而收效无多，流弊不少”的教育现状多有批评，建议政府厘定教育方针，采取适宜的教育政策。

2. 教育宗旨：变化民质，塑造“新民”

20世纪初，梁启超在《新民丛报》上发表了20篇政论文章，全面探讨了国民性改造的问题，强调“新民为今日中国第一急务”，认为“新民云者，非欲

---

① 蔡东藩：《各国教育行政或采干涉主义或采放任主义，欲适用我国究以何主义为长》，《国文新范》（卷四），上海会文堂书局1914年版，第19页。

② 蔡东藩：《招友人求学书》，《中等新论说文范》（第一册），上海会文堂书局1921年订正版，第7—9页。

吾民尽弃其旧以从人也。新之义有二：一曰，淬厉其所本有而新之；二曰，采补其所本无而新之。二者缺一，时乃无功”[①]。蔡东藩承继了梁启超的观点，提出了“为共和国民，必须有共和国民之资格”[②]的观点。他把“有共和国民之资格”的国民称之为新人、新民和新国民。“新”不是“新其口未新其心，新其名未新其实，新其形式未新其精神”，更不是“欲举吾固有之道德礼义纲常名教尽灭之而后快”。“新”是“淬厉所本有，采补所本无”。他主张“天下事之因革损益，须择其适宜者以为准，宜旧者从旧，宜新者从新……举古今中外之道德、法律、风俗、习惯、文学、美术会而通之，酌而用之”[③]。经过这样的“淬厉”与“采补”而产生的新民，在蔡东藩认为应具有如下特征：

其一，根除奴隶性，具有独立自由的思想。蔡东藩指出，“读全部二十四史，实一大奴隶史已耳”[④]。的确，中国人两千余年俯首蜷伏于专制政体之下，人尽为奴的社会结构和泛化的绝对权威崇拜，让中国人养成了臣民的性格，没有了人格的独立性。民国成立，中国人民在名义上成为了国家的主人。蔡东藩认为，要使旧国民变成新国民，首“当革奴隶性”。唯有破除国民心中的奴隶性，“铲尽一切依赖性”，才能“以刚健猛勇之自力，向前进行”，并能“实行监督，不使政府有轶轨之举”。[⑤]

鲁迅曾说过，综观中国几千年的历史，不过是暂时做稳了奴隶或想做奴隶而不能的时代的循环。而奴性文化正是造成这一历史悲剧的始作俑者之一。蔡东藩主张学术自由。他认为，为新国文“亦不可不革奴隶性”，当“我伸我见，我为我文”，“不必不学古人，亦不必强学古人；不必不从今人，亦不必盲从今人”。他在教育类著述中，旗帜鲜明地提出这一张扬着主体思想和科学精神的观点，其目的正在于引导新国民具备独立之精神和自由之思想。

---

① 李华兴，吴嘉勋：《梁启超选集》，上海人民出版社 1983 年版，第 221 页。

② 蔡东藩：《共和国民重道德说》，《国文新范》（卷六），上海会文堂书局 1914 年版，第 11 页。

③ 蔡东藩：《新旧辨》，《高等小学新国文范本》（第二册），上海会文堂书局 1924 年版，第 31—33 页。

④ 蔡东藩：《中西史学不同说》，《中等新论说文范》（第一册），上海会文堂书局 1921 年订正版，第 20—21 页。

⑤ 蔡东藩：《与友人论自立书》，《高等小学论说文范》（第三册），上海会文堂书局 1913 年订正版，第 30 页。

其二，破除贪怯之念，养成自立进取意识。旧国民“贪怯卑鄙，无自立性”①。“不能自立者，由其无学业故也”。是以，蔡东藩主张破除士为贵名、农工商为贱役的陈旧观念，树立“士即为农工商诸学为学者”②的思想，大兴实利教育，举全国青年收集于学校，“教之以各种艺术，使人有谋生之能力”③，让学业成就国民的自立。同时，蔡东藩强调新国民应具有竞争心。“竞争心，自强之心也。……由竞争心而生奋心、壮心，小则为独立心，大则为爱国心”④。唯此，才能成为新国家之完人。

其三，弘扬尚武精神，具备自卫自强能力。“国民者，以国卫民，以民卫国，而相依为命者也”⑤。在弱肉强食的世界之中，羸弱的国民焉能卫国？蔡东藩譬喻道：

> 犬羊与虎豹遇，则犬羊立靡。虎豹与狻猊遇，则虎豹亦蹶。何也？以犬羊之力不虎豹若，虎豹之力又不狻猊若也。兽类且然，况在国民。国民者，以国卫民，以民卫国，而相依为命者也。地球各国，樊然并峙，名为讲文明，说人道，而实则一弱肉强食之世界。弱则为犬羊，强则为虎豹，最强者为狻猊。彼英德诸国皆狻猊类也，而吾国实一犬羊耳。⑥

他希望如犬羊般的国民，能注重体育，“磨其牙，砺其爪，肥硕其身体，强壮其筋骨”，“人人有自卫之能力，自强之健质”，铸就刚健奋进的军国民资格。

---

① 蔡东藩:《问新民国教育当以何者为先》,《中等新论说文范》(第四册)，上海会文堂书局 1921 年订正版，第 5 页。

② 蔡东藩:《论士人宜注重实业》,《中等新论说文范》(第四册)，上海会文堂书局 1921 年订正版，第 5 页。

③ 蔡东藩:《实利教育说》,《中等新论说文范》(第二册)，上海会文堂书局 1921 年订正版，第 2 页。

④ 蔡东藩:《论竞争心与嫉妒心之异点》,《中等新论说文范》(第一册)，上海会文堂书局 1921 年订正版，第 30 页。

⑤ 蔡东藩:《问新民国教育当以何者为先》,《中等新论说文范》(第四册)，上海会文堂书局 1921 年订正版，第 5 页。

⑥ 蔡东藩:《问新民国教育当以何者为先》,《中等新论说文范》(第四册)，上海会文堂书局 1921 年订正版，第 5 页。

其四，改造本有道德，养成新民德。“为共和国民，必须有共和国民之资格，道德备而资格乃全”。蔡东藩认为，“道德也，礼仪也，纲常也，名教也，是吾华之国粹也，是吾华五千年来立国之本原也”①。所以，他反对扫荡一切旧有道德的做法，主张“举名教之大防，而先自矜束，然后参入欧化，取外人之长，以补我所未逮”②。为此，蔡东藩以西方伦理价值为参照，对中国固有的道德进行了新诠释，如“忠君者私，忠国者公，既为公民，当效公忠”“惟供国用者，斯为勇。惟恭于国用者，乃为勇”③等等。

他认为，“私之一字，为吾国大病。一日不去私，则一日不自强”④。那么如何“去私”？在蔡东藩看来，关键在“克己”。他反对“存天理，灭人欲”，认为“利者，人所同欲，非必文明国民皆不好利也”。但他更认为，在“利”面前，国民要“克己”“利他”，更要“利民”，“利有大小，利己者为小利，利民者为大利。惟不利己而后能利民，惟能利民而转足利己”⑤。

反求诸己，循轨以趋，以至自新，这是蔡东藩为“新民德”所规划的一条路径。反求诸己是传统儒家修身的主要方法，“轨”是以固有道德为主的、融合中西的新道德体系，并以自省、教化引导民众道德自觉从而达到自新。既不全盘西化，蔑弃传统，又不全盘古化，墨守旧习，具有一定的启迪意义。当然，蔡东藩所主张的道德观还是以传统道德为主，尤其是他认为“女学不能不兴，兴女学不能不以旧道德为主”⑥的观点，是其迂腐的表现，具有很大的局限性。

3. 教育方针：三育并举，随势偏重

教育方针是教育工作的总方向和总指针。民国初年，蔡元培出任第一任教

---

① 蔡东藩：《说新民》，《中等新论说文范》（第二册），上海会文堂书局 1921 年订正版，第 22 页。

② 蔡东藩：《共和国民重道德说》，《国文新范》（卷六），上海会文堂书局 1914 年版，第 11 页。

③ 蔡东藩：《原勇》，《中等新论说文范》（第一册），上海会文堂书局 1921 年订正版，第 3 页。

④ 蔡东藩：《拟告国民军文》，《中等新论说文范》（第四册），上海会文堂书局 1921 年订正版，第 31 页。

⑤ 蔡东藩：《说好利之害》，《中等新论说文范》（第三册），上海会文堂书局 1921 年订正版，第 4 页。

⑥ 蔡东藩：《泰西学校男女并得，吾国创办女学转滋流弊，宜如何设法改良振兴女学策》，《国文新范》（卷四），上海会文堂书局 1914 年版，第 21 页。

育总长，提出了军国民主义教育、实利主义教育、公民道德教育、世界观教育及美感教育五育并举，塑造完全人格的人的主张。军国民教育即体育，实利教育即智育，公民道德教育即德育。蔡东藩则从西学中源的角度，提出“要之教育方针，在古人则曰智、仁、勇，在近人则曰德育、智育、体育。制虽万变，道出一原”①的观点。那么，三育之中，孰为先，孰为重？

蔡东藩在《问新民国教育当以何者为先》一文中提出，“为今计，亟宜注重体育，铸造国魂，务使人人有自卫之能力，自强之健质，然后范之以德育，进之以智育，由强而明，与泰东西各国相颉颃，庶可和可守亦可战，而不致出列强下”②。他认为，“躯干者宅道德之府也，精力者炼智德之具也。躯干不伟，精力不固，而欲智德之日进，得乎？”③。所以，德育、智育、体育，课之以序，当先自体育始。体育为先，由强而明，这是他基于世界为一弱肉强食的世界，我国国民“近虽稍稍奋起，而外强中干，殊不足恃”这一现状，为“强种”而提出的。

随后，蔡东藩发现民国虽成立，但革命不革心，纪纲毁裂，甚为担忧，产生了“吾不惧国之弱，民之贫，内政外交之困难，而独惧无道德心。无道无德，国何恃而无恐”④的想法。因此，转而主张“以德育为本，以智育、体育为辅”⑤。他说：

> 夫大抵教育之方针不一，而为吾国所亟宜注意者，则为道德教育与实利教育。道德教育，所以正民德也。实利教育，所以厚民生也。古人有言，仓廪实，知礼节。衣食足，知荣辱。似实利教育较道德为尤重。吾谓当道德未漓之世，则宜趋实利而藉以维道德。当道德堕落之秋，则宜首重道德，

---

① 蔡东藩：《评国民教育》，《蔡东藩续著写信必读》（卷七），上海会文堂新记书局1935年版，第105页。

② 蔡东藩：《问新民国教育当以何者为先》，《中等新论说文范》（第四册），上海会文堂书局1921年订正版，第5页。

③ 蔡东藩：《体育足以强种说》，《高等小学新国文范本》（第二册），上海会文堂书局1924年版，第24—25页。

④ 蔡东藩：《论国民道德之堕落这亡国之根》，《高等小学论说文范》（第四册），上海会文堂书局1913年订正版，第26页。

⑤ 蔡东藩：《女子初学新论说范本》，上海会文堂书局1920年版，著述大意。

而后可兴实利。……今则艺术无成，道德反丧，慨江河之日下，而欲亟图挽救，以障既倒之狂澜，计惟有返我本来，举吾数千年来道德之真谛，揭橥而提倡之，然后进以实利教育，使人人习有生活程度，以为毕生应用之需，此正近今教育之大方针也。[1]

体育为始，首重道德，实业教育为最要，这些论述看似前后矛盾，实则是蔡东藩认为“时势变迁，教育之方针随时易向”[2]的结果。所以，言“首重道德”并非不重视体育、智育，而是“必审所当之时势而为之重轻”[3]也，这也是符合教育变动性、阶段性特征的。

4. 教育内容：贵在适宜，学以致用

1895年，严复在《原强》中系统地提出“三民说”。在“三民说”中，开民智为最急。对于中国封建的学术和教育，严复一言以蔽之曰“无实无用”，西方“言学则先物理而后文词，重达用而薄藻饰”[4]。蔡东藩也认为，“训诂考据，词章帖括，所学之非所用也久矣”。他又认为，“儒家之学即教育学与政治学也，道家之学即哲学也，阴阳之学即卜算学也，法家之学即法律学，名家之学即伦理学也，墨家之学即社会学及自然科学，纵横家之学即交涉学，杂家之学即各种应用学，农家之学即种植学，小说家之学即喜剧悲剧之学也”。所以，他主张“学无中外，贵在适宜”[5]。蔡东藩一生未能远游西方，无法直接考察西方社会政治、经济、文化等现状，所以他所主张的西学中源的“适宜”“博采兼收”说，并不是建立在科学基础上，远没有严复看得那么深远。但他在分析小学教育鲜有实效时的一番见解却颇具道理。他说：

小学者，国民教育之基础也。小学不兴，是先失其基础矣，遑问中学，遑问大学，是故主持教育者，非首重小学不为功。……乃吾闻各小学校之

① 蔡东藩：《问道德教育与实利教育之轻重》，《国文新范》（卷四），上海会文堂书局1914年版，第17页。

② 蔡东藩：《女子初学新论说范本》，上海会文堂书局1920年版，著述大意。

③ 王栻：《严复集》（第一册），中华书局1986年版，第167页。

④ 王栻：《严复集》（第一册），中华书局1986年版，第89页。

⑤ 蔡东藩：《广司马谈论六家要指》，《中等新论说文范》（第四册），上海会文堂书局1921年订正版，第31页。

> 学生，受业数年，茫无学识，迨期满毕业，有问以寻常之字义，且未能应对无讹，此外如道德、技术更不必问。试思父兄者，令子弟入校，谁不期其逐渐进步，日益知能，而乃寡效若此，宁有不灰心耶。近今各处小学日见衰落，或由经费之支绌，或由办学之非人，而原于学生之缺乏者，实居大半。我国今日民穷财匮，无可讳言。学童大都自乡僻来，贫素者多而殷富者少。就学数载，即当出而谋生，故教育儿童，务在养成常识，以应社会生活之需要。卒业以后，得效用于社会，庶不致有扞格之虞。若有力转学，循级以升，则由浅显之学术，进而求高深之学术，其足为世用，更可知也。……近则各国教育，趋重实际，故不学则已，学则必得其用。吾国从前士子，往往有学非所用，用非所学之弊，不谓兴办学校亦蹈此辙。倘非亟事改良，学校其永无起色乎。改良之道何在，曰使儿童所受之教育，适合于实际之生活而已。①

不仅小学如此，实利教育也应“察其性之所近以为教”，“宜农者教以耕种，宜工者教以制造，宜商者教以经营，限期卒业，学成致用”②。可见，学以致用是蔡东藩评判教育内容是否适宜的标准，他对“学非所用，用非所学”现象的批评，迄今仍有借鉴意义。

（二）蔡东藩“教育急进”的实践

蔡东藩是教育救国思想身体力行的实践者。他曩任教员有年，也曾担任过本地的学务委员。只是资料匮乏，无法述论。

1. 改良教材

教育的发展，教科书是基础，作用极其巨大，“教科书之于教育，犹锄犁之于耕、炮械之于战；无锄犁不可言耕，无炮械不可言战，无教科书不可言教”③。

---

① 蔡东藩：《普通教育以小学为最重，吾国兴办小学已十年，鲜有实效，且日见衰落，其故何在》，《国文新范》（卷四），上海会文堂书局1914年版，第23页。

② 蔡东藩：《实利教育说》，《中等新论说文范》（第二册），上海会文堂书局1921年订正版，第3页。

③ 《论国定教科书》，《大公报》，光绪三十三年二月二十一日。

故陆费逵指出："立国根本在乎教育，教育根本实在教科书。"[①] 蔡东藩也认为："有完善之教师，必须得完善之教科书。教科书不良，虽有良师，尚无益也。"[②]

他十分注重国文教材，反复感慨"中学以下之学子，于国文一科每下愈况"，[③] 并指出这是造成当时一些人视学校为无补的一大原因。他批评当时的国文教科书，"近今各小学之讲授国文，或采用坊间通行之教科书，或采用各种论说文。教科书之弊，在直率而乏意味。论说文之弊，在虚浮而鲜实用"[④]，并担心"循此不变，愈尚愈敝，吾国文字将绝响矣"[⑤]。

于是，本着"以学识为本，以文字为用，不病直率，不蹈虚浮"[⑥] 的原则，蔡东藩在4年的时间内，编著（含修正）7部国文教科书。这些书，不仅传授作文之法，宣扬知识，更"发爱国之思想，播良善之种子"。所以，蔡东藩自己认为，"作国文范本读固可，作国文教科书读亦无不可"[⑦]。

在中国社会大变动、大转折的关头，蔡东藩同其他有识之士一起，敏锐地发现教科书改造的极端重要性，并自觉承担起这个历史任务，其拳拳于民族振兴的高尚品格，不会随着时代的不断变迁而消失。

2. 演义熏育

辛亥革命胜利后，中国的民族危机并没有因此而得到解决。当时知识界普遍的看法是，民智低下是辛亥革命后中国政体无法实现真共和的主要原因。1915年，民国教育部在《关于设立通俗教育研究会呈并大总统批令》中提到：

> 国家之演进，胥恃人民智德之健全，而人民智德之健全，端赖教育之普及。考求教育普及之方法，学校而外，尤藉有社会教育，以补其所不逮。

---

① 宋原放主编：《中国出版史料·近代部分》（第三卷），湖北教育出版社2004年版，第159页。

② 蔡东藩：《各国所用教科书制度不同究以何制为善》，《中等新论说文范》（第二册），上海会文堂书局1921年订正版，第32页。

③ 蔡东藩：《国文新范》，上海会文堂书局1914年版，著述大意。

④ 蔡东藩：《国文新范》，上海会文堂书局1914年版，著述大意。

⑤ 蔡东藩：《高等小学新国文范本》，上海会文堂书局1924年版，著述大意。

⑥ 蔡东藩：《高等小学新国文范本》，上海会文堂书局1924年版，著述大意。

⑦ 蔡东藩：《高等小学新国文范本》，上海会文堂书局1924年版，著述大意。

> 盖社会教育范围至广，效用至宏，举凡一国普通士庶之性情、道德、智能，皆受熏育陶熔于此，而国家所以谋社会程度之增进，庶民智力之扩张，本固邦宁之上理者，亦即以此为之机括。……吾国学校教育既远不逮各国，而一般人民未尝学问，毫无训育者实居多数，其所需于通俗教育者自视他国为尤急，又值此国基甫定，民习未纯之时，使非于此项教育积极提倡，不徒人民之德慧不开，社会将日趋于下，而蚩蚩者氓乏适宜之训化，尤惧无以定志气而正趋向，其于国家前途关系甚巨。故通俗教育实为现今刻不容缓之图。①

该呈文强调了中国推行通俗教育的必要性和紧要性。黄炎培、章太炎、张謇等名流皆起而呼吁重视通俗教育。1915 年，教育部通俗教育研究会成立。该会以“研究通俗教育事项，改良社会，普及教育为宗旨”。研究事项分小说、戏曲、讲演 3 股，小说成为传布通俗教育之术。

作为一位有良知的知识分子，蔡东藩承担起教育公众的责任，提笔编撰历朝通俗演义。他在《前汉通俗演义》的序中旗帜鲜明地说：“但以浅近之词，演述故乘，期为通俗教育之助云尔。”② 如《民国史通俗演义》第十三回中，他介绍了不少法规：

> 刑法分主刑及从刑，主刑分五等，死刑最重，次为无期徒刑，又次为有期徒刑，又次为拘役为罚金。从刑分二等，（一）是褫夺公权，（二）是没收。这种制度，统是行政上司法上的关系，一般人民，应该晓得大略，小子不能不粗举大纲。（夹注：是谓通俗教育）

其后，总评也写道：“民国初年，为厘定法规时代，公布各法，自有专书，非本书所应殚述。但本书亦寓通俗教育，所有普通各法规，为一般人民所应略晓得，固不得不粗举一斑，揭而出之，俾阅者得助见闻，正灌输知识之嚆矢也。”③ 可

① 中国第二历史档案馆：《中华民国史档案资料汇编》（第三辑），江苏古籍出版社 1991 年版，第 101—102 页。

② 蔡东藩：《前汉通俗演义》，中华书局 2015 年版，自序。

③ 蔡东藩：《民国通俗演义》（上册），中华书局 2015 年版，第 87—92 页。

见，通过演义为民众介绍一些常识，是蔡东藩辅助通俗教育的办法之一。

同时，蔡东藩还对国民的劣根性进行了揭露。如在《民国通俗演义》中对国民“五分钟热度”多有嘲讽、告诫：

> 小子每忆起辛亥年间，一声霹雳，发响武昌，夺走呼应……无论绅界、学界、商界、工界，没一个不喜形于色，听得民军大胜，人人拍手，个个腾欢，偶然民军小挫，便都疾首蹙额，无限忧愁。因此绅界筹饷，学界募捐，商界工界，情愿歇去本业，投身军伍，誓志灭清。甚至娇娇滴滴的女佳人，也居然想做花木兰、梁红玉，组织甚么练习团、竞进会、后援会、北伐队，口口女同胞，声声女英雄，闹得一塌糊涂。还有一班超等名伶、时髦歌妓，统乘此大出风头，借着色艺，醵资助饷，看他宣言书，听他演说谈，似乎这爱国心，已达到沸点。若从此坚持到底，不但衰微的满清，容易扫荡，就是东西两洋的强国，也要惊心动魄，让我一筹呢。（夹注：中国人热度只有五分钟，外人怕我什么？况当时募捐助饷的人物，或且借名中饱，看似可靠，实是可恨。）[①]

当然，更主要的是蔡东藩希望通过演义揭示国家兴亡之道，以达“告往而知来”的目的。他在演义中反复告诫“家必自毁而后人毁之，国必自伐而后人伐之”这一道理，期望国民能克服麻木不仁的思想，摒弃奴性，变蚁民、乡民而为国民。

教育救国是贯穿中国近代社会的重要思潮，其根本动机在于救国。同严复、梁启超等一样，蔡东藩坚定地认为“人非学不智，国非学不昌”，所以他以一张苦口、一支秃笔，从事社会教育，以图改造国民性，拯救民族危机。但他没有充分认识到国民崛起背后的经济结构和社会结构等真正的决定性因素的存在和意义，因此也不可能认识到单纯的教育是不能救国的。当然，蔡东藩在经历社会变革阵痛后，深感国民素质低下而向往造就一代具有爱国思想、道德观念、健康素质、职业技能的新国民的宏伟理想，体现了一个爱国知识分子的激情与沉思，其民族责任感和爱国精神永垂后人。

---

① 蔡东藩：《民国通俗演义》（上册），中华书局2015年版，第1—2页。

二、八德箴

蔡东藩所处的时代，正值中国文化3000年未有之大变局。自晚清以来，中国传统文化遭受西方文化的巨大冲击和强烈影响，出现了支离破碎的严重危机。1911年的辛亥革命虽然推翻了统治2000余年的封建君主专制制度，但由于辛亥革命并没有使政权的实质改变，且未能在破坏的同时兼顾建设，导致中国社会出现了社会失序、文化失向、道德失范的局面。荫余轩主人颇为形象地指出："论纵横莫过于《列国志》，而今日军阀之各据地盘，此兼彼并似之；计谋莫过于《三国志》，而今日政界之阴谋秘计，排挤倾轧似之；横暴莫过于《水浒传》，而今日骄将悍卒之闹饷哗变，掳掠奸淫似之；荒诞莫过于《西游记》《封神》，而今日人心险巇谲诈，幻态百出似之；诚有人焉，荟萃而集合之，洵巨观也。"① 对此世道，蔡东藩也批评道：

> 今试问二载以来，果有可称之道德否耶？士从田间来，为议员则排击以外无方针，为官吏则侵渔以外无目的，营私而害公，争权而攘利，道乌乎寄？德乌乎存？农工虽稍为驯朴，然非愚惰即刁顽，佃田则不愿完租，佣役则未肯尽力，道德益堕落矣。商人无信，尔诈我虞，售欺作伪，卷资没本，鬼域伎俩，时有所闻，何道德之足言？回忆前清之季，世道凌夷，尚未至此，不谓国体更新，而人心愈坏。新道德毫无端倪，旧道德尽归荡灭，以此而期共和之治，是犹南其辕而北其辙，愈行而愈远也。②

那么，近代中国的伦理道德该走向何处？蔡东藩认为，"四维不张，国乃灭亡"这一思想，"无古无今，无专制共和"③ 之区分。所以，他对宋代"八德"进行改良，建构起了"新八德"（为有别于孙中山等人所倡导的"新八德"，以下简称蔡氏"新八德"），以图构建适合中国近代化需要的新道德。

---

① 荫余轩主人：《中华民国演义》，江苏广陵古籍刻印社1998年版，第1页，序。

② 蔡东藩：《共和国民重道德说》，《国文新范》（卷六），上海会文堂书局1914年版，第11—12页。

③ 蔡东藩：《礼义廉耻为四维论》，《国文新范》（卷一），上海会文堂书局1914年版，第16页。

（一）蔡氏“新八德”之内容

《八德箴》收录于《中等新国文范本》第四册，曾刊载于1926年的《唤群特刊》上，其内容摘录如下：

天生蒸民，有物有则，颓风所扇，民性戕贼。近朱者朱，近墨者黑，习染寖深，靡有纪极。民国肇兴，首正邪慝，教令煌煌，垂为常式。孝悌忠信，秉彝毋忒，礼义廉耻，合为八德。用作箴言，阐明天职，勖哉国民，奉行必力。

孝

昂藏吾躯，孰生之而孰养之？既成人矣，奈何以弗思。木有本，水有源，吾身所出，岂无本原？远由祖德，近自亲恩，报本反始，无忝尔生。小孝事父母，大孝光宗祊，经籍所传，孔孟是教。谁非人子，盍尽尔孝？

悌

爱亲爱兄，生有同性，爱亲宜孝，爱兄宜敬。亲亲长长，道无可改，始于家族，终于四海。黄农遗胄，莫非同胞，阋墙抅衅，祸且覆巢。燃萁则泣豆，焚芝则叹蕙。草木有知，情犹相系，人非草木，奈何不悌？

忠

忠之本义，主于一诚，持之以正，矢之以贞。尽己对人，努力报国，物我无间，斯为忠德。专制之世，误解斯旨，不为国殇，独为君死。共和创造，帝制固终，毁及忠德，毋亦瞢瞢。忠君者私，忠国者公，既为公民，当效公忠。

信

朝三而暮四，旦誓而夕忘，浇风日甚，无沦胥以亡。稽古有训，信为国宝，人而无信，何以自保？文明各邦，首重然诺，言必实践，毋或伪托。彼何德厚，我何德薄，亟返尔真，庶免悔吝。而今而后，有言必信。

礼

正名定分，别嫌明微，人禽之界，判此几希。无中无外，无古无今，靡不有礼？所以制心，苟不尔尔。人其为禽，何图挽近，礼教荡然。藉口欧化，自由平权，禽兽其心，衣冠其体。循此不变，伊于胡底，民而惧亡，盍亟学礼。

义

义利二字，本为通诠，语出墨子，伊古所传。世风不古，利心独炽，以利为利，不以义为利。权利其实，义务其名，剑击同舟，戈操一室。背义若此，谓之败类，神人不容，豺虎共弃。戒之勉之，毋为不义。

廉

禄以天下不之顾，系马千驷不之视，抱道自重，乃为廉士。嗟兹叔季，鼠窃狗偷，贪鄙龌龊，惟利是求。鱼以饵死，象以齿焚，古训昭昭，胡独不闻？宜洁身以远害，毋趋膻而附炎。敢告同胞，不贪乃廉。

耻

羞恶之心，人所同有，恬不知羞，胡颜之厚？争名于朝，伺侯奔走，争利于市，蝇营狗苟。濮上桑间，言之益丑。吁嗟吾华，文化夙彰，如何未俗，丧心病狂，甘沦下贱，奚待国亡。语不云乎，哀莫大于心死，民也有心，盍亟励耻。[①]

1. 孝、悌

孝、悌属家庭伦理道德范畴。自清末以来，一些接受西方新知的知识分子察觉到传统家族制度及其观念的种种弊端，认识到这些弊端将严重影响到中国社会的改造和近代国家的建设，遂对其展开了质疑和批判。至新文化运动时期，这种批判达到了一个新高度。如被称为“只手打倒孔家店”的吴虞，于1917年在《新青年》杂志上发表了《家族制度为专制主义之根据论》等文章，对家族制度进行了批判。考其论述，其一是从新旧角度，论证家族制度是专制制度之根据；其二则论述了家族制度为产生“分别之见”和有悖“平等之规”的渊薮[②]。陈独秀则认为家族宗法制度之恶果有四：“一曰损坏个人独立自尊之人格；一曰窒碍个人意思之自由；一曰剥夺个人法律上平等之权利；一曰养成依赖性，戕贼个人之生产力”[③]。这些质疑和批判，有的是从家族制度与国家命运之关联的角度，表现出国家主义思想的色彩，有的是从“人的现代化”的角度，

① 蔡东藩：《八德箴》，《中等新国文范本》（第四册），上海会文堂书局1915年版，第9—11页。

② 吴虞：《家族主义为专制主义之根据论》，《新青年》2卷6号，1917年2月1日。

③ 陈独秀：《东西民族根本思想之差异》，《新青年》1卷4号，1915年12月15日。

彰显个人主义色彩。

对此，蔡东藩认为，从国家思想薄弱的角度来批判家族制度，虽有一定道理，但咎在专制制度而非在家族制度。他指出，家族为我国立国之源，家国相系，宁有不爱家、不爱族者而独能爱国乎？所以，他认为在公德未普及之时，不能废宗法、革族制，并对“爱国不爱家”之说提出了批判：

> 自国体改组以来，爱国不爱家之说，已为庸竖所误传，举固有之伦理，渐归湮灭。夫妇反目，而倡随之义废；父子贼恩，而慈孝之性漓；兄弟阋墙，而友爱之道缺；伯叔之亲，更不必问焉。循是以往，人道将灭绝矣，国乎何有？①

故此，蔡东藩秉承宋代“八德”的传统，把孝、悌放在了首位，以此申明“爱家为合群之始，爱国为合群之终”之意。他的这一观点与蔡元培的伦理思想颇为吻合。蔡元培认为：“家族者，社会、国家之基本也。无家族，则无社会、无国家。故家族者，道德之门径也。”他还特别强调“于家族之道德，苟有缺陷，则于社会、国家之道德，亦必无纯全之望，所谓求忠臣必于孝子之门者此也”②。

家庭（家族）道德主要涉及亲子、夫妇、兄弟姊妹这3种关系。孝，为子女事父母之道，大者光耀宗祊。悌，为兄弟姊妹及族戚之伦。“黄农遗胄，莫非同胞”，蔡东藩还将其扩展至同胞，呼吁“泛爱众”。至于夫妇之伦，从《女子初学新论说范本》中的相关论述来看，蔡东藩还是主张“男子主外，女子主内”，且明定女权为“有相夫权，有教子权”而已，所以具有较大的局限性。

民国初年，孙中山等人也对国民的道德问题进行了深刻的理性思考，提出了“忠、孝、仁、爱、信、义、和、平”新八德。新八德调整了“孝”与“忠”、“家”与“国”的位置，把“忠”放在首位，宣扬“国家至上”的价值观。那么，究竟是“忠在孝前”，还是“孝在忠前”？这是要视不同的时势、不

---

① 蔡东藩：《家族为立国之说》，《国文新范》（卷六），上海会文堂书局1914年版，第11页。

② 蔡元培：《国民修养二种》，上海文艺出版社1999年版，第34页。

同的场域而创造性运用。在中国近代，危机重重，国将不国，故让国民领悟“国破”必然“家亡”的道理，更顺乎历史潮流的。

2. 忠、信

《忠经》云：“忠也者，一其心之所谓也。”杨倞《荀子·礼论》注：“忠，诚也。诚实义同，诚心以为人谋谓之忠。”[①] 忠的根本要求是真心诚意，尽心竭力地为人、做事，故蔡东藩云：“忠之本义，主于一诚，持之以正，矢之以贞。尽己对人，努力报国，物我无间，斯为忠德。”在专制社会，这种泛指的忠德被压缩为忠君之德，也就是特指君臣之间的忠德，并且是臣子对君王单方面的尽忠。蔡东藩认为这是对忠德本义的误解，他提出了“忠君者私，忠国者公，既为公民，当效公忠”的观点。

伍子胥作为一个真实的历史人物，人生经历比较复杂，其身上包蕴着忠与孝的对立和统一。对于这样一个忠孝与否争议颇多的人物，蔡东藩从“公忠”的角度，直接定论“伍子胥非孝子也”。他写道：

> 伍胥非孝子也。或谓父仇不共戴天，伍胥因父奢之遭僇，投奔吴国，乞师覆楚，卒有以达复仇之目的，乌得谓其非孝？曰父仇可复也，复父仇而蹂躏祖国，果何心乎？伍氏之祖若宗，生于楚，仕于楚，卒于楚。胥踵而承之，视楚国之耆旧皆父老也，顾楚国之人民皆子弟也。率他国兵甲，以残害其父老子弟，伍氏之祖宗其安之耶？且乃父乃兄无辜被杀，咎在平王，胥欲复仇，仇平王足矣，仇国胡为者？乃导吴入郢，任意淫戮，鞭尸掘墓而胥不恤，以班处宫而胥不禁，忍心害理，莫此为甚。此而言孝，孝乎何有？盖所谓孝者，对于家族、社会、国家而一无缺憾，有以全父母之名，妥祖宗之灵于地下者也。当日者，胥入楚，平王之骨已朽矣，人死则怨已终，胥无可仇。嗣君虽为死者之子，然庶人之罪且不及孥，胥又不宜仇。为胥计，唯声明其父兄之无罪，请命嗣王旌扬父德，立后存祀。度其时，昭王穷蹙，势不能不允，义不得不允。允其请，即卷甲而退，于人民秋毫无所犯，如是则祖若考有光泉壤，而对于家族、社会、国家亦毫发无遗憾矣。孝经十八章，以慈爱恭敬安亲扬名为宗旨，胥能此孝，何愧焉？否则，乌乎孝？胥乎，胥乎，倒行而逆施之，顾尚可以为孝乎？后儒或非

① 刘宝楠：《论语正义》，《诸子集成》（第一册），上海书店影印本 1986 年版，第 6 页。

之，或是之，吾姑不与辨，吾唯知父仇可复，而仇及祖国，断非孝子所忍为也。[①]

忠与孝其本一也，但在具体实践中会出现“忠孝不能两全”的样态，一旦发生这样的情况，是注重亲情，就孝弃忠？还是舍孝就忠，以全大节？在蔡东藩看来，就国家言之，忠为大节，孝道原则只能是低标准。

“人而无信，不知其可也”。信，是做人的基本准则，更是经济活动的行为规范。蔡东藩尤重“商信”，指出近代中国商业落后的原因，“其关于商政者半，其关于商信者亦半”。他从为心术之关系、为名誉之关系、为利益之关系、为通商之关系、为全体之关系和为国计之关系6个方面为商人剀切言之，劝告商人崇尚信实。如“为国计之关系”言道：

闭关之世，所重在农。开关之世，所重在商。商业不振，国可立贫。蚕丝为出口之大宗，而今则何如？茶叶为吾华之大利，而今又何如？掩伪饰真，自塞销路，其影响于商界者，害犹浅；其影响于国家者，害实深。通商数十年，而国势日蹙，商人实与有咎焉。[②]

古人云：“信者，储也。”储，从结构来看，由“信”与“者”会意而成，就是说只有遵循诚信原则，信守承诺，诚实无欺，才会赢得信誉，赢得市场，从而获得最大效益，也才有可能积聚财富。在经济全球化的当下，信与否是投资环境的重要组成部分，它甚至决定着一个国家、一个地区的竞争力和可持续发展能力。信为国宝，人而无信，何以自保？国而无信，何以自存？可见，蔡东藩的“商信论”即便在当下也具有指导意义。

3. 礼、义

礼，为传统“四维”之首，起源于祭祀。蔡东藩认为，“祭礼既行，乃作丧礼，导以报本反始之义，而父子之伦赖以明。丧礼既行，更作冠礼，导以著代

① 蔡东藩：《伍子胥论》，《中等新论说文范》（第一册），上海会文堂书局1912年正月版，第16页。

② 蔡东藩：《拟饬商人崇尚信实文》，《国文新范》（卷五），上海会文堂书局1914年版，第24页。

成人之义，而长幼之分赖以定。冠礼既行，复作婚礼，导以正室宜家之义，而夫妇之道赖以成。”① 所以，礼“正名定分，别嫌明微”也。

“礼”作为一种规矩，自然也束缚着人天性中的自由。人们在墨守成规中，便会逐渐失去活力和创造力，只剩下机械的逆来顺受，所以近代吴虞、鲁迅把“吃人”与“礼教”两者画上了等号。此后，“礼”不断被人批判，积毁销骨，众口铄金之下，“礼”成为无人不晓的贬义词。对此，蔡东藩并不赞成，他说：“挽近以来，彼曰自由，此曰平等，误会欧西之学说，以为冠婚丧祭之礼不必循，父子、长幼、夫妇之礼不必顾，匪直去礼之本意，抑且堕礼之仪文，循此以往，人其禽乎？”②

“人生而自由，却无往不在枷锁中”。卢梭在他的名著《社会契约论》的开篇这样写道。每个人应当享有自由，这可视为一个价值判断，属于“应然”的范畴，具有天然的正当性。但是，人毕竟是一切社会关系的总和，所以孟德斯鸠说：“自由不是无限制的自由，自由是一种能做法律许可的任何事的权力。”也就是说，自由不是绝对的，自由的界限是法律。蔡东藩则提出，“夫自由之前提，法律与道德耳”③。他对当时“藉口欧化，自由平权，禽兽其心，衣冠其体”的现象提出了批评，主张民众“学礼”。那么，他为什么给“自由”又加上一个“道德”的前提呢？我们知道，法律是最底线的道德，道德是高标准的法律。“自由主义致力于自由，但它需要美德”，这一说法并没有错。只是，给“自由”加上“道德”的前提，极易出现“道德强制”“道德绑架”的问题。显然，这也表现出蔡东藩思想中的泛道德主义倾向。

“义”与“利”的关系，一直是“义”范畴的重要内容。蔡东藩认为，“盖无损于人谓之义，有益于人谓之利。能无损于人，斯有益于人，故利缘义起，而义以利成。”④ 可见，他秉持的还是儒家“重义轻利”“先义后利”的义利观。这种义利观对个人的道德修养起到了重要的积极作用，但也会使人过于重视

---

① 蔡东藩：《原礼》,《高等小学新国文范本》(第二册)，上海会文堂书局 1924 年版，第 31 页。

② 蔡东藩：《原礼》,《国文新范》(卷六)，上海会文堂书局 1914 年版，第 15 页。

③ 蔡东藩：《天下古今几多罪恶假自由之名以行说》,《中等新论说文范》(第四册)，上海会文堂书局 1921 年订正版，第 19 页。

④ 蔡东藩：《义利辨》,《国文新范》(卷六)，上海会文堂书局 1914 年版，第 6 页。

"义"而羞言"利"，因此将"义"与"利"统一起来，实现"义"与"利"的相互促进、共同发展是"义"德的时代新内涵。

4. 廉、耻

"廉"与"耻"是一个不可分割的整体，被认为是道德之底线、人伦之基础。廉洁知耻更是为官的根本、治国的大纲。顾炎武在《日知录·廉耻》中说："廉耻者，士人之美节；风俗者，天下之大事。朝廷有教化，则士人有廉耻；士人有廉耻，则天下有风俗，故'士大夫之无耻，是谓国耻'。"[①] 蔡东藩对当时的官场有过如下描述：

> 今之所谓官者，我知之矣。苞苴也，竿牍也，钻营而奔竞也，一得援引则不问其事之胜任与否，人之称职与否，而概命之为官。是故，豪猾可官也，奸侩可官也，走卒厮养皆可官也，优怜盗贼亦可官也。[②]

为澄清仕途，整肃吏治，一方面他愤慨地提出"国有脏吏，毋论大小，杀无赦，免为民国害"[③]；另一方面重拾南宋东莱先生之官箴，指出清、慎、勤三字为居官之本，"清由于廉，慎基于敬，勤本于忠"[④]。为此，还专门写有《居官箴》一文。他写道：

清　箴

> 水以洁而澈，镜以净而明，居官之道，唯廉乃清。稽古名贤，清节独传，晏子三弋，刘宠一钱。但饮吴水，自厉贪泉，毋曰暮夜，四知可畏。安事丰屋，巢林亦贵，为清白吏，宁为利累？象焚以齿，鱼死于饵，剥民自肥，灾殃必至。煌煌新例，罪重犯脏，枉法者死，次流远方。纵不爱民，亦当爱身，怙过不悛，罪亦宜然。敢告有司，共各勉旃。

① 黄汝成：《日知录集释》，岳麓书社 1994 年版，第 482 页。

② 蔡东藩：《官称事立、人称官置论》，《国文新范》（卷二），上海会文堂书局 1914 年版，第 14 页。

③ 蔡东藩：《宋初严治赃吏论》，《国文新范》（卷二），上海会文堂书局 1914 年版，第 20 页。

④ 蔡东藩：《为民当清慎勤论》，《国文新范》（卷二），上海会文堂书局 1914 年版，第 10 页。

慎 箴

万姓之命，系于吾躬。一方之政，集于吾衷。吾躬不慎，民命曷寄。吾衷不慎，吏事曷理。语不云乎，百密一疎，小心翼翼，犹恐疎虞。慎尔立教，化继鲁邹。慎尔听讼，狱无冤囚。慎尔赋役，民其有鸠。勿谓细行，无关得失。一误再误，挽回无术。几杖有铭，盘盂有诫。自昔圣贤，敬慎不败。况属中材，胡不鉴兹。敢告有司，慎之慎之。

勤 箴

披星出，戴月入，日不遑处，而单父乃治。田野辟，人民给，官无留事，而即墨受赐。称职惟勤，于古有闻。陶侃运甓，惜阴至分，暇时且尔，矧在倥偬。奈何挽近，素餐者众。一官似寄，虚与委蛇，甚且耽乐，日事荒嬉。国家命官，责有专司。尔俸尔禄，民膏民脂。勤且未逮，遑敢愒时。误国不忠，负民不义。敢告有司，勉为勤吏。[1]

历览古今多少官，成由清廉败由贪。清而不浊，慎而不骄，勤而不惰，古人所谓之三字官箴，对于今天干部为官从政，仍不失借鉴意义。

（二）蔡氏“新八德”之思想渊源

道德是治理国家和教化人民的基石。中华民族有着几千年延传不断的道德传统。早在先秦，即已在漫长的道德生活实践中逐步形成了诸多道德规范。《管子》开篇就提出“四维”说：国有四维，一曰礼，二曰义，三曰廉，四曰耻。认为“四维不张，国乃灭亡”。儒家学派创始人孔子提出了智、仁、勇三达德说，并以此为基础进而扩展出礼、孝、悌、忠、恕、恭、宽、信、温、良、俭、让、诚、敬、慈、刚、毅等一系列德目。孟子以仁、义、礼、智为四基德，在此基础上将具体的人际关系归纳为“五伦”。汉武帝采纳董仲舒“罢黜百家，独尊儒术”的建议之后，“三纲五常”成为封建社会最高的道德纲领。董仲舒认为，仁、义、礼、智、信五常之道是处理君臣、父子、夫妻、上下尊卑关系的基本法则。

四维、四端、五伦、五常……虽然角度不同，却都为“八德”的出现做了充分准备。最晚从北宋真宗时期，人们已将孝、悌、忠、信、礼、义、廉、耻

---

① 蔡东藩：《居官箴》，《国文新范》（卷六），上海会文堂书局1914年版，第32页。

连用。此后这种连用越来越多，有的称之为“八德”，有的还称之为“八行”或“八端”。南宋时期，朱熹在《漳州龙岩县学记》中两次说到“八德”，认为这是修己安身的“圣贤之学”。明代大儒王阳明的《训蒙大意示教读》也强调“教以人伦”的重要性，认为不能仅关注于记诵词章，希望“以孝、悌、忠、信、礼、义、廉、耻为专务”[①]。所以，“古八德”是自古以来中国人实践躬行的道德规范和待人处事的基本原则，业已深刻积淀而为中华民族的“文化——心理结构”。

晚清以降，新与旧、保守与激进、传统与现代……思想纷争清晰地呈现出这是一个“精神分裂”的时代。于是出现了“举国四万万人，彷徨无所从，行持无所措，怅怅惘惘，不知所之，若惊风骇浪，泛舟于大雾中，迷罔惶惑，不知所往”[②]的社会现象。面对时代之问，蔡东藩认为，“为今计，亟宜于世道将衰之会而力为挽回，守之以礼，行之以义，持之以廉，励之以耻，变国体不变道德，然后国家赖以维系，而共和之幸福亦得永享于无穷”[③]。他主张“我国民而有志共和也，则请举名教之大防，而先自矜束，然后参入欧化，取外人之长以补我所未逮”[④]。他所谓不变之道德、名教之大防，即是“八德”。所谓“参入欧化”，就是西方价值观之自由、平等与博爱。他认为，“自由为文明之进步”，但自由更是一种自律，不应“轶出于道德、法律之外”。而“所谓男女平权者，即易所谓男正位乎外，女正位乎内是也”。总之，在蔡东藩看来，自由、平等也应该是受“礼”的制约，否则“藉口欧化，自由平权”，就是“禽兽其心，衣冠其体”。而在道德激进主义看来，“礼”是自由、平等的对立，是“吃人”的。其实，自由平等的思想基础是个人主义或自我主义，但“个体既不是真正人性的终极单位，也不是人的价值的终极依据”[⑤]，那么在“礼”与自由平等之间能否架设一座桥梁，让自由平等自如地镶嵌在“礼”之中呢？换言之，真正值得我们思考的是，经由“礼”形塑后的“我”是否还是“真实的自我”？对于这个问题，吴虞、蔡东藩等人都没有做出很好的回答。

---

① 王阳明：《王阳明全集》，上海古籍出版社 1992 年版，第 279 页。

② 康有为：《复教育部书》，《孔教会杂志》，1913 年第 1 卷第 5 号。

③ 蔡东藩：《礼义廉耻为四维论》，《国文新范》（卷一），上海会文堂书局 1914 年版，第 16 页。

④ 蔡东藩：《共和国民重道德说》，《国文新范》（卷六），上海会文堂书局 1914 年版，第 11 页。

⑤ 赫伯特·芬格莱特：《孔子：即凡而圣》，江苏人民出版社 2002 年版，第 90 页。

在中国近代化的进程中，对待传统伦理道德有着3种不同的态度，一是固守传统，“器”可变“道”不可变；二是彻底否定传统，打倒孔家店，抛弃固有传统道德；三是承认中国的近代化必须向西方学习，但固有的传统也具有一定的社会价值，主张用西方新的思想观念改造传统，实现中国道德传统的创造性超越。蔡东藩也是怀着一种使命感，企图在中国传统伦理道德的基础上，“参入”西方价值思想，以建立新的伦理道德。这一想法与孙中山的道德观有着异曲同工之妙。1924年，孙中山在《三民主义·民族主义》第六讲中明白指陈：“穷本极源，我们现在要恢复民族的地位，除了大家联合起来做成一个国族团体以外，就要把固有的旧道德先恢复起来，有了固有的道德，然后固有的民族地位才可以图恢复。”孙中山所指的固有的旧道德，就是忠、孝、仁、爱、信、义、和、平。他说：“现在受外来文化压迫，侵入了新文化，那些新文化的势力此刻横行中国。一股醉心新文化的人，便排斥旧道德，以为有了新文化，便可以不要旧道德。不知道我们固有的东西，如果是好，当然要保存，不好的才可以放弃。”①

盛邦和曾指出，“中国的文化建设是沿着‘正题’‘反题’‘合题’的历史逻辑向前发展。”②以此而论，蔡东藩其实是在做道德建设的“合题”工作。没有“反题派（破坏派）”，旧道德依旧不变。若无“合题派”，新道德再造无日。所以，虽然蔡东藩的“新八德”比孙中山的“新八德”更偏向传统道德，但不能简单地称之为道德保守者。只是，当中国先进学者大都在做“反题”工作的时候，蔡东藩就在做“合题”的工作，颇有些不合时宜。

三、暴君、暴民专制与官僚政治

辛亥革命是近代中国第三次政治变革。和近代以来历次政治转型一样，辛亥革命面临着如何在中央集权传统的深刻影响与近代议会民主政治之间寻找合适的方案，以保持社会稳定发展的问题。辛亥革命爆发后，蔡东藩曾为之欢欣

① 中国社科院近代史研究所编：《孙中山全集》（第9卷），中华书局2011年版，第245—249页。

② 盛邦和：《解体与重构：现代中国史学与儒学思想变迁》，华东师范大学出版社2002年版，第206页。

鼓舞，但在短暂的热情后，他敏锐地发现革命后的中国面临着严重的问题，并积极地去探索解决之策。

（一）谴责暴君专制而期共和政体

中国自进入阶级社会以来，在政体上都是不同程度的君主专制，所有的君王都是专制独裁的体现者。因此，黑格尔认为古代的中国是专制政体，而且是“恶劣的暴君政治的舞台”①。对于君主专制，明末清初的思想家黄宗羲在《明夷待访录》中进行了抨击。他首先考证君主的原始形态，指出君主原不过是一位领御主政的普通人，绝无神圣性可言。而且君主与百姓的关系毫无贵贱之分，“贵不在朝廷也，贱不在草莽也”。他认为，历代君王所以兵戎相见，逐鹿天下，不惜“屠毒天下之肝脑，离散天下之子孙”，目的就是为“一家”建立起私人产业，思虑的不过是“我固为子孙创业也”。既然专制君王为天下之大害，使“兆人万姓崩溃之血肉，曾不异夫腐鼠”，既然他鱼肉百姓，屠毒肝脑，敲骨吸髓，天下百姓理所当然地把他“视之如寇，名之为独夫”②。由此，黄宗羲精心筹划了再造社会的方案，企图从权力上制衡君权。

中国专制政体发轫于秦代。秦始皇兼并六国，实现了空前的大一统，遂将三皇的“皇”字，五帝的“帝”字，合成了“皇帝”一词。蔡东藩认为，始皇自称皇帝，种种法令，无一非毒民政策。他说：

> 这皇帝两字的头衔，并不是功德造就，实在是腥血铸成。试看暴秦历史，有什么皇猷？有什么帝德？无非趁着乱世纷纷的时候，靠了一些武力，侥幸成功，他遂昂然自大，惟我独尊。还有一种千古纪念的事情，就是我国的君主专制，实是嬴政一人，完全造成。从前黄帝开国以来，颁定国法，原是君主政体，历代奉为准绳，但究未尝有“言莫予违，独断独行”的思想。尧置谏鼓，立谤木，舜询四岳，咨十有二牧，禹拜昌言，汤改过不吝，周有询群臣询群吏询万民的制度，简策流传，至今勿潜。可见古时的圣帝明王，虽然尊为天子，管辖九州，究竟也要集思广益，依从舆论，好民所

① 黑格尔：《历史哲学》，上海书店出版社2001年版，第159页。

② 黄宗羲：《明夷待访录》，《黄宗羲全集》（第1册），浙江古籍出版社1985年版，第2—3页。

好，恶民所恶，才能长治久安，做一位升平主子，贻谋永远，传及子孙。看官听说，这便是开明专制，不是绝对专制哩。

自从嬴政得国，专务君权，待遇百姓，好似牛马犬豕一般，凡所有督责抑勒的命令，严酷残暴的刑罚，无一不作，无一不行，也以为生杀予夺，惟我所为，百姓自然帖伏，不敢再逞，从此皇帝的位置，牢固不破，好教那子子孙孙，千代万代的遗传下去。[①]

蔡东藩把君主专制分为开明专制与绝对专制。在他的认识中，所谓绝对专制就是暴君专制，如秦始皇即是。这些暴君自称“天子”，为自己披上了神圣的外衣，以行独裁统治。是以，在《历朝通俗演义》的正文中，蔡东藩虽然按史记述了帝王出生之神异现象，如清始祖是佛库伦浴于布勒瑚里湖，灵鹊衔来一物，吞而成孕，生布库里雍顺之事，但观其“暗藏春色”“真是一副好床褥”“绝妙对偶”等批注，却不乏嘲讽之意。且在这一回的总评中，他写道：“成为帝王，败即寇贼，何神之有？我国史乘，于历代开国之初，必溯其如何祯祥，如何奇异，真是谬论。”[②]一番嘲讽，一番快论，将那“君权天授”的伪装从“天子”身上活脱脱地剥落下来，露出一身乌糟皮肉，大白于天下。

正因为中国民众苦受暴君专制久矣，所以蔡东藩对辛亥革命是寄予厚望的。在1912年1月出版的《中等新论说文范》中，他多次说道，革数千年专制之局，一跃而成为民主国，吾国历史上未有之快举也，不可谓非盛事矣。甚且积极建言献策，建议革命军人一宜去私心，次宜守法律，三宜蓄锐气，四宜存人道；建议新政府首在公，次在信，又次在廉明，又次在严肃，[③]对共和政体表达出支持而又充满期待的态度。

（二）批评暴民专制而期总统制

辛亥革命是中国历史上一次开天辟地的大事。然而革命后社会各个方面的状况并没有像人们期盼的那样有所好转。时人黄远庸说：“晚清时代，国之现

① 蔡东藩：《前汉通俗演义》（上册），中华书局2015版，第1—2页。

② 蔡东藩：《清史通俗演义》（上册），中华书局2015版，第5页。

③ 蔡东藩：《中等新论说文范》（第四册），上海会文堂书局1912年正月版，第31页、47页。

象，亦惫矣。然人心勃勃，犹有莫大之希望，立宪党曰，吾国立宪，则盛强可立致；革命党曰，吾国革命而易共和，则法美不足言。今以革命既成，立宪政体亦既确定，而种种败象，莫不与往日所祈向者相左。于是全国之人，丧心失图，皇皇然不知所归。”[①]蔡东藩也指出：

> 溯自民国建设以来，已二年于兹矣，朝局水火，党见纷歧，以言立法，则法案未宣，而争端先起；以言行政，则政见未定，而总理迭更。债帅蠹于城，悍兵麇于野，豪猾虱于乡，威弧不张，太阿倒持，已岌岌不可终日。近且萧墙起衅，同室操戈，焚我郊保，歼我士卒，戮辱我妇女，蹂躏我商民，虔刘异党，川谷成丹，搜掠编氓，山林变赤，是尚得谓非暴民专制之祸耶？……乃国本问题概未解决，数十政客，先挟一胁迫政府之私见以来，凡行政部之有所表见者，立法部概从而驳议之。驳之不已，则出于争。争之不已，则出于斗。一夫作俑，万姓遭殃，甚且不惜券土地，质河山，假敌国之兵锋，以与政府争死命。彼方振振有词曰：吾以锄暴君专制之复殖也，而不知已先自堕于暴民专制之敝矣。[②]

他认为，“暴君专制，仅足以虐民，不足以殄民。暴民专制，匪惟虐民而已，且足殄绝民种而有余”。那么，蔡东藩所谓的“暴民”是指谁？

1913 年 4 月 14 日，梁启超在北京万牲园举行的一次公开演讲中，毫不隐讳地指责革命党人是“横行骄蹇之新贵族”，是专搞“暴民专制”的“暴乱派”。他宣称“暴民政治之祸更甚于洪水猛兽，不可不思患而预防之。”朱执信于 1914 年 6 月在《民国杂志》第 1 年第 2 号发表的《暴民政治者何》一文中指出：“暴民者，泛指非旧官僚党羽之人人，而以革命党为其代表。”1913 年 8 月，吴贯因在《今后政治之趋势》中断言，经历一番“大破坏”后，中国革命只能得到法国大革命的“恶果”，不可能收日本维新之“美果”，因之，只要革命党秉政，必然是国无宁日。他说：“革命党借共和之力，‘以为攘夺权利之武器，

① 郭世佑、邱巍：《辛亥革命后的社会环境与孔教运动》，《江苏社会科学》2004 年第 2 期，第 103—109 页。

② 蔡东藩：《暴民专制与暴君专制其弊相同说》，《国文新范》（卷六），上海会文堂书局 1914 年版，第 12 页。

而得陇望蜀，其欲无厌。于是社会遂以无宁岁，而依草附木之徒，复相继效尤，日谋朘百姓之脂膏，以填一己之欲壑……所谓共和幸福者，惟彼少数之暴民享之’。所以，共和的实质，只能是‘立宪政治其名，暴民政治其实’。”① 综上，在当时的社会舆论中，所谓的“暴民”是指革命党人。而从蔡东藩的言论分析，他所指的“暴民”则是指包括革命党人在内的那些党人。

民国初年，中国政党如雨后春笋，蓬勃兴起。据统计，民国初年的政治性党派有 300 多个，如国民党、统一党、共和党、民主党、中国社会党、统一共和党等等。这些政党大多为利益所驱动，鲜有主义与信仰的结合。入党为的是争权夺利，各党也“惟是以诟詈斗殴钻营为务”，“各据旗帜，奋矢相攻，彼此立于不共戴天之地”②，从而使政党不仅不能够推进民主政治的发展完善，更破坏了正常的社会是非公理和竞争秩序，严重阻碍了国家政务的解决。

因此出于渴望早日避免内争而转向“建设”的美好愿望，蔡东藩认为，非得一强有力之政府，以为政治之刷新，所以他主张“用内阁制毋宁用总统制”③。甚且说，“共和制之实际，在全国人民一德一心联络手足，捍卫元首而已”④。

而在当时，蔡东藩所说的大总统、元首即指袁世凯。所以，在《国文新范》中不乏“大总统眷念民生，屡询疾苦”“大总统敕行八德，以孝为先”“大总统德本好生”“大总统英明果断”等溢美之词。他天真地认为：“若以总统之权力过巨，恐仍蹈专制之弊，则有立法之机关以监督乎，其旁匡正之可也，裁制之亦可也。”

民国初年正是封建专制走向共和民主的过渡期。萧功秦认为，在这一时期，极易出现社会失范的状态，需要“通过强人政治的有效统治，来维系整个社会政治秩序的整合与安定，以便为经济的繁荣与发展，为后发展国家中产阶级的发育、成熟与壮大创造一个比较稳定的外部环境”⑤。亨廷顿也在《变化社会中

① 吴贯因：《今后政治之趋势》，《庸言》第 1 卷第 17 号，1913 年 8 月 1 日。

② 黄远庸：《远生遗著》（卷一），上海书店 1990 年版，第 4 页。

③ 蔡东藩：《以时势造法律说》，《国文新范》（卷六），上海会文堂书局 1914 年版，第 13 页。

④ 蔡东藩：《说明共和制之本旨》，《国文新范》（卷六），上海会文堂书局 1914 年版，第 14 页。

⑤ 萧功秦：《萧功秦集》，黑龙江教育出版社 1995 年版，第 46 页。

的政治秩序》一书中引用麦迪森的话说，后发展国家在新旧社会交替时，“组织起一个由人统治人的政府，首要的问题不是自由，而是建立一个合法的公共秩序。人当然可以有秩序而无自由，但不能有自由而无秩序。必须先存在权威，而后才谈得上限制权威。”[①]

邓亦武在《民初政治模式的选择与过渡性强权统治的合理性》一文中也指出：“洪宪帝制前袁世凯在政治上集权，抑制超过政权承受力的过度参与以稳定统治，在行政上进行具有现代化导向的改革，体现了社会政治渐进发展的历史规律，使中国社会出现了一个相对稳定和统一的时期。”[②]这个“相对稳定和统一”的时期，也是当时诸如蔡东藩等不少人所期望的。时人汪凤瀛就说：“顾自此制（指新约法，笔者注）实行后，中央之威信日彰，政治之进行较利，财政渐归统一，各省皆极其服从，循而行之，苟无特别外患，中国犹可维持于不敝。”[③]

然而，蔡东藩的希望最终成了泡影。1915年12月，袁世凯恢复帝制，以1916年为洪宪元年，行君主立宪政体。“孰知时事忽变，帝制复活，筹安请愿之声，不绝于耳，几为鄙人所不及料。”[④]于是，蔡东藩很快由“拥袁”转向“反袁”，他拿起了秃笔开始写作《清史通俗演义》，“至关于帝王专制之魔力，尤再三致意，悬为炯戒”。在其后的《民国通俗演义》中，更是从“欲借共和捷径，为皇帝过渡”的角度，刻画阴险奸诈、权欲熏心的袁世凯形象。而在第五十五回回末，蔡东藩口占一绝道：“揖让征诛是昔型，六朝篡窃亦彰明。如何下效河间妇，狎客催汝甘背盟？”反映了他对袁世凯的厌恶之情。

（三）担忧官僚政治而期贤人政治

1914年，蔡东藩在《澄叙吏治策》一文中写道：

> 率全国之士大夫，而薰心于利禄之场，朝而钻营，暮而运动，日思得

---

① 亨廷顿：《变化社会中的秩序》，三联书店1989年版，第7页。

② 邓亦武：《民初政治模式的选择与过渡性强权统治的合理性》，《辽宁师范大学学报》（社会科学版），2004年11月，第121页。

③ 杨度：《君宪救国论》，见古德诺《解析中国》，国际文化出版社1998年版，第163页。

④ 蔡东藩：《清史通俗演义》（上册），中华书局2015版，序。

一高官显职以为快，此吾中国近来之大弊也。……且夫仆君主建共和，开数千年来未有之创局，宜若人才辈出，崭新治术，以震耀于全球，乃盱衡时局，适得其反者，何也？旧君法禅让之庥，百日息烽烟之警，功人功狗，无所历练，但凭其一时之血气，侥幸成事，而贩夫走卒，亦得乘势攀附，窃位希荣，未能操刀而使之割，未尝学锦而使之制，几何而不偾事耶。今虽政局粗定，求治孔殷，昔日之谬膺民社者，已易其半，而前清奔竞之风，至今未熄，或且有过无不及者，当此改制易人之际，竞挟其蝇营狗苟之伎俩，冀博一官以为荣，是暴民政治方终，而官僚政治复起。①

何谓“官僚”？官僚即“无政治智识而有无用之浮华，无政治能力而以敷衍为长策，且视服官为营业而患得患失以终其身之鄙夫”②。谷钟秀曾直言不讳地指出：现今实质上之民国乃“官国”而已，亦可名之曰“官僚世界”③。既为一“官国”，那么官吏所为不外聚敛民财而已。

官僚政治在很大程度上是君主专制政治的后遗症。在蔡东藩看来，官僚政治的弊害主要缘于官僚道德的败坏，“策名仕籍者，大半为卑鄙龌龊之徒，汰之不胜汰，用之无可用，仕途之杂，莫今日若矣”④。他说，“读二十四朝之史册，惟开国与守成之世，号称治安。其所由治者，皆明主贤相为之网维耳”⑤。他在历叙唐开元初年诸相功绩时写道：

姚（指姚崇）有为，宋（指宋璟）有守，固皆良相也。然姚以救时自喜，才具非不可观，而机械迭出，终非正道，即如病殁之后，犹计赚张说，史传上虽未明载，而姚崇神道碑，明明为说所作，稗乘未尝无据，生张说不及死姚崇，泉下有知，崇且自夸得计，然亦何若生前之推诚相与，使人愧服之为愈也。故论相体者终当以宋璟为正，次为苏颋，次为源乾曜张说。说以宰相巡边，有文事兼有武略，不可谓非一时杰士，开元初政，彬彬可

① 蔡东藩：《澄叙吏治策》，《国文新范》（卷三），上海会文堂书局1914年版，第9页。
② 说难：《论官僚派》，《雅言》第2期，1914年，第33页。
③ 谷钟秀：《论政治复古》，《正谊》，1914年9月15日，第3页。
④ 蔡东藩：《澄叙吏治策》，《国文新范》（卷三），上海会文堂书局1914年版，第9页。
⑤ 蔡东藩：《治法治人论》，《国文新范》（卷一），上海会文堂书局1914年版，第21页。

观，何尝非三数良相，奔奏御侮之效乎？乃知“为政在人”之非虚语也。[①]

为政在人，所以“与其有法而无人，毋宁有人而无法”，“务本之策，莫要于得人”[②]，所以“得千百圆滑之政治家，毋宁得一二正直之道德家”，“有贤吏出，足匡政府之未逮”[③]。蔡东藩的这些见识，究其本质就是儒家“贤人政治”的基本主张。儒家强调“贤人政治”，提出“为政在人”“有治人无治法”的思想观点，将政治清明的理想寄托在道德完美化的贤人身上，希望以此实现天下太平的社会理想。虽然，贤人政治以其美好的政治理想令人心驰神往，但因其“人治属性”，也隐含着极大的道德风险和政治风险。不仅如此，在政治失范的当时，“贤人政治”的梦想也是不可能实现的，这可从“好人政府”的失败窥见一斑。1922 年 5 月，胡适、蔡元培、李大钊、梁漱溟、陶行知等一批卓著的知识分子联名倡言“好政府主义”。他们认为，中国政治的混乱不是因为国民程度的幼稚、政客官僚腐败和武人军阀的专横，“而是因为少数人没有责任心，而且没有负责任的能力”，主张“只要有几个人，有不折不回的决心，排山倒海的勇气，不但有知识而且有能力，不但有道德而且要做事业，风气一开，精神就要一变”[④]，进而呼吁“好人出来奋斗”。之后，持该主义的王宠惠、汤尔和、罗文干等人组织内阁，欲将心中的理想政治付诸实践，孰料仅两个月零六天后，惨淡经营的“好人政府”便黯然谢幕。

辛亥革命已经过去 100 多年了，其丰功伟绩在于给整个帝制时代画上了政治终止符，让民主共和国的旗帜第一次在中国这个古老的国度上空飘扬。但新生的事物总是在曲折发展中前进的。在这一进程中，蔡东藩的政治主张也不断发生着变化。不变的是，他出于对当时政治氛围和政治作为本身的不满，以及好治抑乱的美好愿望，期望能建立一个有德且有力的政府来维系政治的安定和社会的稳定。平心而论，这种思想无论在学理上，还是在民众期盼上，都具有一定的合理性。但他的政治主张，依然摆脱不了人治的窠臼，在当时的形势下且不说是否可能，至少也非易事。

① 蔡东藩：《唐史通俗演义》（上册），中华书局 2015 版，第 352 页。

② 蔡东藩：《治法治人论》，《国文新范》（卷一），上海会文堂书局 1914 年版，第 21 页。

③ 蔡东藩：《澄叙吏治策》，《国文新范》（卷三），上海会文堂书局 1914 年版，第 9 页。

④ 丁文江：《少数人的责任》，《努力周报》，1923 年第 67 期。

四、半是人事，半是天数

历史是对过去事实有意识、有选择地记载，其中所包含的价值判断就是历史观。从史学的角度说，历史观是人们对历史发展过程及其发展规律等方面的总的看法和根本观点，是关于人类历史的起源和本质、历史发展动力及规律等问题的理论体系。中国古代历史观念十分丰富。瞿林东认为，天人、古今、时与势、理与道是中国古代历史观念的重要范畴。[①] 近代以降，各种社会思想相互缠绕、颉颃与互融。在历史观方面，有唯物史观与进化史观、民生史观及种种非唯物史观的相互激荡。蔡东藩作为一名著名的通俗史学家，他站在民族历史上“三千年未有之大变局”的特定时期，以历史演义这一体裁，把古今交汇在一起，表达了他对时代的反思，以及国家命运的关注，也显示出其矛盾抵牾的历史思想体系。

（一）天命与人事

“天命”与“人事”的关系问题是中国史学史上最基本的一个理论命题。天命史观把社会变动的动力放在“天志”“神意”上，认为“天命”是决定各种社会历史观象特别是王朝兴亡的终极原因。它宣扬“君权神授”“天人感应”。如《礼记·中庸》云：“国家将兴，必有祯祥；国家将亡，必有妖孽。”王充也在《论衡·吉验》中说：“凡人禀贵命於天，必有吉验见於地。见於地，故有天命也。验见非一，或以人物，或以祯祥，或以光气。”这些论述，都为“天命”抹上了非人力所能把握的神秘邈远的非理性色彩。

对此，蔡东藩认为，“吉凶休咎、因果报应诸幻说，皆后人穿凿附会之谈，非圣经之本义也”[②]，并指出谶纬诸书，只是蛊惑人心的工具。[③] 他在其第一部历史演义《清史通俗演义》第一回总评中驳斥道：“成为帝王，败即寇贼，何神之

① 瞿林东：《天人古今与时势理道——中国古代历史观念的几个重要问题》，《史学史研究》，2007 年第 2 期。

② 蔡东藩：《先天而天弗违后天而奉天时广议》，《中等新国文范本》（第一册），上海会文堂书局 1915 年版，第 13—14 页。

③ 蔡东藩：《说谶纬学》，《中等新论说文范》（第一册），上海会文堂书局 1912 年版，第 6 页。

有？我国史乘，于历代开国之初，必溯其如何祯祥，如何奇异，真是谬论。”[①]

他说：“人谋不臧，诿之于天，天何言哉？岂为人任咎？”[②]，从而肯定了人事的重要性，认识到国家吉凶祸福多因人事。

不过，蔡东藩也始终没有摆脱“尊天命”的禁锢。在《历朝通俗演义》中，录有不少吉凶休咎的“征兆”，尤其是被他自己驳斥过的“祯祥”。如在写到赵匡胤出生时的异象时，他说：“香孩儿事见正史，虽或由史官谀颂，但崛起为帝，传统三百年，当非凡人可比。”再如在《南北史通俗演义》述入刘裕时，援引南史，历述符谶：

> 一日，（刘裕）游京口竹林寺，稍觉疲倦，遂就讲堂前假寐。僧徒不识姓名，见他衣冠褴褛，有逐客意，正拟上前呵逐，忽见裕身上现出龙章，光呈五色，众僧骇异得很，禁不住哗噪起来。裕被他惊醒，问为何事？众僧尚是瞧着，交口称奇。及再三诘问，方各述所见。裕微笑道：“此刻龙光尚在否？”僧答言：“无有。”裕又道：“上人休得妄言！恐被日光迷目，因致幻成五色。”众僧不待说毕，一齐喧声道：“我等明明看见五色光，罩住尊体，怎得说是日光迷目呢？”裕亦不与多辩，起身即行。既返家门，细思众僧所言，当非尽诬，难道果有龙章护身，为他日大贵的预兆？左思右想，忐忑不定。到了黄昏就寝，还是狐疑不决，辗转反侧，蒙眬睡去。似觉身旁果有二龙，左右蟠着，他便跃上龙背，驾龙腾空，霞光绚彩，紫气盈途，也不识是何方何地，一任龙体游行，经过了许多山川，忽前面笼着一道黑雾，很是阴浓，差不多似天地晦冥一般，及向下倚瞩，却露着一线河流，河中隐隐现出黄色（夹注：黑气隐指北魏，河中黄色便是黄河，宋初尽有河南地，已兆于此）。那龙首到了此处，也似有些惊怖，悬空一旋，堕落河中。裕骇极欲号，一声狂呼，便即惊觉，开眼四瞧，仍然是一张敝床，惟案上留着一盏残灯，临睡时忘记吹熄，所以余焰犹存。回忆梦中情景，也难索解，但想到乘龙上天，究竟是个吉兆，将来应运而兴，亦未可知，乃吹灯再寝。[③]

---

① 蔡东藩：《清史通俗演义》（上册），中华书局 2015 版，第 5 页。

② 蔡东藩：《宋史通俗演义》（上册），中华书局 2015 版，第 129 页。

③ 蔡东藩：《南北史通俗演义》（上册），中华书局 2015 版，第 3 页。

他还批判新学家们“专属人事，抹煞天道”的言论，认为这些言论未足全信。[①] 总之，在天命与人事的关系上，用蔡东藩自己的话来说，就是“一半是关系人事，一半是关系天数，人定胜天，天定亦胜人，这是天下不易的至理”[②]。

（二）道义与正统

“治史之务，原本《春秋》，以事系年，主宾胪分，而正闰之论遂起”[③]。正统观念是中国传统史学中最深层的历史观念之一。正统论滥觞于《春秋》公羊“大一统”义，“昉于晋而盛于宋”[④]。宋代欧阳修在《正统论》中说：“《传》曰：‘君子大居正。’又曰：‘王者大一统。’正者，所以正天下之不正也；统者，所以合天下之不一也。由不正与不一，然后正统之论作。”由此他给正统下的定义为“夫居天下之正，合天下于一，斯正统矣。”[⑤] 后世学者大都沿袭此说。梁启超指出，正统论不过是历代统治者为了一家一姓之私利、为了论证其专制权的合法性而编造的一套思想迷信而已。梁启超的激烈批判，把几千年来罩在封建正统论上的神圣面纱给彻底地剥落了下来。

辛亥革命后，帝制的崩塌彻底地断送了“正统论”的政治价值。蔡东藩认为，中国的历史只是“一姓之谱牒”，“盗贼居然正朔，丑虏亦可当王，长令吾民屈伏于其下，老死不知种族事。读全部二十四史，实一大奴隶史已耳。匪直此也，甚且述谶纬、录符瑞，于无可欺饰之中，偏诡托神异以愚惑之，以此为史，曷若无史”[⑥]，从而戳穿了封建史学以“君统”为“正统”、煽扬奴性的本质。但在另一方面，特别是在《历朝通俗演义》中，他又陷入了正统论的窠臼。不仅如此，一些观点还前后矛盾，难以自圆其说。

政治正统是传统正统论的表征之一。政治正统主要表现为政权是否合法。在这个问题上，一些史家往往会为某个政权正统与否产生不同的看法。如陈寿

① 蔡东藩：《明史通俗演义》（上册），中华书局 2015 版，第 3 页。

② 蔡东藩：《五代史通俗演义》，中华书局 2015 版，第 1 页。

③ 饶宗颐：《中国史学上之正统论》，上海远东出版社 1996 年版，第 1 页。

④ 梁启超：《论正统》，《梁启超卷》，河北教育出版社 1996 年版，第 561 页。

⑤《欧阳修全集》，中国书店 1986 年，第 116—118 页。

⑥ 蔡东藩：《中西史学不同说》，《中等新论说文范》（第一册），上海会文堂书局 1912 年版，第 6 页。

编《三国志》，以魏为正统，蜀、吴为闰，司马光仍之。朱熹撰《纲目》，则黜魏尊蜀，以蜀汉为正。蔡东藩认为，“正统不正统，也没有什么一定系绪，败为寇，成为王，古今来大概皆然，何庸聚讼？”他一针见血地指出，正统与否的根本逻辑在“成为王，败为寇”[①]。虽则如此，在历朝通俗演义还是时处可见他成王败寇的陈腐思想。

中国古代朝代的更迭，实质上就是易姓革命，且无外乎“篡夺”与“造反”两途。成则王，但并不一定被蔡东藩尊为正统。败则寇，但即便是“寇”，也让蔡东藩分为了三个等次。

先说“篡夺”。上则为赵匡胤之篡后周。在《宋史通俗演义》第五回总评中，虽然蔡东藩例举六大疑点，认为陈桥兵变是赵匡胤处心积虑之举，但依然称之为宋太祖，奉之为正统。[②]

下则为杨坚之篡北周。他认为，隋朝篡北周，“奄有南北”，但“易兴易衰，才经一传，便尔覆国”，应视之为“闰运”，“不应以正统相待”。他说：

> 小子编述历史演义，凡统一中原的主子，大都以庙谥相呼，隋主坚庙谥为文，独不称为隋文帝，无非因他巧行篡夺，名为统一，仍与宋、齐、梁、陈，异辙同途，所以沿例顺叙。[③]

最下则为王莽之篡汉、武则天之篡唐。因不符合封建的纲常道德法则，蔡东藩骂王莽为“逆莽”，斥武则天为“老淫妇”“老淫妪”，并坚持称“武氏”而不称“武后”。

再说“造反”。先看蔡东藩题为《粤盗四起》的史论文：

> 胜广之起也，史家多恕辞，盖病秦之暴而为胜广恕者也。然自胜广发难以迄于汉业之成，期间海内汹汹，民无安枕者，殆将十年，胜广也不能辞为祸首矣。故夫独夫民贼可病也，而匪徒乱党亦未始不可病也。吊民伐罪，如汤武乃可予以革命之大名。否则，安民不足，殃民有余，吾直斥之

① 蔡东藩：《后汉通俗演义》（上册），中华书局 2015 版，第 1 页。

② 蔡东藩：《宋史通俗演义》（上册），中华书局 2015 版，第 35 页。

③ 蔡东藩：《南北史通俗演义》，中华书局 2015 年版，第 1 页。

为盗魁可矣，人人得而诛之，何恕为？执是以例金田之乱，而后得以论定洪杨。道光季年，两粤岁饥，群盗蜂起。凶年多盗，恒事也。盗宜诛，而饥民为盗则不容诛。饥寒至身，不顾廉耻，非得良有司以赈恤之，其有不铤而走险者，鲜矣。彼如庆远之张家福、钟亚春，柳州之陈亚葵、陈东兴，武宜之刘官生、梁亚九，象州之区振祖，浔州之谢江殿，虽习成犷悍，行类萑蒲，而要不过率乌合之饥民，为地方之骚扰，法无可贷，情则犹有可原者也。若洪杨之所为，则异是。洪杨假邪教以惑民，远则师张角、孙恩之故智，近则踵刘之协、姚之富之狡谋，其居心之叵测可知矣。依附白莲教而犹谓未足，乃更拾基督教之唾余以益之，兄基督，父耶火华，伪造真言宝诰，托名天训，天何言哉？岂洪杨辈所能伪托乎？王制有言：析言破律，乱名改作，执左道以乱政，杀。又曰：假鬼神时日卜筮以疑众，杀。如洪杨所为，绳以盛朝制度，应在有杀无赦之条。乃伏莽已十数年，为所簧惑者又达数千人。吾不知两粤大吏所司何事，竟置此乱民于不问，以养痈而贻患也。至于饥馑洊臻，流亡相属，而若辈遂乘机而起，发难金田，除洪杨外，若冯云山，若萧朝贵，若韦昌辉、秦日纲等皆淫纵亡度，靡一义勇士。石达开虽稍娴武略，差胜一筹，然亦以嗜杀为能，以争权为利，盗贼行径，始终不改，是岂能造成大业，为华夏光乎？盖自清室中衰，余威渐坠，鸦片一役，屡战屡败，举百数十年来，京旗绿营之窳敝，一旦暴露于外，于是秘密会社，私相句煽，无堂堂正正之名义，无磊磊落落之人才，但惟是掇拾蜚言，号召羽翼，以求逞于一时，地方有司，苟且偷安，任小丑之潜踪，漫无准备，迨至祸机一发，蔓延难图，虽江湖卖艺之徒，亦得乘黄屋，建左纛，南面称帝者十余载。呜呼，何其剧也。然而盗贼自盗贼，帝王自帝王，各存其真，不容相混，上则为汤武，下则为胜广，最下者为洪杨，洪杨特盗魁耳，乌足与言革命。①

这里，蔡东藩把汤武之吊民伐罪称为“革命”。这样的“革命”，也包括被他称之为“真命天子”的刘邦和“大革命家”“大建设家”的朱元璋了。他说：“有史以来，得国之正，首汉高，次明祖。”他们的“造反”，“拨乱世，反之正，

① 蔡东藩：《粤盗四起》，《清代史论》（第十一卷），上海会文堂书局1923年版，第20—21页。

且始终以不嗜杀人为本”，“卒成大业”，[①] 所以可称之为“革命”，取得的政权也是“正统”的。

下则为陈胜、吴广之“起兵于蕲”。陈胜、吴广之揭竿而起是因为秦始皇暴政，所以才会得到一些史家的“恕辞”，但“乱秦有余，平秦不足”，所以他们只是“叛乱之首”。而且，只是“真主”刘邦之“先驱”：

> 历朝革命，首事者往往无成，而胜广之名为益著，即其败亡也亦甚速。广不足道耳。陈胜以陇上耕佣，一呼而起，集众数万，据陈称王，何兴之暴也？厥后各军连败，秦兵相逼，胜不能一战，竟死于御者之手，又何其亟也！史称其滥杀故人，苛待属吏，遂至众叛亲离，以底于亡，此固不可谓非陈胜之定评，然自来真主出现，必有首事者为之先驱，首事者死，而真主乃得收功，项氏且不能据有海内，遑论一陈胜乎？[②]

最下则为洪秀全、杨秀清之“金田发难”。蔡东藩不赞同把“长毛”称之为“义兵”，把洪、杨视之为“革命的大人物”[③]。他认为，洪、杨实为“汉族之一大罪人”，他们挟一“帝王思想”，“蹂躏十余省，残杀无算”[④]，所以洪、杨“特盗魁耳，乌足与言革命”。

对于中国历史上的农民起义，蔡东藩认为都是贪官污吏苛征横敛所致。并且，出于“好治抑乱”的良好愿望，客观地指出了历史上农民起义“安民不足，殃民有余”，对社会产生巨大破坏的事实。然而，蔡东藩不是历史唯物主义者，所以只看到了农民起义“破坏”的一面，不可能认识到如果没有农民起义去对旧的封建统治政权及其统治基础予以“破坏”，那么“此善于彼”的封建新统治就难以“建设”起来。[⑤]

说到底，在蔡东藩看来，“造反”是否是“革命”，关键要看是谁主之。如果是奉天承运的“真命天子”主之，虽出自布衣，虽也会造成“殃民”的现实，

---

① 蔡东藩：《明史通俗演义》（上册），中华书局2015版，第96页。

② 蔡东藩：《前汉通俗演义》（上册），中华书局2015版，第100页。

③ 蔡东藩：《清史通俗演义》（下册），中华书局2015版，第446页。

④ 蔡东藩：《论洪杨失败之原因》，《中等新论说文范》（第一册），上海会文堂书局1912年版，第12页。

⑤ 李殿元：《重新评价农民起义》，《文史杂志》2009年第一期，第52—56页。

在所谓的道义上都可称为“革命”。这个逻辑其实就是因“天命所归”而“成王”、因“成王”而“正统”，因此也不值一驳。

民族正统是传统正统论的又一表征。民族正统突出表现为“华夷之辨”的种族观念。华夷之辨以注重族别之分和种族自我体认为旨趣，反复强调“天下之大防二，中国夷狄也，君子小人也”①，甚至把戎狄与豺狼同列，由此而衍生的大汉族主义在封建社会世代流传，绵延不断。蔡东藩也难例外，他在《两晋通俗演义》中写到刘曜、石虎等少数民族统治者时，亦多“夷獠”“胡种”“胡羯”“悍虏”等恶称。但另一方面，他又谴责冉闵的“杀胡令”，认为“羯虽异族，远系从同，必欲尽歼无遗，设心可毒？是可忍孰不可忍？”②而且他还赞扬康熙帝“在位六十一年，守成之中，兼寓创业”，“满族中得此奇人，总要算出乎其类，拔乎其萃了”③。对于华夷大防，蔡东藩有着较为清醒的认识：

> 华夷混杂，宇宙腥膻，这是我国历史上，向称为可悲可痛的乱事。其实华人非特别名贵，夷人非特别鄙贱，如果元首清明，统御有方，再经文武将相，及州郡牧守，个个是贤能廉察，称职无惭，就是把世界万国联合扰来，凑成一个空前绝后的大邦，也不是一定难事，且好变作一大同盛治了。无如我国人一般心理，只守定上古九州的范围，不许外人羼入，又因圣帝明王寥寥无几，护国乏良将相，殖民乏贤牧守，仅仅局守本部，还是治多乱少，所以旧儒学说主张小康，专把华夷大防，牢记心中，一些儿不肯通融，好似此界一溃，中国是有乱无治，从此没有干净土了。看官，试搜览古史，何朝不注重边防，何代能尽除外患？日日攘外夷，那外夷反得步进步，闹得七乱八糟，不可收拾。究竟是备御不周呢，还是别有他故呢？古人说得好：“人必自侮，然后人侮；家必自毁，然后人毁；国必自伐，然后人伐。”又云：“木朽虫生，墙罅蚁入。”这却是千古不易的名言。历朝外患，往往从内乱引入，内乱越多，外患亦越深。照此看来，明明是咎由自取，应了前人的遗诫，怎得专咎外夷与防边未善呢？④

① 王夫之：《读通鉴论》，卷十四。

② 蔡东藩：《两晋通俗演义》（下册），中华书局2015版，第428页。

③ 蔡东藩：《清史通俗演义》（上册），中华书局2015版，第213—214页。

④ 蔡东藩：《两晋通俗演义》（上册），中华书局2015版，第1页。

虽然华夷之辨的提出具有一定的历史合理性，在维护华夏族的生存权利方面也发挥了某些作用，但这一命题本身是错误的，其危害也是严重的。“华人非特别名贵，夷人非特别鄙贱”，蔡东藩这一说法是比较公允的。而且，他的着眼点不在于专咎“外夷”，而在告诫“华人”修好内政，否则“人必自侮，然后人侮；家必自毁，然后人毁；国必自伐，然后人伐”。所以辛亥革命后，蔡东藩在《五族一家说》中指出：“严华夷之防者，乃小康主义，非大同主义也”，希望五族“自今请以国家为前提，而举种族之名，悉消弭而融化之，则庶可跻大同之盛也夫”①。

梁启超曾将历代确定“正统”的依据总结归纳为6种，并指出这6条标准互相矛盾。如夷狄不可以为统，则元朝要摒弃在正统政权之外；篡夺不可以为统，则隋、宋在所必摈，唐亦不能免；盗贼不可以为统，则明在所必摈，汉也得从正统政权中除名。梁启超认为，造成正统论矛盾丛生的根本原因在于史家秉持“成即为王，败即为寇”的陈腐思想。他进一步提出，“统”在民而不在君，在众人非在一人。②柳诒徵认为，“衡统一之时代，必以道德为断。三统五德，不必拘于一姓之私。而无道者虽霸有九州，不得列之正统。”他得出的结论说：“明于三统五德之义，则天下为公，不私一姓，而前史之断断于一家之传统者，非第今不必争，亦为昔所不取。而疆域之正、民族之正、道义之正，则治史者必先识前贤之论断，而后可以得治乱之总因。”③与梁启超、柳诒徵的见识相较，蔡东藩所持的正统论，虽也有所重“正”，但更重“君统”，无疑是等而下之了。

（三）群众与英雄

历史长河滚滚向前，既造就了无数的“风流人物”，也留下了无数普通民众的足迹，如何认识这些人物的历史作用是每一个历史学家都十分关心的问题。

蔡东藩在《民惟邦本论》中指出：“苟无民，何有邦，故民者邦之本

① 蔡东藩：《五族一家说》，《中等新国文范本》（第一册），上海会文堂书局1915年版，第11页。

② 梁启超：《论正统》，《梁启超卷》，河北教育出版社1996年版，第561页。

③ 柳诒徵：《国史要义》，华东师范大学出版社2000年版，第78页。

也。……盖为邦之道，务在以民意为前提，顺民则昌，逆民则亡，古今中外莫或易者。”[①]《读孟子》篇中说：“夫国无民，何有君？民也者，一国之主人翁也。君也者，一国之公仆隶也。仆可易，而主人不可易。……君尽君道，民守民义，文明帝国光耀千秋，何异种异族之得奴隶我、牛马我乎？”[②]他认为，只有君王“好同民，恶同民”，君民一体，四海才会永宁。[③]注重人心的向背，这说明他认识到了人民群众在历史上的作用。

这种认识以史事叙说或评注形式体现在《历朝通俗演义》时，主要表现为传统的民本史观。如在评价项羽入咸阳、焚秦宫之事时曰：“若羽之焚秦宫，愚顽实甚，秦宫之大，千古无两，材料无不值钱，散给民生，正足嘉惠黎庶，焚之果何为者？”[④]再如，《前汉通俗演义》第五十二回写道：

> 总计（汉）文帝在位二十三年，宫室苑囿，车骑服御，毫无增益，始终爱民如子，视有不便，当即取销。尝欲作一露台，估工费须百金，便慨然道：“百金乃中人十家产业，我奉先帝宫室，尚恐不能享受，奈何还好筑台呢？”遂将露台罢议，平时衣服，无非弋绨。所幸慎夫人，衣不曳地，帷帐无文绣，所筑霸陵，统用瓦器，凡金银铜锡等物，概屏勿用，每遇水旱偏灾，发粟蠲租，唯恐不逮，因此海内安宁，家给人足，百姓安居乐业，不致犯法。每岁断狱，最多不过数百件，有刑措风。史称文帝为守成令主，不亚周时成康。[⑤]

文后，蔡东藩更赋诗一首赞曰：“博得清时令主名，廿年歌颂遍苍生。从知王道为仁恕，但解安民便太平。”

可见，虽然蔡东藩提出了“民为主，君为仆”的观点，但落脚点还是在于

---

① 蔡东藩：《民惟邦本论》，《高等小学新国文范本》（第一册），上海会文堂书局1924年版，第1页。

② 蔡东藩：《读孟子》，《中等新论说文范》（第一册），上海会文堂书局1912年版，第25页。

③ 蔡东藩：《好恶同民说》，《中等新论说文范》（第一册），上海会文堂书局1912年版，第6页。

④ 蔡东藩：《前汉通俗演义》（上册），中华书局2015版，第148页。

⑤ 蔡东藩：《前汉通俗演义》（下册），中华书局2015版，第393页。

施行“仁政”，把希望寄托在统治者的身上。

“夫草之精秀者为英，兽之特群者为雄，故人之文武茂异，取名于此。是故聪明秀出谓之英，胆力过人谓之雄，此其大体之别名也。……必聪能谋始，明能见机，然后可以为英，张良是也。气力过人，勇能行之，智足断事，乃可以为雄，韩信是也。……若一人之身，兼有英雄，则能长世，高祖、项羽是也”①。从刘邵的这段话可以看出，所谓英雄就是创业帝王和辅佐帝王创业的将相。

吴泽曾指出，蔡东藩受“正史”纪传体断代史史法的影响，字里行间，很少写到社会经济情况和人民群众活动的事迹，演的尽是帝王将相、王朝盛衰之义，仍是唯心史观的一套。② 这个评价有偏颇的一面，毕竟蔡东藩编撰的是以“正史为经”的历史演义，“古之王者世有史官，君举必书，所以慎言行，昭法式也。左史记言，右史记事，事为《春秋》，言为《尚书》，帝王靡不同之”，故焦点只能是左右时局的帝王将相，而不是“匹夫匹妇日用饮食之活动”③。但吴泽的这段话却也客观地指出了存在于蔡东藩头脑中的“时势为英雄所造”的英雄史观。

历史究竟是谁创造的？是人民群众还是少数英雄？这是一个争论不休的问题。恩格斯“历史合力论”认为：“历史是这样创造的：最终的结果总是从许多单个的意志的相互冲突中产生出来的，而其中每一个意志，又是由于许多特殊的生活条件，才成为它所成为的那样。这样就有无数互相交错的力量，有无数个力的平行四边形，由此就产生出一个合力，即历史结果，而这个结果又可以看作一个作为整体的、不自觉地和不自主地起着作用的力量的产物。”④ 这段话指出，人是自己历史的创造者，社会历史是无数意志和愿望相互影响和作用形成“合力”的结果。这个“合力”自然包括人民群众和少数英雄的意志和愿望。所以，黎澍有个比较公允的论断，即“只讲英雄创造历史固然不对，提出只有人民群众才是历史的创造者也有片面性。批判英雄史观时指出不是杰出人物的动机和观念创造历史，言下之意只有人民群众的动机和观念才创造历史。两种提法都离开了创造历史的前提，仿佛历史是英雄或人民的动机

① 刘邵：《人物志》，文学古籍刊行社 1955 版，第 35 页。

② 吴泽：《蔡东藩与〈中国历代通俗演义〉》，参见《蔡东藩学术纪念文集》，第 138 页。

③ 梁启超：《史之意义及其范围》，《中国历史研究法》，中华书局 2009 年版，第 6 页。

④ 《马克思恩格斯选集》（第四卷），人民出版社 1995 年版，第 225 页。

和观念随心所欲地创造的。显然，两种说法都没有脱离唯心主义的窠臼，都不足以说明事实”[①]。

蔡东藩肯定了杰出英雄人物的历史创造作用，但他没有使用“春秋笔法”，为“英雄”讳，而是不虚美、不隐恶的，既充分肯定了他们的历史功绩，也不放过他们的个人错误。如《前汉通俗演义》第二十一回，评刘邦“虽倨慢少礼，动辄骂人，然如张良之烧栈道而不以为怪，萧何之追逃人而不以为嫌，韩信之拜大将而不以为疑，是实有过人度量，固非齐赵诸王，所得与同日语者”[②]。同时，蔡东藩不主张“事后论人”。如他认为世人对慈禧的评价，“往时的称颂未免过情，晚来的谤毁也不无太甚”[③]。在他的笔下，慈禧权欲熏心，穷奢极侈，卖国乞和，这与清末民初以来人们对慈禧的普通观感是一致的。但他又肯定慈禧治术的高明之处，把岌岌可危的清廷，调治成起死回生、咸称“中兴”的局面，有利于社会的稳定。蔡东藩认为，“西太后一生之误，误于骛虚，误于崇华，又误于好奢、好逸、矜才、使气，至老不悟，而清室即随之而亡矣”[④]。这样的归结，还是有一定道理的。

在蔡东藩的认知中，英雄造时势，英雄决定着国家的兴衰。只是“英雄难过美人关”，所以在探究兴衰成败之道时，他又将“女祸”列为国家与英雄败亡的主要原因之一。《历朝通俗演义》中充斥着不少“女祸”的言论：

> 有史以来之女祸，在汉之前，莫如褒妲。褒妲第以妖媚闻，而惨毒尚不见于史。自吕雉出而淫悍之性，得未曾有，食其可私，韩彭可杀，甚且欲尽诛诸将。微郦商，则冤死者更不少矣。厥后复鸩死赵王，惨害戚夫人，虽未始非戚夫人母子之自取，而忍心辣手，旷古未闻甚矣，悍妇之毒逾蛇蝎也。(《前汉通俗演义》第四十一回)
>
> 这一部唐朝演义，好做了三段立论：第一段是女祸，第二段是阉祸，第三段是藩镇祸，依次产出，终至灭亡。若从根本问题上解决起来，实自

---

① 黎澍：《论历史的创造者及其他》,《黎澍自选集》，广东人民出版社 1998 年版，第 169—170 页。

② 蔡东藩：《前汉通俗演义》(上册)，中华书局 2015 版，第 156 页。

③ 蔡东藩：《慈禧太后演义》，浙江人民出版社 1980 年版，第 3 页。

④ 蔡东藩：《慈禧太后演义》，浙江人民出版社 1980 年版，第 350 页。

宫闱淫乱，造成种种的恶果。(《唐史通俗演义》第一回)

天生尤物，必倾人国，既亡札萨克，复亡土谢图，至车臣部亦遭累及，甚至噶尔丹亦因此兴师，因此覆灭。是可知妹喜祸夏，妲己祸商，褒姒祸周，史册垂戒，非无因也。(《清史通俗演义》第二十七回)

在《历朝通俗演义》中，“女祸”规律性地出现，历史发展俨然就是“女祸”循环往复的过程。“吴王事事堪亡国，未必西施胜六宫”。其实，换一角度来说，历史上“女祸”现象本质上大多是“男祸”。所以，尽管蔡东藩生活在近现代历史文化转型期，他对历史上“女祸论”的看法远不如唐末的陆龟蒙。

(四)变易与循环

“穷则变，变则通，通则久”。我国古代早已形成了变易史观的传统。蔡东藩注意到了历史变易是一种盛衰之变。因之，在《历朝通俗演义》中他常用“见盛观衰”之法，来考察一个政权的由盛而衰的变化过程。如他认为“秦亡不由胡亥，实自始皇；汉亡在孝平，实始武帝”①。在蔡东藩看来，正是由于汉武帝连年征战，劳民伤财，才使得前汉开始由盛转衰。另外，他把后汉 195 年历史，分为了 4 个阶段，即光武至章帝为君主专政的时代；和帝至桓帝，为外戚宦官更迭擅权的时代；桓帝至献帝为宦官横行的朝代；献帝一朝，则变端百出，初为乱党交讧的时代，继为方镇纷乱时代，终为三国角逐时代。而“追溯祸胎，实启宫闱”②。这是把历史当作一整体和过程来加以考察，以把握历史发展变化的各种因果关系。

至于盛衰之变的原因，除天命、人事外，蔡东藩还提到了地理这个因素。他在《满洲世系之由来》一文中说：

强宗之崛起，其由于大山之钟毓乎？昆仑为中华山脉之总干，西北为维首，东北为尾闾，而民族蕃育于西东，因山脉蟠郁，得灵秀之间气，遂先后迭兴。先导者为汉族，胚胎于西北，而移植中原者也。后起者为满族，孕育于东北，闯入中土者也。当汉族浡兴之初，东北民族无甚表见，惟肃

① 蔡东藩：《前汉通俗演义》(上册)，中华书局 2015 版，第 2 页。

② 蔡东藩：《后汉通俗演义》(上册)，中华书局 2015 版，第 2 页。

慎氏楛史，见诸史册。其时玄黄初判，地质渐凝，山脉发端之区，亭毒最先，钟毓亦最早，故西北已秀起人文，而东北尚阒寂焉。厥后文化之推演，随山势而东趋，于是东北人文亦骎骎焉，有发皇之势。……要之强族之奋兴，类与地理有关系。王气初钟于西北，故汉族先他族而强。迨由西而东，则满族继汉族而盛。天地成始亦成终，理固然尔。①

在我国古代，变易的历史观大致可以分为三类，即退化历史观、循环历史观和变易进化历史观。在《历朝通俗演义》中，蔡东藩所宣扬是循环历史观。他说：

世运百年一大变，三十年一小变，变乱是古今常有的事情，就使圣帝明王，善自贻谋，也不能令子子孙孙，万古千秋的太平过去，所以治极必乱，盛极必衰，衰乱已极，复治复盛，好似行星轨道一般，往复循环，周而复始。②

这是说，社会历史的变化，无非是一治一乱，即由治到乱，又由乱到治，循环往复，周而复始。这种历史循环论，在蔡东藩的笔下，具体表现为政权败亡的相似性上。如：

小子尝谓明代开国，与元太祖元世祖的情形，大略不同，后来由兴而衰，由盛而亡，却蹈着元朝五大覆辙。看官欲问这五大弊吗？第一弊是骨肉相戕；第二弊是权阉迭起；第三弊是奸贼横行；第四弊是宫闱恃宠；第五弊是流寇殃民。这五大弊循环不息，已足斫元气，倾覆国祚；还有国内的党争，国外的强敌，胶胶扰扰，愈乱愈炽，勉强支持了数十百年，终弄到一败涂地，把明祖创造经营的一座锦绣江山，拱手让与满族，说将起来，也是可悲可惨。③

---

① 蔡东藩：《满洲世系之由来》，《清代史论》（第一卷），上海会文堂书局1923年版，第1页。

② 蔡东藩：《南北史通俗演义》（上册），中华书局2015版，第1页。

③ 蔡东藩：《明史通俗演义》（上册），中华书局2015版，第2页。

并且，这种相似性时常被他赋予因果报应的色彩。如前汉，“得自子婴失亦婴，两朝授玺若同情。从知报应由来巧，莫替刘家恨不平”[①]。如唐代，“或谓唐之得国也由受禅，其失国也亦由传禅，冥冥之中，固自有天道存焉”[②]。再如宋代，“‘得国由小儿，失国由小儿’。这是元朝的伯颜拒绝宋使的口头语，没有甚么秘谶作为依据，但到事后追忆起来，却似有绝大的因果隐伏在内”[③]。

历史循环论并非一无是处，它至少勾勒出中国古代历史演变的周期性变化规律。然而，这一理论毕竟是一种直观的概括和描述，纯粹从“治”和“乱”的外观形式上着眼，并不能揭示出人类社会前进运动的质变性，所以只能说是一种形而上的历史发展观。

在中国近代思想史上，历史观的变革经历了复古史观、治乱递嬗史观、“三世”循环史观、改良进化史观、革命进化史观和唯物史观等日益激进的演变过程。[④]从这一过程来审视蔡东藩的历史观，无疑带有明显的旧文化传统的痕迹。当然，在社会转型时期，蔡东藩也不可能不受到新文化的影响，从而使他的历史观出现了观点前后、彼此的矛盾与抵牾，自己也难以自圆其说的情况。

这一情况的出现，还与蔡东藩的“崇史”倾向有关。他编撰《历朝通俗演义》遵循“以正史为经，务求确凿；以轶闻为纬，不尚虚诬”的原则，体现出强烈的“崇史”倾向。依“正史”而实录，也把一些守旧落后的“历史观点”录了下来。对这些“历史观点”，他有时会以夹注、总评的方式表示怀疑、否定或更新，从而在整体上呈现出前后矛盾的情况，常常让人不知所云。

五、浙东文化的影响

一方水土养一方人，一方水土也成就一方文化。“浙东”就是浙江（即今钱塘江）以东的地区。在旧志上，浙东有“八府”，即严州府（今建德）、金华府、

---

① 蔡东藩：《前汉通俗演义》（下册），中华书局 2015 版，第 777 页。

② 蔡东藩：《唐史通俗演义》（下册），中华书局 2015 版，第 831 页。

③ 蔡东藩：《宋史通俗演义》（上册），中华书局 2015 版，第 1 页。

④ 陆玉胜：《近代历史观的变革与启蒙》，《太原师范学院学报》（社会科学版），第 18 卷第 3 期，第 8—19 页。

衢州府、绍兴府、宁波府、台州府、温州府、处州府（今丽水）。何谓“浙东文化”？徐定宝认为，“凡由浙东学人倡导或发生在浙东区域的，并对当时社会生活发生过重要作用，在后世仍具有影响的思潮、学说、历史现象等，皆可称之‘浙东文化’”[①]。

人创造文化，文化也创造人。“对每一代人（或个人）而言，要成为文化的创造者，必须先成为文化的创造物”[②]。蔡东藩一生的活动轨迹几乎都在浙东，自幼日夕寝馈其间，不能不深受浙东文化的浸染。可以说，浙东文化是其思想生成的重要一维。

（一）兼综调和，心物一体

浙东“滨海而岸山”的地理环境，由“移植”而自立并走向成熟的文化发展路径，使浙东文化呈现出“兼综整合”的风格。

南宋吕祖谦在学术上以“杂博”著称，主张兼容并蓄，“泛观广接”，把朱熹的理本论和陆九渊的心本论融为一体，开朱陆合流先河，形成了“吕学”，具有调和性、综合性、包容性的特点。明代王阳明充分吸收继承元代以来各种思想融合的成果，建立起“范围朱陆”并集心学与事功学之大成的哲学理论体系，即阳明心学。清代黄宗羲“以镰洛之统，综合诸家”“宗王而不悖朱”“折衷朱陆”，吸取张载等人的气本论，构建了理气合一、心性合一、心理合一的哲学体系。所以，浙东文化正是在不断的兼综整合中，最终走向辉煌的顶点。

哲学是人类对主客观世界的理性认识，是指导人们一切言行的根本思想。中国哲学自周秦以来，有着极其丰富的珍贵思想，也始终存在着唯心、唯物的不同认识，乃至于彼此斗争。蔡东藩在《西国哲学家有唯心唯物两派，究之心界物界是一是二，试撮其要而折衷之》一文写道：

> 自倍根、笛卡儿、斯宾挪莎诸儒，踵起于泰西，而哲学遂为之大盛，期间道心性、论物理，或主虚想，或主实际，宗旨不一，而皆可以唯心、唯物之两派括之。唯心派者，有心而无物者也。唯物派者，有物而无心者也。夫统世界间万事、万理之复杂，莫不由心物之两界而成。其拘之于无

---

① 徐定宝：《浙东文化的几个基本概念》，《宁波大学报》，2009 年 3 月 31 日。

② 朱志勇：《越文化精神论》，人民出版社 2010 年版，第 11 页。

形而蓄为理想者，谓之心界；其悬之于目前而著为现象者，谓之物界。心界，体也；物界，用也。心界，本也；物界，末也，其迹则二，其源则一。盖合两界之作用，以构成一世界之组织者也。顾主唯心派者曰，物有万而心则一，以一驭万，故极物体之繁赜，皆归而纳之于一心。心以为物，则即物；心以为非物，则即非物，故既有心，何有物？主唯物派者曰，形象者吾人所可知，本体者吾人所不可知。试从可知之间，而考其进化之秩序，觉由疏而密，由拙而工，其势使然，非假诸心力也，故即有物，何有心乌呼？心能感物，物能感心，惟有物而后使吾心有运用之妙，惟有心而后使万物有造构之端。如必谓心界外无物界，则心乌乎寄？物界外无心界，则物乌乎成？吾是以知唯心、唯物之俱未尽然也。……欲折衷而变通之，其唯主心物一体之论，而为纯正哲学之导源乎。①

心物关系，是哲学上一起纷争不休的题目。蔡东藩的观点是“心物一体”，这是他兼综唯心唯物的“自得”之见，极富调和、折中的色彩。“心物一体”反映在天人关系上，就是“天人合一”，就是“人定胜天，天定亦胜人”，故而在天人关系上，他时常会陷入自相矛盾之中。事实上，心能感物，物又何能感心？“物”是客观存在的，“物”决定“心”，“心”是对“物”的能动反映，所以蔡东藩的“心物一体论”只是简单的折中变通，不是透彻的会通。当然，他在文中也客观地指出，中国古代哲学家“近于唯心派者十之九，近于唯物派者十之一”，“故精神的科学尚为完备，而自然科学实少发明，此正吾国之宿病也”。这一论断，是符合中国近现代哲学“在引进西方哲学的同时，着重学习先进的自然科学，以此为基础将传统哲学相融合，构建新的哲学”②这一发展趋势的。

从本章前四节的论述可以看出，蔡东藩的教育观、道德观、政治观、历史观无不体现出一种调和的思想，并兼有理性、中庸、多元的色彩。这种调和思想与蔡东藩“心物一体”的哲学思想分不开，也与浙东“兼综调和”的学术传统分不开。我们知道，社会的发展是历史的合力共同促进的。文化的发展与进

① 蔡东藩：《西国哲学家有唯心唯物两派，究之心界物界是一是二，试撮其要而折衷之》（第三册），上海会文堂书局 1912 年版，第 7 页。

② 陈鑫：《梁启超心物思想探微》，《兰州教育学院学报》，第 34 卷第 7 期，第 87—88 页。

步也是因为各种不同的思想相互碰撞与砥砺从而调和为文化的合力而促进的。因此，对蔡东藩的调和思想，我们应予以客观的评价。

（二）经世致用，教育救国

浙东学术是浙东文化的核心，其最高的宗旨是“经世致用”。所谓经世致用就是要求学术必须服务于国计民生，将社会效应作为衡量学术价值的主要准则。简而言之，就是学术、学问必须有益于国事。

宋代，陈亮、叶适曾与朱熹进行过“义利之辩”的激烈交锋。陈亮力倡“事功之学”，叶适与之同调，强调义理须见之于事功。至明代，朱舜水反对“专在理学研究”上空谈，主张“为学当有实功，有实用”，应“有益于天下国家”①。到了清代，以黄宗羲为首的浙东学派明确地将经世致用标立为治学宗旨。黄宗羲提出了“经世之业”“通今致用”“足以应务”“学贵践履”等思想，强调儒者之学应该是“经天纬地”，“大者以治天下，小者以为民用”②。浙东学术界的章学诚认为，学术的价值在于“经世”，主张“通经致用”，并对浙东学术作了阐述总结，“史学所以经世，固非空言著述也”，“正以切合当时人事耳”③。

蔡东藩深受经世致用思想的熏陶。他将汉武帝尊儒以后的儒术分为7类，即：

> 尚训诂，勤笺注，是谓小儒。崇谶纬，矜术数，是谓曲儒。颂功德，录符命，是谓鄙儒。骋清谈，立异说，是谓瞀儒。讲性理，夸道学，是谓迂儒。长词章，工帖括，是谓腐儒。善揣摩，逞奔竞，是谓伪儒。④

那么，什么是“真儒”的标准呢？他认为，《礼经·儒行》篇，载孔子之说儒，为千古儒学之标准。在熊十力看来，《儒行》中饱含为国为民的思想，主要

---

① 朱舜水：《朱舜水集》，中华书局1981年版，第274、406页。

② 沈善洪：《黄宗羲全集》，浙江古籍出版社1985年版，第505页。

③ 章学诚：《文史通义校注》，中华书局1985年版，第523—524页。

④ 蔡东藩：《原儒》，《中等新国文范本》（第一册），上海会文堂书局1915年版，第29页。

表现在儒者的修行不是为了自己的私利，而是以天下为得，以苍生为念。[①]所以，蔡东藩以《儒行》作为“真儒”之标准，其经世之义昭然若揭。

在《述清代学术之沿革》一文中，蔡东藩分清代学术为4个阶段，即顺康之世为学术翔实时代，儒者“惩明儒之空谈无用，以实事求是为指归”，故“世运亦因之隆”；乾嘉之世为学术迂墟时代，因清廷尚专制，兴文字狱，学者“遁于笺释考订之途以自晦”，而“置经世之学于不讲”，“惟是争谈汉宋，入主出奴，于实用无补”，“因势亦中昃矣”；道咸之世为学术空疏时代，“徒工揣摩迎合之术，不足以裨政治”；同光之世为学术浮嚣时代，“莘莘学子，醉心欧化，糟粕六经”，“学人之短，弃吾之长”，而“中原陆沉”。[②]由此，他得出了“学术关系国家兴亡”的结论。

经世致用重实学、实用，因此浙东学者都非常重视教育的作用。如朱舜水认为，“敬教劝学，建国之大计；兴贤育才，为政之先务”[③]。吕祖谦把振兴教育与“拯救衰世”“雪耻国强”联系起来，认定“时事所以艰难，风俗所以浇薄，推其病源，皆由讲学不明之故”[④]。黄宗羲曾开宗明义地说过：“学校，所以养士也。然古之圣王，其间不仅此，必使治天下之具皆出于学校，而后设学校之意始备。”[⑤]虽然各人的言辞表达不一，但在字里行间所流露出的关于教育对于救心救国的重要作用的思想却是一致的。

蔡东藩一生的“事功”都表现在教育上。他始终站在“教育急进为第一要义”的立场上，“以学识为体，以文字为用”，著述教育类书籍，以助力普通教育，陶铸国魂，塑造“新民”。他十分重视文字的作用，认为“文字者，国粹之所系焉”，“文字一日不亡灭，则国家之亡非其亡”，因此希望学子在为“交通”而学习欧美文字之际，万不可不学祖国文字。[⑥]

---

① 刘风雪：《熊十力〈儒行〉诠释中的经世意蕴》，《理论与现代化》2019年第4期，第70—78页。

② 蔡东藩：《述清代学术之沿革》，《中等新国文范本》（第一册），上海会文堂书局1915年版，第37页。

③ 朱舜水著，朱谦之整理：《朱舜水集》，中华书局1981年版，第501页。

④ 吕祖谦：《与学者及诸弟》《吕东莱文集》商务印书馆1937年版，第38页。

⑤ 黄宗羲著，孙卫华注解：《明夷待访录》，岳麓书社2011年版，第37页。

⑥ 蔡东藩：《论文字与国家之关系》，《中等新论说文范》（第三册），上海会文堂书局1912年版，第19页。

他以“求真”为旨归，甚至厚史薄文而编撰历史演义，以嘉善惩恶，翊护教化，激扬民俗，助力通俗教育。历史小说家二月河对此做出了极高的评价，他说：“他既不是‘纯’文学，也不是‘雅’文学，它不是纯历史，又没有虚构历史，它有歌颂，也有暴露，更多的确是‘告诉’‘讽劝’，浩如烟海的历史表述中颇不乏人文思想社会流俗的探讨与调侃。……它进行的是人文之美的播种，是中国独有、别国绝无的美好道德的传述和表述。这样老成实在的著作家可能早已在中国‘绝版’了。我的估计，历史在一个短的时期不太可能再赐我们一位蔡先生。”①

（三）重史思想，正史思维

浙东学术的精髓在于史学。章学诚在追溯浙东史学发展过程中指出：“浙东史学，自宋元数百年以来，历有渊博。”② 黄宗羲、万斯同、邵廷采、全祖望、邵晋涵、章学诚，在130余年的时间中，前后相继，各以其卓越的史学成就贡献于世，为浙东学术写下了极辉煌的篇章。纵观浙东史学，具有自己一贯的特点与风格，即史学以经世、六经皆史、言性命之理必究于史。

浙东这种重经世致用的史学精神对蔡东藩的影响非常深刻。周明道曾指出，蔡东藩“15岁读完了两遍《纲鉴易知录》,16岁又啃完《通鉴》”③。从蔡东藩所作《历朝通俗演义》的“序”中不难发现，他对正史了如指掌，也读了不少稗史，方能“悉行钩考，乃举一代治乱兴亡之实迹，择其大要者，依次编纂”④。他依正史而演述，无论是历史观，还是道德观，都昭示着他的正史思维。即便是从“新民”的目标而论，也是从“群”的角度，把我国固有的道德礼义纲常挺在前面，“淬厉所本有而新之”，“采补其所本无而新之”，以实现国家的安富尊荣。

同样，出生绍兴的鲁迅也深受浙东史学精神的影响，使得他在进行学术研究时主张“治学要先治史”。那么，鲁迅为什么成了封建宗法社会的“逆子贰

① 二月河：《由蔡东藩的历史演义所思》,《南京师范大学学报》，2003年第4期，第76页。

② 章学诚：《与胡雒君论校胡稚咸集二篇》,《章学诚遗书》，文物出版社1985年版，第117页。

③ 周明道：《梅花香自苦寒来——蔡东藩先生的治学精神》，参见《蔡东藩学术纪念集》第151页。

④ 蔡东藩：《明史通俗演义》，中华书局2015版，自序。

臣”呢？这与他的野史思维是分不开的。他在《读经与读史》一文中说，倘要读旧书，“倒不如去读史，尤其是宋朝明朝史，而且尤须是野史；或者是杂说”[①]。鲁迅不否定正史的作用，但他认为正史“等于为帝王将相作家谱”，“涂饰太厚，废话太多”，所以他一生都爱读野史，如《立斋闲话》《明季南北略》《痛史》等，形成了与蔡东藩不同的异质思维，即野史思维。这种思维表现在其“立人”说上，就是从“个”的角度，“尊个性”，“张精神”，以个性解放的“人国”为鹄的。

可见，即使在同样的浙东史学精神的影响下，因个人的经历、学识的不同，其思想也会迥异。但蔡东藩与鲁迅以史学“持世救偏”的目的是一致的。

浙东史学家大多经历过身体力行而无法挽救国家的衰亡，如陈亮、叶适、黄宗羲等，因而他们转而进行史学著述，把忧国忧民的民族意识“寄托之词章”。可以说，民族精神是浙东史学显著的特色之一。

正是因为承接了这一特点，蔡东藩才依傍“正史”而编撰通俗历史演义，旨在通过总结历史经验，以供借鉴，希望能振兴国家；旨在通过表彰气节，以激起人民的爱国之心。如1924年，他在《两晋通俗演义》的“自序”中写道：

> 盖观于东西两晋之一百五十六年中，除晋武开国二十余年外，无在非祸乱侵寻之日，不有内讧，即有外侮，甚矣哉！有史以来未有若两晋祸乱之烈也。夫内政失修，则内讧必起，内讧起则外侮即乘之而入，木朽虫生，墙罅蚁入，自古皆然，晋特其较著耳。……盖今日之大患，不在外而在内，内讧迭起而未艾，吾恐五胡十六国之祸，不特两晋为然，而两晋即今日之前车也。天下宁有蚌鹬相争，而不授渔人之利乎？[②]

以古证今，充满着深深的民族忧患意识。这是浙东史学者们一代代亘续下来的关心国事民瘼，以天下为己任的精神情怀，是“史学以经世”的精神在蔡东藩血液中奔走的自然选择。

---

① 鲁迅：《华盖集·这个与那个》，《鲁迅全集》（第三卷），人民文学出版社1981年版，第138页。

② 蔡东藩：《两晋通俗演义》，中华书局2015版，自序。

（四）求实考信，不尚虚诬

王充是浙东思想文化史上最早形成思想体系的学者，他的“实事疾妄”学术宗旨代表了一种求真务实的精神，而这正是后世浙东学者一脉相承的基本精神。自南宋以来，浙东史学作为空谈性理的宋学的对立面，主张“六经皆史”，经史并治。不少浙东学者受古文经学的影响，把汉儒治经的方法运用到治史上，形成了求实考信的治史态度和以注疏考据为主的治学方法。清代章学诚强调“史学惟求事实”，他谈到史学和文学的区别时说：“文士撰文，惟恐不自己出；史家之文，惟恐出之于己，其大本先不同矣，史体述而不造，史文而出于己，是为言之无征，无征且不信于后也。”① 也就是说，历史著作必须尊重事实，不能任意发挥，更不能凭空杜撰。

《清史通俗演义》是蔡东藩的第一部历史演义，他在序言中写道：“自天命纪元起，至宣统退位止，凡 297 年间之事实，择其关系最大者，编为通俗演义，几经搜讨，几经考证，巨政固期核实，琐录亦必求真。”“搜讨”“考证”“核实”“求真”，足可见蔡东藩的求真务实的治学态度，也是他“期为通俗教育之一助”而编撰通俗历史演义的创作原则。这种精神，在《元史通俗演义》史料的处理上，尤显得明显。

元起朔漠，本乏纪录。“逮世祖朝，始有实录”，世祖以前，“仍多阙略”。明初修元史，“仓卒告成，不克完善”。虽然明清两代以来，先后有商辂续编《纲目》，薛应旗复作《通鉴》，陈邦瞻撰《纪事本末》等，然“其阙漏固犹昔也”。所以，蔡东藩编撰《元史通俗演义》，尤其困难，需专心于史料的收集、鉴别。

> 自明迄今，又阅两朝，后人所作，可为《元史》之考证者，惟《蒙鞑备录》《蒙古源流》及《元史译文证补》等书。……本年春，以椠笔之暇，偶阅东西洋史籍译本，于蒙古西征时，较中史为详，且于四汗分封，及其存亡始末，亦足补中史之阙，倘所谓礼失求野者非耶？不揣谫陋，窃欲融合中西史籍，编成元代野乘以资参考。②

---

① 章学诚：《与陈观民工部论史》，《章学诚遗书》，文物出版社 1985 年版，第 125 页。

② 蔡东藩：《元史通俗演义》，中华书局 2015 版，自序。

可见，蔡东藩在正史、稗史、中史、西史之间，做了较为细致、审慎的“参证”工作。

而且由于蒙古语词、语法的关系，一些人名、地名、官职名因译法不一而造成分歧。对这些分歧，蔡东藩经一番考核后，在文中作了注释。如第四回写到有关克烈汪罕事，在正文夹注“《元史》作汪汗”外，第九回的总评中还说：

> 《元史》称汪罕为克烈部，所居部落，即唐时回纥地，是汪罕非部名，乃人名也。然《本纪》又云，汪罕名脱里，受金拜爵为王，则汪罕又非人名。若以汪王同音，罕汗同音，疑汪罕称王称汗之转声，则应称克烈部汪罕。何以史文多单称汪罕，未尝兼及克烈部乎？《太祖纪》又云：“克烈部札阿绀孛者，部长汪罕之弟也。”既云部长，又云汪罕，词义重复。要之蒙汉异音，翻译多讹，本书以汪罕为统称，以脱里为专名，似较明显，非谬误也。①

似这般注释，在其他的历史演义中是少有的，难怪有论者称蔡东藩有“考据癖”。然从“期为通俗教育之一助”的角度来说，又何尝不需要蔡东藩这种求实谨严的作风呢？

蔡东藩思想及其学术精神的形成，应该是多种文化的集合。任何思想的形成都与个人的社会经历及其所属的社会环境分不开的。由于蔡东藩的社会经历缺如，我们只能在其所处的地域文化，也就是浙东文化传统的内核中找到其合适的注脚。综上所述，我们也发现，作为固有之“血脉”的浙东文化，对蔡东藩的影响不可谓不深刻，可以说浙东文化是其思想人格形成的内源性因素。

① 蔡东藩：《元史通俗演义》，中华书局 2015 版，第 67 页。

庄里陈旧宅

第四章 自具一格的历史演义

一、历史演义是“良小说”

蔡东藩呕心10年，编撰成《历朝通俗演义》，全书共1040回，600多万字，从秦始皇统一六国写到1920年，共2166年历史，可谓是一部空前的具有二十四史规模的庞大卷帙之作。而且，自发行以后，又一版再版，经久不衰，极具生命力。可是，他的历史演义长期以来却处于尴尬的地位，即“于今人看来已经不能归类于小说，而又无法归类于史学”[①]。直至20世纪90年代始，蔡东藩的历史演义才在一些专著中拥有了一席之地。如范伯群主编的《中国近现代通俗文学史》专门列有“蔡东藩与‘正史演义’”一章；吴泽主编的《中国近代史学史》第四章列有“蔡东藩集演义体之成”一小节。在这些专著中，蔡东藩的历史演义或被归入“通俗文学”，或被归入“通俗史学”，各执一端。

那么，蔡东藩的历史演义究竟该如何定位？抑或是徘徊于“通俗史学”和“通俗小说”之间的作品？我们需要对“历史演义”“历史小说”的概念作一番循名责实的考察，并探究蔡东藩编撰历史演义的背景及其历史演义观。

---

① 罗以民：《话说蔡东藩的讲史演义》，《书屋》，2004年第5期，第32—35页。

（一）历史演义的嬗变

上海会文堂书局在出版蔡东藩的《历朝通俗演义》时，其扉页标注为“历史小说”。在中国古代，小说与子、史的关系极为密切，小说为“子之末”“史之余”。翦伯赞说：“文字的记录，始于记事，故中国古代，文史不分，举凡一切文字的记录，皆可称之曰史。”① 可见，史书与小说在发生的本源上具有共通性，其后随着历史的发展，两者才逐渐完成“同源同体”到“同源异体”的分化。但依然在相当长的时间里，历史与小说各以“正史”“稗史”的身份，共处于“史”的范围之内，共同担负记载历史与现实的任务，其间虽有崇高与卑微、典雅与鄙俗之分，实际上处于界限混沌的状态之中。② 以下以 1902 年“历史小说”概念的提出为界限，来简述历史演义的嬗变。

1. 1902 年以前

学界一般认为，历史演义的演进，肇始于宋元时期的“讲史”。讲史，《武林旧事》和《醉翁谈录》又作“演史”，是宋代说话“四家数”之一，和“小说”一家分庭抗礼，各擅胜场。《都城纪胜》谓：“讲史书，讲说前代书史文传、兴废争战之事。”③《梦粱录》亦称：“讲史书者，谓讲说《通鉴》，汉唐历代书史文传，兴衰争战之事。”④ 很显然，“讲史”这一概念包含两个方面：一是形式上之“讲（演）”，属表演艺术范畴；二是内容上之“史”，特指“史书”。所以，从特指的角度来说，谓蔡东藩的历史演义为“讲史演义”，是不甚恰当的。

明嘉靖元年（1522 年），司理监刊出《三国志通俗演义》，随即在社会上产生了巨大的影响，“演义”一词也随之流行。“演义”一词较早见于西晋潘岳的《西征赋》：“灵壅川以止斗，晋演义以献说。”刘宋范晔《后汉书》卷八十三《周党传》亦谓：“党等文不能演义，武不能死君。”故“演义”之本义是演说铺陈某种道理并加以引申。以“演义”作为书籍之名较早见于唐人苏鹗的《苏氏演义》。《苏氏演义》重在典制名物的考订，“演义”也即释义考证之谓也。

---

① 翦伯赞：《史料与史学》，北京出版社 2004 年版，第 21 页。

② 欧阳健：《历史小说史》，浙江古籍出版社 2003 年版，第 4—5 页。

③ 灌圃耐得翁：《都城纪胜》，参见孟元老《东京梦华录》（外四种），文化艺术出版社 1998 年版，第 86 页。

④ 吴自牧：《梦粱录》，参见孟元老《东京梦华录》（外四种），文化艺术出版社 1998 年版，第 306 页。

以此推之,《三国志通俗演义》就是以通俗的形式，以阐发《三国志》中蕴含的大义。

从宋元讲史平话到《三国志通俗演义》的问世，是一个质的飞跃。可观道人在《〈新列国志〉叙》中说：“自罗贯中《三国志》一书以国史演为通俗演义，汪洋百余回，为世所尚，嗣是效颦日众，因而有《夏书》《商书》《列国》《两汉》《唐书》《南北宋》诸刻，其浩瀚几与正史分签并架。”① 按纪德君在《明清历史演义小说艺术论》一书中所列，明清时期的历史演义多达 70 余种，可以说构建了与正史平行的宏伟演义系列。②

那么，历史演义究竟是一种什么性质的文体？陈维昭在《论历史演义的文体定位》一文中，把明清有关历史演义的论述分成三类：

第一类是把“历史演义”视为正史的通俗版、正史的普及读物，把“历史演义”定位在正史与野史之间。如蒋大器《〈三国志通俗演义〉序》言：“若东原罗贯中，以平阳陈寿传，考诸国史，自汉灵帝中平元年，终于晋太康元年之事，留心损益，目之曰《三国志通俗演义》，文不甚深，言不甚俗，事纪其实，亦庶几乎史。”陈继儒《叙列国传》云：“《列国传》始自周某王之某年，迄某王之某年，事核而详，语俚而显，诸如朝会盟誓之期，征讨战攻之数，山川道里之险夷，人物名号之真诞，灿若胪列，即野修无系朝常，巷议难参国是，而循名稽实，亦足补经史之所未赅，譬诸有家者按其成簿，则先世之产业厘然，是《列传》亦世宙间之大帐簿也。如是虽与经史并传可也。”

第二类是把“历史演义”当成野史。高儒看到了《三国志通俗演义》的“依正史，采小说”的特点，指出《三国志通俗演义》的文学性的一面。所谓“据正史，采小说”，显然把“演义体”定位在正史与小说之间，在对正史进行通俗化的过程中，小说也被采入，这就是野史。

第三类是把“历史演义”当成小说。明代酉阳野史编《新刻续编三国志引》，他说：“大抵观是书者，宜作小说而览，毋执正史而观，虽不能比翼奇书，亦有感追踪前传，以解颐世间一时之通畅，并豁人世之感怀君子云。”显然，他把历史演义定位在小说上，并从小说所产生的审美愉悦去肯定历史演义

① 冯梦龙：《新列国志》，上海古籍出版社 1987 年版，第 1 页。

② 纪德君：《明清历史演义小说艺术论》，北京师范大学出版社 2000 年版，第 29—73 页。

的价值。①

陈维昭的分析抽丝剥茧，可谓切中肯綮。我们也可以发现，明清时期人们在论述“历史演义”这一文体时，并非首先把历史演义当作一般意义的以虚构、故事为主体特征的“小说”，它承担着“史书”征信、劝惩、借鉴、垂训等方面的功能。因此，楼含松给历史演义作了如下的界定：（1）以叙一朝或几代的历史为主要内容，重要事件、朝代年月多以正史为依据；（2）以帝王将相为主角；（3）以政治斗争、军事斗争为主要情节；（4）叙事和议论相结合，臧否人物，评说政事，或旁征博引，或直抒己见；（5）采用长篇的体裁、编年体和纪传体相结合的多线索、多层次的叙事结构；（6）语言文、白相间，叙述语言多用浅近的文言，人物语言偶尔用白话。②

2. 1902 年以后

“历史小说”（historical novel）是个外来名词，《简明不列颠百科全书》对它的解释是：“试图以忠于历史事实和逼真的细节等手段来传述旧时的风气、习俗，以及社会概况的小说。作品可以涉及真实的历史人物，也允许以虚构人物和历史人物相混合，它还可以集中描绘一桩历史事件。”③较为常见的是，它试图对过去的社会作较为广泛的描述，以虚构人物的私生活从社会重大事件中所受的影响来反映这些重大事件。历史小说是近代西方小说的一种重要类型，主要指以司各特作品为代表的一类小说。

历史小说作为类型概念第一次出现在中国，是 1902 年刊载于《新民丛报》十四号的《中国唯一之文学报〈新小说〉》，该文指出：“历史小说者，专以历史上实事为材料，而用演义体叙述之。盖读正史则易生厌，读演义则易生感。征诸陈寿之《三国志》与坊间通行之《三国演义》，其比较釐然矣。故本社同志，宁注精力于演义，以恢奇俶诡之笔，代庄严典重之文”，从而实现“借小说家言，以发起国民政治思想，激励其爱国精神”的目的。④可见，晚清时期所倡导

① 陈维昭：《论历史演义的文体定位》，《明清小说研究》，2000 年 3 月 30 日，第 33—45 页。

② 楼含松：《论历史演义的命名及其界定》，《浙江社会科学》，2000 年第 5 期，第 128—131 页。

③ 陈平原、夏晓虹：《二十世纪中国小说理论资料》（第一卷），北京大学出版社 1997 年版，第 41—47 页。

④ 陈平原、夏晓虹：《二十世纪中国小说理论资料》（第一卷），北京大学出版社 1997 年版，第 58—63 页。

的“历史小说”虽然开始具有民族国家思想，但大抵仍为演义体小说。

在这一过渡期，吴趼人第一个从理论上对历史小说的性质、作用进行了系统的阐释。首先，吴趼人极为强调历史小说普及历史知识和辅助历史教育的功用。他“发大誓愿，编撰历史小说，使今日读小说者，明日读正史如见故人；昨日读正史而不得入者，今日读小说而如身亲其境。小说附正史以驰乎？正史藉小说为先导乎？”他从“醒世”“启蒙”和社会改良的角度，强调历史小说“旌善惩恶”的道德教化功能，认为历史小说的主要作用是“以为教科之助”，所以历史小说“当以发明正史事实为宗旨，以借古鉴今为诱导；不可过涉虚诞，与正史相刺谬，尤不可张冠李戴，以别朝之事实，牵率羼入，贻误阅者”。同时，他也认识到历史小说应当具有“趣味性”，但这又可能和他坚守史实、揭发历史真相的主张发生矛盾。他说：“作小说难，作历史小说尤难，作历史小说而欲不失历史之真相尤难，作历史小说不失其真相而欲其有趣味，尤难之又难。”他认为，解决这一矛盾的妙法是“其叙事处或稍有参差先后者，取顺笔势”，“或略加附会，以为点染”，“当于逐处加以眉批指出之，庶可略借趣味以佐阅者，复指出之，使不为所惑也”。[①] 相对于吴趼人对历史小说的阐释和实践，曾朴的《孽海花》把刚刚逝去的时代通过小说艺术以全景的方式表现出来，而不再依据已有的史乘材料，不再对正史进行演义，开创了历史小说写作的现代性新模式。

真正具有现代意义的历史小说观念的出现和理论建设是从“五四”知识分子开始的。1908 年，周作人在经过中西文学历史与现状的比较后，提出历史小说首先应该是小说，是艺术，“乃小说之取材于历史，非历史而披小说之衣也”[②]。1918 年，胡适在《论短篇小说》一文中认为：“凡做‘历史小说’，不可全用历史上的事实，却又不可违背历史上的事实。全用历史的事实，便成了‘演义体’，如《三国演义》和《东周列国志》，没有真正‘小说’的价值。……若违背了历史的事实，如《说岳传》使岳飞的儿子挂帅印打平金国，虽可使一般愚人快意，却又不成‘历史的’小说了，最好是能于历史事实外，造成一些

① 陈平原、夏晓虹：《二十世纪中国小说理论资料》（第一卷），北京大学出版社 1997 年版，第 188—190 页。

② 钟叔河：《周作人文类编》（第三卷），湖南文艺出版社 1998 年版，第 27 页。

‘似历史又非历史’的事实，写到结果却又不违背历史的事实。”[①]鲁迅则借鉴日本近现代历史小说理论，提出了“历史小说”和“历史的小说”的问题，把中国现代历史小说分为“博考文献，言必有据”的“教授小说”和“只取一点因由，随意点染”的两种类型。[②]他自己所欣赏的无疑是第二种类型。所以，纵观周作人、胡适、鲁迅等人对于历史小说的论述，他们首先强调历史小说是属于文学艺术的小说，其次才是关于“历史”的。这与明清时期时人对历史演义的普遍认识恰恰调换了顺序。而且，就在他们积极探索新的历史小说期间，传统的历史演义依然在不断涌现。如许慕羲的《宋宫十八朝演义》《元宫十四朝演义》，王炳成的《清代演义》，李伯通的《清朝全史演义》，徐哲身的《汉宫二十八朝演义》，张恂子的《隋宫二朝演义》，等等。

其后，随着启蒙运动的落潮，社会革命运动的高涨，阶级矛盾和民族矛盾的激化，许多历史小说家认为，历史小说的基本功能是在现代意识观照下尽可能地揭示历史真相，忠于史实，还古人、古事一个本来面目，从而实现传播于现实斗争有益的历史知识、激发阶级抗争勇气、振奋民族精神和印证民族自信力的目的。茅盾就说：“将历史上所有重要的古人古事都还它一个本来面目（虽然只能做到比较近于本来），并且扩充而成为一部故事体的中国史，那正是我们目前很需要的工作。”[③]郑振铎的《桂公塘》，茅盾的《大泽乡》，以及此后许多作家的创作都强调忠于史实的重要性，充分展现了历史小说“博考文献，言必有据”的艺术倾向。

当代，姚雪垠是具有自己相对完备的历史小说理论体系的一位小说家。他在创作实践中总结归纳出“历史现实主义”，主张“历史科学与小说艺术的有机结合”，认为历史小说家“最重要的一个任务是通过小说艺术写出历史事变的基本真相，它的运动规律，它所包含的错综复杂的因果关系，以及它向后人提供的历史知识和值得重视的经验教训”。[④]20世纪80年代中后期，随着整个

---

① 严家炎：《二十世纪中国小说理论资料》（第二卷），北京大学出版社1997年版，第42页。

② 鲁迅：《鲁迅全集》，人民文学出版社1981年版，第227页。

③ 茅盾：《〈玄武门之变〉序》，《二十世纪中国小说理论资料》第三卷，北京大学出版社，1997年版，第473页。

④ 姚雪垠：《从历史研究到历史小说创作》，《姚雪垠书系》（第十九卷），中国青年出版社2000年版，第279页。

社会政治、经济形势和文化环境的变化，历史小说观念也发生了较大改变。在“历史真实”这个核心理论问题上，从凌力、唐浩明到熊召政，出现了大致3种“历史真实”，即历史生活的真实、历史精神的真实和历史文化的真实，而且都极力凸显和张扬着主体意识，从而使现代历史小说表现出与传统历史演义迥然不同的形态。[①]

那么，究竟什么是历史小说？欧阳健没有给历史小说下明确的定义，却指出了历史小说的文体特征。他认为，“从根本上说，历史小说是一种特殊的小说文体，它首先是小说而不是历史书，但又与历史书有着密切的关系，要辨明历史小说的文体性，离不开对史书文体的密切关注”，“作为一种文体，历史小说具备两大要义：虚实和结构。”[②]然正如勃兰况斯所说：“历史小说尽管具有自身一切优点，实质上是不伦不类的——有时候，它过分拘泥于史料，以致使情节不可能有诗意的发展；有时候，它又过分随心所欲地解释历史，以致真实和虚构的成分相互掺杂，形成了一个极不调和的整体。”[③]这一论断揭示了历史小说难以摆脱的历史宿命。

综上，从历史演义的嬗变来看，蔡东藩的历史演义观与吴趼人更为接近。他编撰的《历朝通俗演义》在出版时，虽然其扉页标注为“历史小说”，实际上却属于传统的历史演义范畴，或者是鲁迅所说的“历史小说”“教授小说”，是介于正史与野史之间的历史演义。因此，以“以今律古”“以西律中”的研究视角，简单地站在现代文学的立场上，指责《历朝通俗演义》缺少艺术性，也就显得不恰当了。

（二）“良小说”观的演变与内涵

蔡东藩对《历朝通俗演义》有个自我定位，即“良小说”。搞清“良小说”的内涵，对理解蔡东藩的历史演义观及历史演义的编撰方法有着极为重要的作用。

---

① 权绘锦：《转型与嬗变——中国现代历史小说研究》，光明日报出版社2007年版，第224—238页。

② 欧阳健：《历史小说史》，浙江古籍出版社2003年版，第14—15页。

③ 文惠美：《司各特研究》，外语教学与研究出版社1982年版，第94页。

1.《清史通俗演义》中的“良小说”观

1916年7月，《清史通俗演义》完稿，这是蔡东藩的第一部历史演义。他在自序中说：

> 鄙人自问无史才，殊不敢妄论史事，但观夫私家杂录，流传市肆，窃不能无慊于心，憬然思有以矫之，又自愧未逮；握椠操觚者有日，始终不获一编。而孰知时事忽变，帝制复活，筹安请愿之声，不绝于耳，几为鄙人所不及料。顾亦安知非近人著述，不就其大者立论，胡人犬种，说本不经，卫女狐绥，言多无据；鉴清者但以为若翁华胄，夙无秽闻，南面称尊，非我莫属；而攀鳞附翼者，且麇集其旁，争欲借佐命之功，博封王之赏，几何不易君主为民主，而仍返前清旧辙也。
>
> 窃谓稗官小说，亦史之支流余裔，得与述古者并列；而吾国社会，又多欢迎稗乘。取其易知易解，一目了然，无艰僻渊深之虑。书籍中得一良小说，功殆不在良史下；私心怦怦，爰始属稿而勉成之。自天命纪元起，至宣统退位止，凡二百九七年间之事实，择其关系最大者，编为通俗演义，几经搜讨，几经考证，巨政固期核实，琐录亦必求真；至关于帝王专制之魔力，尤再三致意，悬为炯戒。成书四册，凡百回，都五六十万言，非敢妄拟史宬，以之供普通社会之眼光，或亦国家思想之一助云尔。①

蔡东藩认为，“稗官小说，亦史之支流余裔”，“书籍中得一良小说，功殆不在良史下”。他所说的“良小说”，不是穿凿附会的；不问是非，不辨善恶的；置政教掌故于不谭；徒采媟亵鄙俚诸琐词编成的“稗官小说”。蔡东藩将这些“稗官小说”称之为“俗小说”。他又说，他的作品“非敢妄拟史宬”。可见，蔡东藩所谓的“良小说”介于正史与俗小说之间，其功能可与正史等量齐观。

所以，蔡东藩的小说观实际上延续了我国古代“小说者，史之余也”的观念。在这种观念的支配下，小说无论在主题思想还是表现手法上，都表现出史传性特征。因之，《清史通俗演义》也坚持“文字不苟作”，着意追求“史笔”的格调，如第九十三回总评说：“本回依事直书，而夹缝中屡寓贬笔，是固所谓皮里阳秋者耶？”第一百回总评说：“著书人或详或略，若抑若扬，甚斟酌有

① 蔡东藩：《清史通俗演义》，中华书局2015年版，自序。

当，非漫以铺叙见长，成名为小说，实侔良史。录一代之兴亡，作后人之借鉴，是因可与历代史策并传不朽云。”

应该说，蔡东藩对“良小说”的追求是其自觉的行为。一方面，他对“劝善惩恶不足，鬻奸导淫有余”的“俗小说”表示不满；另一方面，他编撰《清史通俗演义》时，正值“斗大的洪宪年号，抬出朝堂”的前后，国家也陷入混乱的局面。他编撰的意图，就是要“就其大者立论”，对帝王专制的魔力“再三致意，悬为炯戒”，以助力国家思想的形成。蔡东藩的这一做法，与“九一八事变”后顾颉刚意欲编撰通俗《中国通史》的想法是不谋而合的。顾颉刚在 1932 年说：“年来国势凌夷愈甚，国人皆知非提倡民族主义将无术自存于世，而以史事知识普及于民众，藉先民保存种族之伟绩与其创造文化之光唤起其爱国家爱民族之热忱，实为灌输民族主义最有效之方法，于是中国通史之需要乃益急。”[①]

总之，蔡东藩对“良小说”的倡导并实践，套用全祖望的诗句，就是“作歌补史宬”“作诗志忧患”。

2.《客中消遣录》、《西太后演义》中的“小说观”

（1）《客中消遣录》

该书完稿于 1918 年 2 月，距《清史通俗演义》一年有余。在序言中，蔡东藩肯定了蒲松龄《聊斋志异》“非劝即惩”的作用。他说：“蒲之作此书，每篇之中各有寓意，非劝即惩，不便明言则假诸狐鬼以为词。后之阅者或疑其好诞，或病其导淫，岂知作书之旨哉？”但他又憎恨那些“庞言杂沓，媟语浸淫”的小说，“恨其不能付一炬也”。

这里，蔡东藩判断小说好坏的标准就是能否起到“劝善惩恶”“以补圣贤传之未逮”的作用。于是，他“举其所谓社会、时事、历史、人情、侦探、寓言、哀感顽艳诸说体”编为一书，“俾阅者神游目想于卷帙间，探盈虚之理，达祸福之源”。[②]

不难发现，虽然蔡东藩依然坚持小说“劝善惩恶”的功能，依然批评“庞言杂沓，媟语浸淫”，但“史”在《客中消遣录》中很大程度上“祛魅”了。他

① 顾颉刚：《现代中国史学与史学家》，《宝树园文存》（第二卷），中华书局 2015 年版，第 340 页。

② 蔡东藩：《客中消遣录》，上海会文堂书局 1918 年版，序。

开始关注小说的消遣性与趣味性了，这对于他随后创作《西太后演义》起到了很大的导向作用。

（2）《西太后演义》

《西太后演义》的内容“得诸遗闻，征诸故乘”，讲究“无一语无来历”。蔡东藩也自诩“名曰小说，实同信史”。但《西太后演义》整体上呈现出“小说化”的倾向。如第二回，蔡东藩抓住那拉氏年轻时的一个梦，极尽描摹刻画之能事，充分发挥了“小说”的特长：

> 正在朦朦胧胧的睡去，瞥见灯光一闪，有个青衣侍儿，冉冉而入，眉目间隐含秀气，装束亦比众不同，走近坑旁，向她招手。兰儿（指慈禧）正思诘问，那侍儿偏上前扶起自身，恰不知不觉地随了她去。甫出家门，即见一片大平原，两旁都列着古木丛林，浓翠欲滴，还有翠生生的瑶草，红灼灼的琪花，掩映林间，格外秀艳。兰儿暗想道：“怎的家门外有这般胜境，我没病时往来多次，如何并没有见到？”想念未已。那青衣侍儿走得很速，已与兰儿隔了一程。兰儿急行而前，疾走了数百步，方才赶上。这所在又别具一番景致：左有银河，右有蓬岛，山风飒爽，水石清幽；空中复有白鹤飞舞，羽衣翩跹，非常皎洁，见了兰儿，仿佛如相识一般，故意低翔在兰儿头上盘旋不住。兰儿心爽神怡，也不管他是什么名地，只是随行随赏，目不胜接。又行了里许，前面的侍儿忽已不知去向，但见有一座高旷的楼阁，挡住途中，上面悬一匾额，仰望似有三个大字，既不是汉文，又不是满、蒙文，并不是篆文、隶文。兰儿一想：我此番被他难倒了，如何此处的字儿我都不识一个？再从门内探望，复道琳廊，回栏曲榭，都是见所未见。暗想：这里莫非是琼楼玉宇？我何幸到此一游。可惜导引无人，不能擅入，看来只好作个门外汉吧？正想着，那侍儿从门右出来，含笑相迎。兰儿喜甚，不暇详问，立即随入。穿过回廊，绕出曲槛，方到里面的大厅。白玉作梁，黄金作柱，碧云为牖，月为灯，说不尽的华丽，描不尽的精工。所陈几案桌椅等件，并非竹木制就，统是天然的宝石雕砌而成。还有极大的珊瑚树，极高的琥珀台，陈设两楹。真是满目琳琅，令人目眩。那兰儿几疑身入广寒，弄得神思恍惚，心不由主。俄闻珠帘响处，香风一阵一阵地吹将过来，接连有环佩声、履舄声，杂沓而出。当先的是两名侍女，轻裾长袖飘飘欲仙。随后又有五六个艳姝，身材不相上下，个个似宝

月祥云，明珠仙露。这许多色彩，射入兰儿眼帘，不由的因羡生惭，自觉形秽。蓦听得一声珠喉，度入兰儿耳中，道："贵客到了，如何不请她进来。"兰儿一怔，不知谁是贵客？忽由前导的侍儿将她扶入。她进了厅，见各丽姝统站在左首，风环雾鬓，秀逸不群。顿时目迷心折，拟向前屈膝请安。但听各丽姝齐声道："不敢，不敢，你是将来的国母，休要客气。"言毕，统向兰儿握手问好。兰儿至此，也好像自身已列尊荣，竟放着胆，与她酬答。寒暄数语，渐渐投机，各丽姝就邀她坐在客位。兰儿不及谦让，竟至东首坐定。侍女献上一杯，这杯系碧玉镂成，异常玲珑，杯中盛着清水，并无一颗茶叶，偏是芳气袭人，沁入心脾，顿觉精神增倍。饮毕，有说的是汉宫歌舞，有说是天宝风流。兰儿不识玄妙，只随声附和数语。忽一丽姝太息道："我辈昔投尘网，多半有始无终，倒不如今日的贵客，后福无穷。"旁坐一姝道："这也不可一例论。"随举手指上座二人道："她两人在汉唐时，非为天子母，操生杀权么？"言未毕，厅外忽有人狂呼，惹得兰儿吃一大惊，转眼间，连各位丽姝及一座大厅都不见了。[①]

对于这段"幻境"，蔡东藩也自认为"写得奇诡谲漾，光怪陆离"。虽然其后他又说："运实于虚，寓规于讽，不得徒以小说目之。"但这毕竟是"小说"的笔法了。更何况，在慈禧临死时，蔡东藩复写了一个"幻境"，与之呼应：

那时西太后的神魂，已出离躯壳，似乎随着一个古装侍女，趋出西苑。苑门以外别有一天。约行了里许，即见有嫏嬛福地，仿佛曾经到过。既而步入仙阙，由待女入内通报，户辟帘开，有数仙姝出来相迓，各吐着清声道："国母来了，尘世间的趣味如何？"西太后望将过去，多是面善得很，便答道："好几年不见了，诸位想统安好？"有两个丽姝嗤然道："我辈是静处幽乡，不及你尘寰享福，什么西苑，什么南海，什么万牲园，什么颐和园，由你随处游览，醉生梦死的五六十年，你的威风也算使尽了，你的荣华也好享足了，我辈惭愧得多哩。"西太后道："那里说来，我的安乐虽是不少，我的患难恰也很多。"丽姝复笑道："区区患难值得甚么。你是应着满清的数，要你去干一下子，好教覆清兴汉。现在清室已将亡了，你的

① 蔡东藩：《慈禧太后演义》，浙江人民出版社，1980年版，第15—16页。

功恰也不小。”说至此，举起纤手，拍西太后胸前道：“你难道还尘梦未醒么？”西太后猛叫一声……[1]

此外，如贵妃归省、同治微行、万牲园临幸等，都写得很绮丽。

在《客中消遣录》小说观的影响下，《西太后演义》脱离了《清史通俗演义》的轨道，显示出了“小说化“的倾向。蔡东藩在第四十回总评中写道：“我敢援笔以纪其后曰，是可作历史小说、政治小说、社会小说及醒世小说读。”

何谓“政治小说”？按1902年新小说报《中国唯一之文学报〈新小说〉》中的论述：“政治小说者，著者欲借以吐露其所怀抱之政治思想也。其立论皆以中国为主，事实全由幻想。”[2]

何谓“社会小说”？成之《小说丛话》云：“此种小说，以描写社会上腐败情形为主，使人读之而知所警诫，于趣味之中，兼具教训之目的。如《儒林外史》及近出之《官场现形记》等，其适例也。近出之小说，属于此类者颇多。此种小说，自其主义上论之，诚为有利无弊。但其佳否，当以（一）作者道德心及观察力之高低；（二）有无文学上之价值为断。”[3]

“事实全由幻想”，“有无文学上之价值为断”，这使得欲融历史、政治、社会、醒世于一体的《西太后演义》，自然而然地展现出有别于《清史通俗演义》的风格来。

当然，在蔡东藩看来，《西太后演义》还是有别于一般的“俗小说”。他还坚持着“劝善惩恶”的宗旨，还坚持着“无一语无来历”的原则。虽然该书出现了两段幻境，蔡东藩自辩这不过是“运实于虚，寓规于讽”的作法。

3.《中华全史通俗演义》中的“小说观”

1919年2月，蔡东藩完成了《二十四史通俗演义》的增订工作。陈子平认为，《中华全史通俗演义》是对《西太后演义》的“历史化的反拨”[4]。那么，蔡

---

① 蔡东藩：《慈禧太后演义》，浙江人民出版社1980年版，第372页。第369—370页。

② 游友基：《中国社会小说通史》，江苏教育出版社1999年版，第184页。

③ 成之：《小说丛话》，黄霖、韩同文《中国历代小说论著选》（下），江西人民出版社1985年版，第369页。

④ 范伯群：《中国近现代通俗文学史》（下卷），江苏教育出版社2000年版，第80—117页。

东藩为什么会“反拨”呢？

> 今试对后生小子，告以刚日读经，柔日读史，彼非不知经史之有用也，顾读未终帙，即昏然思睡，往往有屡戒勿悛者。追静而察之，则彼所日夕嗜阅流连忘倦之书，非淫词，即艳说。其览及列国、三国诸演义，虽非应读，犹为不诡，于正则甚矣，俗尚之，日漓而靡所底止也。主持教育者忧之，爰严申禁令，命取坏人心术之小说，铲而毁之，不使误人。而坊间书侩阳奉阴违，或改头换面，或变本加厉，五花八门之杂志丛报，多半为导淫鬻奸之邪说。世无祖龙，谁与收拾净尽，付诸一炬乎！窃谓强人遵禁者难为力，因势利导者易为功。就庸耳俗目倾向之稗史，逐加改良，因革损益，勿纳于邪，未始非通俗教育之一助也。
>
> 鄙人橐笔有年，犹苦未逮。偶于敝箧中检得二十四史通俗演义，为新昌吕氏原著。数年不暇观，复展阅一周，觉事依正史，语若新闻，约而能赅，俗不伤雅，得失为之了然，妇孺亦能通晓，深有合于通俗教育之宗旨者。①

读这则序言，可以明白蔡东藩“反拨”的原因，即是为了助力通俗教育。民国初期的社会教育，在推行上一般以“通俗教育”为名。1915 年，教育部设立通俗教育研究会，以“研究通俗教育事项，改良社会，普及教育”②为宗旨，分小说、戏曲、讲演三股。小说股主要负责新旧小说的调查、编辑、改良、审核工作，经审核的小说分为上、中、下三等。上等且合乎“宗旨纯正，有益于国家社会者；思想优美，有益于世道人心者；灌输科学知识，有益于文化发达者；文词优美，宗旨平正者”予以奖励，凡“宗旨乖谬，妨碍公共秩序者；词意淫邪，违反善良风俗者；思想偏激，危害国家者”予以禁止。③1916—1922 年，小说股共审核小说 1228 种。可见小说被视为通俗教育的重要载体。

蔡东藩指出，“强人遵禁者难为力，因势利导者易为功”，应“就庸耳俗目

---

① 蔡东藩：《中华全史通俗演义》（第 1 卷），上海大东书局 1919 版，第 12 页。

② 舒新城：《中国近代教育史资料》（下册），人民教育出版社 1981 年版，第 812 页。

③ 中国第二历史档案馆：《中华民国史档案资料汇编》（第三辑），江苏古籍出版社 1991 年版，第 153 页。

倾向之稗史，逐加改良”，使之“事依正史，语若新闻，约而能赅，俗不伤雅，得失为之了然，妇孺亦能通晓”，才“有合于通俗教育之宗旨”。由此，他又自觉地回到了《清史通俗演义》这一“良小说”的轨道上，并正式确定了他对“历史小说”的理解和把握标准。这一编撰宗旨也是他在后续的通俗演义中反复强调的，如：

> 小子为通俗教育起见，越见得欲罢不能，所以今日写几行，明日编几行，穷年累月，又辑成一部《明史演义》出来。宜详者详，宜略者略，所有正史未载，稗乘偶及的轶事，恰见无不搜，闻无不述，是是非非，凭诸公议，原原本本，不惮琐陈（《明史通俗演义》第一回）
>
> 民国初年，为厘定法规时代，公布各法，自有专书，非本书所应殚述。但本书亦寓通俗教育，所有普通各法规，为一般人民所应略晓者，固不得不粗举一斑，揭而出之，俾阅者得助见闻，正灌输知识之嚆矢也。（《民国通俗演义》第十三回）
>
> 夫以官书之辞烦义奥，不暇阅，亦不易阅，乃托为小说演成俚词，以供普通社会之览观，不可谓非通俗教育之助。（《宋史通俗演义·序》）
>
> 鄙人不敏，曾举宋、元、明、清诸史事，编为通俗演义，陆续印行，海内大雅，不讥弇陋，且谓可得通俗教育之助，爰再溯流而上，就唐事以为演述，共成百回，以正史为经，务求确凿，以轶闻为纬，不尚虚诬。（《唐史通俗演义·序》）
>
> 本编兼采正稗，贯彻初终，所有前汉治乱之大凡，备载无遗。而于女宠外戚之兴衰，尤再三致意，揭示后人，非敢谓有当史学，但以浅近之词，演述故乘，期为通俗教育之助云尔。（《前汉通俗演义·序》）

陈子平认为：“蔡东藩在依傍‘正史’的通俗化、演义化的历史小说创作中，尝试‘小说化’的路径，显示出他‘一厢情愿’的‘单方面’的突进是极为矛盾和困惑的。‘主观’上想尝试一下‘小说化’的创作，而‘客观’的知识储备和禀赋又不能为他提供足够的驾驭‘小说’的素养和才能；‘情感’上想跳离‘正史’和‘通俗化’‘历史化’的框框圈圈，但‘理智’上又不能忘却抛弃士阶层的‘立言’的人文传统。因而，《西太后演义》成了蔡东藩唯一的一部带有‘小说化’倾向的历史小说就不足为怪了。”[①] 我们说，写作意图决定着素材的选择与处理。“期为通俗教育之助”，就必须求真务实，客观公正地演义历史。所以，陈子平的这番评论是值得商榷的，反而是罗以民的评价比较切合蔡东藩为通俗教育之一助而编撰历朝通俗演义的思想。他说：“蔡东藩的历史演义，虽都是章回体，但它与《三国演义》《水浒》却很不一样。蔡氏的历史演义基本无整体的艺术构思，无性格鲜明的人物，更没有一部书有贯穿始终的人物，这似乎是他的短处。但细读蔡东藩的著作，你就会发觉他根本无意于此。他的目的是向大众通俗地讲史，并无意写人物。”[②]

综上，蔡东藩认为，历史演义应该是“良小说”，有着以下三个特征：一是从功能上讲，主要是羽翼信史，传播历史知识；劝善惩恶，即古证今，以教化社会；二是在素材选择上，事依“正史”，兼采正稗；语皆有本，不涉虚诬；三是在叙述方法上，语则从俗，运用曲笔，化正为奇，增加可读性。

故以此论之，如《三国演义》《隋唐演义》《说岳全传》之类，皆被蔡东藩斥为“俗小说”。

（三）《历朝通俗演义》的定位

纵观近些年来有关历史演义（历史小说）的研究成果可知，学界对《历朝通俗演义》的文体定位是不一的。从西方文艺理论视域下的小说观念切入的话，学界往往认为历史演义的叙述模式过于平整、人物形象过于扁平，文学趣味略有欠缺。从“史书”切入的话，又认为历史演义所写并不足以完全征信。时下，学者对《历朝通俗演义》的归口也是不一的。

一是归入“通俗史学”范畴，如吴泽、顾颉刚、来新夏等。20 世纪 80 年代，吴泽主张对历史演义作具体分析，如《东周列国志》以史实为经，号称无一事无来历，即为通俗史。《三国演义》“七分事实，三分虚构”，其性质多为小说。所以，其主编的《中国近代史学史》中专门设有“通俗史学的发展与蔡东藩《中国历代通俗演义》的编撰”一节，认为蔡东藩集演义体（史学）之大

---

① 范伯群主编：《中国近现代通俗文学史》（下卷），江苏教育出版社 2000 年版，第 80—117 页。

② 罗以民：《话说蔡东藩的讲史演义》，《书屋》，2004 年第 5 期，第 32—35 页。

成。[①]李红岩在其《通俗史学论》中认为，“从晚清小说界革命所反映出来的通俗史学思想，到白寿彝先生的通俗史学观，可以看出，以尊重历史真实为前提，不排斥使用艺术性的手法，是中国主流学者对通俗史学的基本观点。蔡东藩《中国历代通俗演义》以历史为本体，严格选择史料，坚持反对歪曲或虚构历史事实，不允许用艺术来僭夺历史的本体地位，无论从思想脉胳，抑或从实践品格上说，都堪称典范。”他还认为，“‘辞从浅近，迹异虚诬’，是蔡东藩的撰写原则，正是通俗史学之要旨。”[②]

二是归入“通俗文学”范畴，如范伯群、楼含松、钱振纲、张赣生等。陈子平在《中国近现代通俗文学史》中的专章论述，是从文学角度对蔡东藩历史演义加以分析的论著中最具有代表性的。他称蔡东藩为中国近现代历史小说史上“正史演义”创作的集大成者，认为蔡东藩“并不把他的‘正史演义’视作‘寻常小说’，而是‘历史’的‘通俗化’‘演义化’。”[③]楼含松在《从“讲史”到“演义”——中国古代通俗小说的历史叙事》中指出，“蔡东藩新编历朝演义，要求自己‘语皆有本’，不过是历史的通俗化。到这时候，可以说历史演义的文学生命已经结束了。”[④]陈子平、楼含松的论述，实际上从文学的角度指出了《历朝通俗演义》“崇史”的特点。

那么，究竟归入哪个范畴更切合蔡东藩的编撰意图及《历朝通俗演义》的文体特性？让我们再来看一下 1935 年卢冀野为《历朝通俗演义》所作的序言。有论者曾指责卢序大谈史学知识，与《历朝通俗演义》不大相干。这一说法其实是不严谨的。卢冀野在《前汉通俗演义·序》中解释了他这么做的原因：“我将在此后，逐代地介绍一些史料的参考，使读蔡先生这部演义以后，还能自动地搜寻。大约这是读者所需要的吧！”可见，卢冀野是把《历朝通俗演义》视作“史书”的。他认为，蔡东藩是本着史实、史料、史学一体三位的史法编撰《历朝通俗演义》的，价值不在正史下。[⑤]再则，上海会文堂新记书局在《改版

① 吴泽主编：《中国近代史学史》（下册），江苏古籍出版社，1989 年版，第 394—414 页。

② 李红岩：《通俗史学论》，《史学理论与史学史学刊》，2011 年卷总第 9 卷，第 38—50 页。

③ 范伯群主编：《中国近现代通俗文学史》（下卷），江苏教育出版社 2000 年版，第 86 页。

④ 楼含松：《从“讲史”到“演义”——中国古代通俗小说的历史叙事》，商务印书馆 2008 年版，第 335 页。

⑤ 政协萧山市委员会文史工作委员会《蔡东藩学术纪念文集》，1988 年版第 202—210 页。

印行缘起》中，也把《历朝通俗演义》视为历史补充读物，而许廑父更是称之为“史学演义”。

所以，与其说《历朝通俗演义》为文学小说，不如看成是章回体的通俗史学著作，十一部通俗演义合起来构成了一部完整的演义体的中国通史。

二、“期为通俗教育之助”

改造国民性，是20世纪中国思想领域的历时性话题。从梁启超、鲁迅、陈独秀到胡适，一代代知识精英分子苦心孤诣，提出了种种国民性改造方案。通俗教育其实也是一次对国民近代化的实验，力求塑造与新国家相匹配的“新国民”。

在这次“实验”中，蔡东藩延续着“教育急进”的思想，视教育为塑造“新国民”的重要途径。梁启超曾大声疾呼：“欲新一国之民，不可不先新一国之小说”[①]。鲁迅写了大量的小说、散文、杂文，持之以恒地揭露、总结、批判中国人国民性中的“劣点”。蔡东藩则看到了“史学“的价值，认为历史叙述应“放伟大之眼光”，“以民族为史骨”，发挥“迪民德、启民智、育民体”的作用。[②]于是，遑遑光阴十余载，他“借说部体裁，演历史故事”，焚膏继晷，埋头笔耕，承担起了教育民众的责任。也因此，《历朝通俗演义》呈现出浓厚的喻教于史的倾向。

（一）即古证今，激励爱国

中华民国的成立，标志着中国两千年帝制的结束和亚洲第一个共和国的诞生。“我国四万万同胞，总道是民国肇兴，震铄今古，函夏无尘，大家好安享太平”。然而现实很快粉碎了人们的美梦，各派军阀你方唱罢我登场，各式宪法与议会屡立屡废，社会动荡，社稷飘摇。蔡东藩不禁感慨道：

---

① 陈平原、夏晓虹：《二十世纪中国小说理论资料》（第一卷），北京大学出版社1997年版，第53页。

② 蔡东藩：《中西史学不同说》，《中等新论说文范》（第一册），上海会文堂书局1912年正月版，第20页。

咳！好好一座中国江山，被这班强有力的大人先生，闹到四分五裂，不可究诘，共和在哪里？民主在哪里？转令无知无识的百姓，反说是前清制度，没有这般嚣闹，暗地里怨悔得很。[①]

对国家民族忧心忡忡的蔡东藩，在《民国通俗演义》这部“当代史”中，以笔锋作“兵锋”，左批军阀，右批议员，夹批国民陋习。如：

观当时之军阀家，好似博弈一般，列席之时，见甲顺手，则与甲合股，而与乙为仇，见乙顺手，又与乙合股，而与甲为仇，不论曲直，但争利益，虎变将军，即其明证也。（第九十一回）

军阀求逞于一朝，小民受苦于毕业，民也何辜，遭此荼毒乎？子舆氏有言，春秋无义战。又曰：我善为陈，我善为战，大罪也。彼时列强争雄，先贤犹有疾首痛心之语，今何时乎？今非称为民国共和时代乎？尚奈何一战再战，且连战不已也。（第九十三回）

议院中的议员，徒学了刘四骂人的手段，今日吵，明日闹，把笔墨砚瓦，做了兵械，此抛彼掷，飞来飞去，简直似孩子打架，并不是政客议事，中外报纸，传为笑谈。（第一回）

共和党及统一共和党，听了买嘱二字，自然禁受不起，便与同盟会员争闹起来，霎时间全院鼎沸，几成一个械斗场。（夹注：好一班大议员）议长吴景濂，见秩序已乱，慌忙出来禁止，并摇铃散会，大众方一哄而散。（第十二回）

当议决选举法时，亦曾料到此着，将选举诉讼事件，及选举犯罪条例，尽行规定，预为防范；偏中国是个章程国，形式上很觉严密，实际上绝少遵行，以致选举风潮，屡见叠出。（夹注：中国人之无公德心，于此可见，说将起来，令人可叹。）（第十九回）

“莫道书生无诣力，一枝斑管足褫凶”。虽然不一定足以“褫凶”，但不可谓《民国通俗演义》批判力度不强烈。要知道，蔡东藩编撰《民国通俗演义》时，黎元洪、段琪瑞、张作霖、吴佩孚、陈炯明等人还在世呢。如此这般的批判，

① 蔡东藩：《民国通俗演义》，中华书局 2015 年版，第 4 页。

是为了警醒国人，以今鉴来，群策群力张民权、振国势，创造一个致治的时代。

意大利历史学家、哲学家克罗齐提出过一个著名的命题，那就是“一切真历史都是当代史”[①]。意思是说，历史只有引起现时的思索才是真正的历史，旨在强调历史的现时性。蔡东藩主张历史演义要“即古证今”，即通过历史与当下社会相似性的揭示，启发世人以古鉴今，这与克罗齐的观点极为相近。因此，在其他几部历史演义中，始终存在着当下意识和现世情怀，或指出历史事件乃“今日之药石”，或揭示古今历史的相似性，或直接告诫，借端寄慨，从而在历史演义作为“当代史”的现实指涉性上引起读者的切身感受。如：

> 今距五季已阅千年，而军阀乘权，争端迭起，纵横捭阖，各戴一尊，几使全国人民，涂肝醢脑于武夫之腕下，抑何与五季相似欤？况乎纲常凌替，道德沦亡，内治不修，外侮益甚，是又与五季之世有同慨焉者？殷鉴不远，覆辙具存。告往而果能知来，则泯泯棼棼之中国，其或可转祸为福，不致如五季五十余年之扰乱也欤？[②]

伤心人别具怀抱。蔡东藩为“大军阀战兴越豪，小百姓生涯越苦，革命革命，共和共和，最不料搅到这样地步”[③]而痛哭流涕。他认为，“欲要内讧不致蔓延，除非是国家统一，欲要外人不来问鼎，亦除非是国家统一！”[④]若革命不革心，衮衮诸公依然自争私利，凡夫俗子依然不能自立，结果必然是“国也亡，家也亡，无论豪族平民，统去做外人的砧上鱼，刀下肉，无从幸免”[⑤]。这些言论，是他痛于政乱朝昏，感于国弱民贫，犹如暮鼓晨钟的呼喊，因此有着鲜明的现实针对性和极强的情感驱动力。

（二）义发劝惩，裨补人心

从孔子的“兴观群怨”，到《毛诗序》提出“经夫妇，成孝敬，厚人伦，美教化，移风俗”，我国各类文人创作都离不开“教化”，史书也不例外。明清时

① 克罗齐：《历史学的理念和实际》，傅任敢中译本，商务印书馆 1982 年版，第 2 页。
② 蔡东藩：《五代史通俗演义》，中华书局 2015 年版，自序。
③ 蔡东藩：《民国通俗演义》，中华书局 2015 年版，第 841 页。
④ 蔡东藩：《五代史通俗演义》，中华书局 2015 年版，第 2 页。
⑤ 蔡东藩：《两晋通俗演义》，中华书局 2015 年版，第 2 页。

期的历史演义家曾反复强调，演义就是阐扬史书大义，褒赞忠臣义士，惩创乱臣贼子，裨补世道人心。吴趼人为策应维新运动，在认同改良、群治的基础上，强调历史小说“旌善惩恶”的道德教化功能。在《〈月月小说〉序》中他说：“吾人丁此道德沦亡之时会，亦思所以挽此浇风耶？则当自小说始，是故吾发大誓愿，将遍撰译历史小说，以为教科之助。”[①]蔡东藩也认为认为“彰善瘅恶”，乃“史家之责”[②]。因此，《历朝通俗演义》对“忠孝节义”极力宣扬，不嫌繁复。

对忠臣义士的赞美，对乱臣贼子的批判。且不说史上岳飞、文天祥、史可法这些著名的忠臣，就连复辟之张勋，蔡东藩也冠以“孤忠”，评其“其迹可訾，其心尚堪共谅也”[③]。再如关羽在中国民间就是忠义之化身，在“关羽降曹”这件事上，蔡东藩为了给关羽“保全身分”，不依正史而采入稗史，说关羽“没奈何与张辽定约，只降汉，不降曹；且与刘备义同生死，若闻备投向何方，即当往依云云”[④]。可以说，为了“褒忠”，蔡东藩在张勋复辟、关羽降曹两件事上，表现得很迂执。那么，对于那些乱臣贼子，蔡东藩自然极尽唾骂、讥讽之能事了。如赵孟頫为宋室后人，却出仕元廷，甘心仇敌之禄，蔡东藩特在他名字前冠以“宋宗室”三字，以示嘲讽。[⑤]再如秦桧嚼舌而死后，蔡东藩又特意交代，爱憎之情溢于言表：

> 后世于岳王墓前特铸铁人四个作长跪状，男三女一，三男即秦桧、张俊、万俟卨，一女即桧妻王氏。时人咏岳王墓诗有云“青山有幸埋忠骨，白铁无辜铸佞臣”二句，脍炙人口。桧墓在江宁，至明成化年间为盗所发，窃得珍宝，值资巨万，盗被执，有司饬吏往验，见桧与妻王氏各僭用水银为殓，面色如生。当下碎尸投厕，且减轻盗罪，大众称为快事。（夹注：千百年后，犹令人恨视逆桧夫妇，贼男贼女，其可为乎？）[⑥]

① 陈平原、夏晓虹：《二十世纪中国小说理论资料》（第一卷），北京大学出版社 1997 年版，第 188 页。

② 蔡东藩：《元史通俗演义》，中华书局 2015 年版，第 158 页。

③ 蔡东藩：《民国通俗演义》，中华书局 2015 年版，第 621 页。

④ 蔡东藩：《后汉通俗演义》，中华书局 2015 年版，第 614 页。

⑤ 蔡东藩：《元史通俗演义》，中华书局 2015 年版，第 181 页。

⑥ 蔡东藩：《宋史通俗演义》，中华书局 2015 年版，第 569 页。

对节孝的宣扬。孝道是传统道德的核心。朱寿昌弃官寻母，是广为流传的《二十四孝》故事之一，蔡东藩在《宋史通俗演义》第三十七回对此有较为详细的描述，不仅以李定之背母为反衬，并且赋诗云“人生百行孝为先，寻母何辞路万千。留得一编《孝义传》，好教后世仰前贤”，以褒扬其孝义。[①] 他如亲尝汤药、缇萦救父等，也被蔡东藩收入演义之中。《后汉通俗演义》第三十九回，为标榜女界，他胪述前型，连续记叙了班昭、姜诗妻、乐羊子妻、陈文矩继妻四位贤媛的故事，自谓“寓意甚深，用心亦良苦”。在第六十九回，蔡东藩为貂蝉辩解道：

本回标目，以两妇为总纲，皇甫妻固烈妇也，拼生骂贼，足愧须眉。若貂蝉者，其亦一奇女子乎？司徒王允，累谋无成，乃遣一无拳无勇之貂蝉，以声色为戈矛，反能制元凶之死命，红粉英雄，真可畏哉！或谓妇女以贞节为大防，如皇甫妻之宁死不辱，方为全节；彼貂蝉既受污于董卓，又失身于吕布，大节一亏，虽有他长，亦不足取。庸讵知为一身计，则道在守贞；为一国计，则道在通变。普天下之忠臣义士，猛将谋夫，不能除一董卓，而貂蝉独能除之，此岂尚得以迂拘之见，蔑视彼姝乎？[②]

“为一国计，则道在通变”。即便貂蝉“失节”，但她是为国除奸贼而“失节”，所以，蔡东藩认为不得以迂拘之见去蔑视貂蝉。但是，“为一身计，则道在守贞”，所以，他又对小说家乐道“才子佳人苟合”的行为予以了批评：

文君夜奔相如，古今传为佳话，究之寡廉鲜耻，有玷闺箴。而相如则尤为名教罪人，羡其美而挑逗之，涎其富而污辱之，学士文人，果当如是耶！我国小说家，往往于才子佳人之苟合，津津乐道，遂致钻穴窥墙之行，时有所闻。近则自由择偶，不待媒妁，盖又变本加厉，名节益荡然矣。然文君既随相如，虽穷不怨，甚至当垆沽酒，亦所甘心。以视近人之忽合忽离，行同犬彘者，其得毋相去尚远耶！读此回，不禁有每况愈下之感云。[③]

① 蔡东藩：《宋史通俗演义》，中华书局 2015 年版，第 260—264 页。

② 蔡东藩：《后汉通俗演义》，中华书局 2015 年版，第 542 页。

③ 蔡东藩：《前汉通俗演义》，中华书局 2015 年版，第 465 页。

蔡东藩认为，“辨忠奸，别贞淫，抉明昧，核是非，则为书中应有之余义，非敢谓上附作者之林，亦聊以寓劝戒之意云尔”。为起到劝诫作用，蔡东藩甚且不惜宣扬因果报应。如田蚡以私憾族灌夫，杀窦婴，最终遭鬼祟而毙命。他写道：

元光五年春月，蚡正志得气骄……朝野上下，哪个敢动他毫毛，偏偏两冤寻入相府，互击蚡身，蚡一声狂叫，扑倒地上，接连呼了几声知罪，竟致晕去。妻妾仆从等，慌忙上前施救，一面延医诊治，闹得一家不宁，好多时才苏醒。口眼能开闭，身子却不能动弹。当由家人舁至榻上，昼夜呻吟，只说浑身尽痛，无一好肉。有时狂言谵语，无非连声乞恕，满口求饶。家中虽不见有鬼魅，却亦料他为鬼所祟，代他祈祷，始终无效。武帝亲往视疾，也觉得病有奇异，特遣术士看验虚实，复称有两鬼为祟，更迭笞击，一是窦婴，一是灌夫，武帝叹息不已，就是王太后亦追悔无及。约莫过了三五天，蚡满身青肿，七窍流血，呜呼毕命！①

蔡东藩如此矻矻于历史人事来向读者灌输伦理道德，这既说明他对历史演义必须寓含劝善惩恶之旨、关乎世道人心方才能为世所“贵”这一传统观点的认同，更说明他有着很高的道德自觉性和很强的社会责任感，他在努力地尽着一个演义作家“告诉”“讽劝”的责任。

当然，蔡东藩的道德观念与当时新文化派的激进观点相比，无疑是保守的。那么，究竟该如何看待在我国存在长达2000年之久的“忠孝节义”观呢？这是一个值得思考的问题。假如我们能正本清源，把专制社会加在这四个字前的“愚”字去掉的话，比如“节”就倡导人们行为处事中要掌握一定的度，不失其气节与节操，让“忠孝节义”重新成为民众做人的基本准则，重新为普遍尊重的伦常标准，这应该不是件坏事！

（三）牖启闾巷，传播史实

中国是世界上史学最发达、史籍最浩繁的国家。一部《二十四史》，就有3300卷左右。如再加上《新元史》《清史稿》，则达4000余卷。吴趼人曾指出：

① 蔡东藩：《前汉通俗演义》，中华书局2015年版，第483页。

秦、汉以来，史册繁重，庋架盈壁，浩如烟海。遑论士子购求匪易；即藏书之家，未必卒业。坐令前贤往行，徒饱蠹腹；古代精华，视等覆瓿。良可哀也！窃求其故，厥有六端：绪端复杂，艰于记忆，一也。文字深邃，不有笺注，苟非通才，遽难句读，二也。卷帙浩繁，望而生畏，三也。精神有限，岁月几何，穷年龁龁，卒业无期，四也。童蒙受学，仅授大略，采其粗范，遗其趣味，使自幼视之，已同嚼蜡，五也。人至通才，所已逾冠，虽欲补习，苦无时晷，六也。有些六端，吾将此册籍之徒存而已也。[①]

正是因为这“六端”，才会产生历史演义这一文体，以传播史实。然历史演义中也会有蹈虚附会之作。这些“蹈虚附会”之作，就是蔡东藩所谓的“俗小说”，“事多伪造”，“增人智识则不足，乱人术且有余”：

桑麻无恙，鸡犬不惊，村夫野老，散坐瓜棚豆架旁，笑谈大唐遗事，什么晋阳宫，什么凤凰山，什么摩天岭，什么薛仁贵征东，什么罗通扫北，什么巴骆和，什么宏碧缘，最出奇动人的，是盖苏文兴妖作怪，樊梨花倒海移山，唐三藏八十一难，孙悟空七十二变，说得天花乱坠，神怪迷离；其实是半真半假，若有若无。咳！我想迷班村夫野老，能识得几个字？能读过几句书？无非藉神社戏剧、茶肆盲词，灌输一些见闻，就借那闲着时候，说长论短，谈古说今，自称为大唐人，戏述那大唐事，究竟唐朝有若干皇帝？多少版图？一古脑儿莫明其妙。甚且把神功妖法、子虚乌有等谈，信为真有，看似与国无害，与家无损，哪知恰有绝大关系。[②]

蔡东藩的《历朝通俗演义》正是介于正史与“俗小说”之间的“良小说”，“以正史为经，务求确凿；以轶闻为纬，不尚虚诬”，“语则从俗”，“老妪都解”，举“史传非尽人能读，且非尽人得读”两弊而悉去之，以传播历史知识，牖启“闾巷颛蒙”。所以，在传播史实思想指导下的编撰的《历朝通俗演义》，呈现出与同时代一些传统历史演义不同的特征。

比如，许啸天（1886—1916，浙江上虞人）在小说创作方面也以历史演

① 吴趼人：《痛史》，福建人民出版社 1981 年版，第 1 页。
② 蔡东藩：《唐史通俗演义》，中华书局 2015 年版，第 1 页。

义为主，著有《清宫十三朝演义》《明宫十六朝演义》《唐宫二十朝演义》等。陈子平把这三部演义称之为“宫闱秘史”①。以乾隆朝为例，我们可以对比一下《清史通俗演义》与《清宫十三朝演义》的回目：

清史通俗演义	清宫十三朝演义
第三十三回　畏虎将准部乞修和　望龙髯苗疆留遗恨	第三十八回　弓鞋到处天子被刺　手帕传来郎君入彀
第三十四回　分八路进平苗穴　祝千秋暗促华龄	第三十九回　宝亲王私通舅嫂　乾隆帝宠爱香妃
第三十五回　征金川两帅受严刑　降蛮酋二公膺懋赏	第四十回　狱中回妇深夜被宠　宫里天子静昼窃听
第三十六回　御驾南巡名园驻跸　王师西讨叛酋遭擒	第四十一回　念父母乾隆下江南　争声色雪如登龙舟
第三十七回　灭准部余孽就歼　荡回疆贞妃殉节	第四十二回　东征西讨福康安立功　依翠偎红皇太子偷香
第三十八回　游江南中宫截发　征缅甸大将丧躯	第四十三回　证前盟和惠珅弄权　结深欢高宗宿娼
第三十九回　傅经略暂平南服　阿将军再定金川	第四十四回　莺莺燕燕龙须纤　叶叶花花云雨楼
第四十回　平海岛一将含冤　定外藩两邦慑服	第四十五回　脱簪苦谏皇后落发　奋拳狠斗天子被擒
第四十一回　太和殿受禅承帝统　白莲教倡乱酿兵灾	第四十六回　涿州府皇孙出现　同乐园宦女失身
	第四十七回　莺啼燕唱江南去　匣剑帷灯刺客来
	第四十八回　文字奇冤冢中戮尸　姊妹绝艳水底定情
	第四十九回　红灯照处美人死　绿树荫中帝子来
	第五十回　死宝妃高宗伤往事　游离宫嘉王窥秘像
	第五十一回　燕瘦环肥国外选色　偷寒送暖宫内纳姬
	第五十二回　老头子纪昀妙解　女孩儿福公祝寿
	第五十三回　奇珍异宝和珅抄家　擎石踢树成得献技

从回目数看，许啸天比蔡东藩多写了 7 回。多了些什么内容？读读回目也就一目了然了。“宫闱秘史”主要以宫廷为中心，专写宫闱秘闻。许啸天的宗旨在于“要把那班帝王社会寄托的宫廷描写出来，使人恍然于帝王亦犹是人也，无可神圣，且比我们清白小百姓分外的野蛮淫秽，他尤其是我们清白小百姓的仇人，劫夺我们生命财产的大盗”。蔡东藩则不然，他比较注重对历史进程中的重大事件和重要人物进行宏大叙事，把“一个统绪一个统绪的兴亡过程、一个

① 范伯群：《中国近现代通俗文学史》（下卷），江苏教育出版社 2000 年版，第 164—172 页。

人物一个人物的历史表现都告诉了”[①]，以阐明其中的义理，揭示成败兴衰之道。正因为所演之“义”的不同，蔡东藩是“羽翼信史而不违”，许啸天则与“正史”传统离得更远。

当然，有些“宫闱秘史”的作者也强调不敢向壁虚造，致蹈“齐东野语”之嫌。如此，由于所依的“史料”的大致相同，一番翻抄、模仿下来，有时也会出现两部演义内容乃至文字都相同的现象。如蔡东藩《元史通俗演义》（1920年出版）第四十五回与许慕羲《元宫十四朝演义》（1928年出版）第六十八回之“元文宗立储君”内容相同，文字类同。

也就是说，为发挥演义普及史实的认知功能，就鲜能离开重史实而不重艺术虚构的创作路子。当然，蔡东藩的本意也在此。在《历朝通俗演义》中，还时常引用书表疏诏，以营造一种“纯客观”的氛围，增强叙述的历史真实感。此外，他还运用批注的方式，帮助读者更好地理解史实。如：

> 楚怀王命宋义为上将，加号卿子冠军。（夹注：卿子系时人褒美之辞，即与公子相类。冠读去声，有统军之意。）（《前汉通俗演义》第十六回）
>
> 王匡王凤起事，借洞庭湖北的绿林山，作为巢窟。（夹注：后世称盗薮为绿林，便本此事。）（《后汉通俗演义》第三回）
>
> 扶风人窦融，为众所推，号为大将军，统领河西五郡。（夹注：武威张掖酒泉敦煌金城，称为河西五郡。）（《后汉通俗演义》第十一回）
>
> 汉光武帝刘秀伐蜀，大司马吴汉攻克夷陵，筹备露桡数百艘继进。（夹注：露桡，船名。桡系小楫，露系在外，故名露桡。）（《后汉通俗演义》第十九回）
>
> 汉光武帝喜爱东海王，皇太子强自母后被废后，常自不安。殿中侍讲进白太子强曰：“殿下久处疑位，上违孝道，下近危机。从前殷高宗为一代令主，尹吉甫亦千古良臣，尚因纤芥微嫌，放逐孝子。（夹注：《家语》载：曾参出妻，不复再娶，尝谓高宗以后妻杀子，尹吉甫以后妻放伯奇，吾上不及高宗，中不比吉甫，何如不娶？）为殿下计，不如引愆让位。”（《后汉通俗演义》第二十一回）

① 陈志根：《蔡东藩研究》，中国文史出版社 2005 年版，第 268 页。

蔡东藩如此处心积虑，确实也收到了良好的效果。1935 年，上海会文堂新记书局将蔡东藩的演义装成 44 册（外加许廑父续编《民国通俗演义》40 回），予以全部改印出版。当时的江苏省立南京中学校长张海澄给书局写信说："《历朝通俗演义》于中等学校学生文史知识，裨益匪浅，用特采作课外补充读物。"[①] 中国社科院近代史研究所研究员李天石先生曾中肯地说过，"他（指蔡东藩）的书，可以当作历史读。倘若读者要大体，而不是精确地了解中国历朝历代的大事经纬与主要人物，蔡东藩的书是值得一读的。"[②]

白寿彝曾指出："我们总结历史经验、总结文化遗产，不是为了自我欣赏，而是要产生社会力量，要产生社会的效果。因此，我们就不能不考虑用形形色色的方法把历史知识、历史理论传播给广大群众，让他们都更有机会利用历史知识、历史理论武装自己的头脑。如果接受正确的历史知识、正确的历史理论的人越来越多，那对于我们社会的发展、社会的进步越来越有利。"[③]10 余年心血，11 部历史类作品，600 多万字，2166 年历史。都云作者痴，谁解其中味？如果我们识得蕴含在《历朝通俗演义》中的传史、鉴今、劝人的主旨，就不会简单地用"既不全类史书，又没有文学意味"的语言一评了之了。

三、融"自撰、自批注、自评"于一体

"演义"又作"衍绎"，即"衍绎史传"之意。史传著作对历史演义无论从题材来源、编撰方法，以及叙述语言，都产生了深远的影响。历史演义问世时，为辅助读者阅读，如《大宋中兴通俗演义》等就出现了"夹注"和篇末"论曰"形式。到 1592 年，"评"的成分逐渐增加，内容多就书中的历史事件和人物作评述，注评结合成为评点的主要形式。这些评注者主要为书坊主和文人名士，当然也出现了自评也即编著者和评点者为同一人的独特现象，如玄真子编著的《征播奏捷传通俗演义》，于华玉编订的《岳武尽忠报国传》，袁于令改编的《隋史遗文》等。自评有在篇末如"太史公曰"形式的，也有采用眉批、夹批的。

《历朝通俗演义》最为独特的一点，就是融自撰、自批注、自评于一体。范

① 柴德赓：《蔡东藩及其〈历朝通俗演义〉》，《文汇报》，1962 年 1 月 25 日。

② 陈志根：《蔡东藩研究》，中国文史出版社 2005 年版，第 41 页。

③ 白寿彝：《白寿彝史学论集》，北京师范大学出版社 1994 年版，第 270 页。

志强曾指出："这'三自'代表着三种不同的笔墨，三种不同的看取历史的态度，以及由此呈现给我们的三个不同的蔡东藩。……'三自'给我们一个完整的蔡东藩，是我们全面准确地把握和研究蔡东藩思想情感的重要途径和基础。"[①] 此论颇有见地，惜其没有具体展开。"三自"手法的采用，既是蔡东藩对传统历史演义编著方法的合理承续，更是其编撰宗旨的必然选择。

（一）自撰：依史敷演，客观审慎

在正文中，蔡东藩扮演的是"史官"的角色，肩负传授史实的使命，尽可能地保持着历史叙述的客观、节制，给人一种逼真还原的效果。

在内容上，他"以正史为经，务求确凿；以轶闻为纬，不尚虚诬"，不附会以好奇，不穿凿以失真，讲究"语皆有本，言必有据"，尽量"述而不作"，努力使叙述保持相当的客观性。当然，《历朝通俗演义》毕竟不是简单的"抄纂"，而是"编著"，所以，也有少许"述而有作"的部分。如《元史通俗演义》第三十五回：

> （元）英宗在位三年，年仅二十一，天资明睿，史称他刑戮太严，奸党畏诛，因构大变。小子以为铁失、锁南，早罹罪案，若英宗先已加诛，便是斩草除根，难道还能图变么？这是史官论断太偏，不足凭信。（夹批：小说中有此评笔，方合历史演义本旨）[②]

在结构上，他以"通鉴式"的编年体叙事结构为主。这一结构的最大特点"便是以时间为经，以史实为纬，以时间的自然延续和空间的不停变换来编织纵横于时空的历史事件和历史人物，从时空两个方面来整体地把握历史事件的内在联系和历史人物相互关系，力求全面地反映某一或某几个历史时期的总体面貌，从中揭示历史兴亡的义理"[③]。当然，为避免"账簿式"弊端，他也会审度轻重，有所取舍。如《清史通俗演义》，清代各帝所占章回大致如下：清太祖约占三回半；清太宗在位 17 年，约占六回；顺治帝在位 18 年，约占九回半；康

---

① 范志强：《蔡东藩评传》，中国社会科学出版社 2015 年版，第 221 页。

② 蔡东藩：《元史通俗演义》，中华书局 2015 年版，第 255 页。

③ 纪德君：《明清历史演义小说艺术论》，北京师范大学出版社 2000 年版，第 161 页。

熙帝在位61年，约占九回半；雍正帝在位13年，约占三回半；乾隆帝在位60年，约占七回半；嘉庆帝在位25年，约占六回；道光帝在位31年，约占八回半；咸丰帝在位11年，约占十四回半；同治帝在位13年，约占九回；光绪帝在位34年，约占十六回；宣统帝在位3年，约占五回半。从回数看，咸丰、光绪朝所占回数最多，而这两代也恰是清朝的多事之秋。可见如此分配，不光是为了减少头绪，更是作者别具匠心之所为。《历朝通俗演义》所叙述的历史的时间跨度长达2000多年，人物众多，头绪繁杂，但蔡东藩的叙述取舍得当，详略适宜，为读者铺陈了一幅简明扼要、提纲挈领式的历史长卷，有助于他们从整体上把握中国历史发展的脉络。

《通鉴》通常会在一些人物初次出现时介绍其生平，在人物死亡时加以总结性的评论。这种编年体与纪传体相结合的记叙方式也常为蔡东藩所采用，一般用概述笔法，叙述人物身世、经历、性格、喜好等，作背景式介绍。如：

> 司马相如，字长卿，系蜀郡成都人氏，少时好读书，学击剑，为父母所钟爱，呼为犬子，及年已成童，慕战国时人蔺相如，因名相如。①

在语言上，他多采用一种纯客观的白描写法，不重词藻修饰与渲染烘托，用语质朴简净，富有史书语言的色彩。而这又是与“宫闱秘史”“浪漫化”的描摹和夸张手法的不同之处。如“朵奔巴延兄弟游牧到不儿罕山”这件事，蔡东藩在《元史通俗演义》中写道：

> 数十年后，出了一个朵奔巴延，尝随乃兄都蛙锁豁儿，出外游牧。一日到了不儿罕山，但见丛林夹道，古木参天，隐隐将大山笼住。②

而许慕羲在《元宫十四朝演义》第一回中，进行了大肆的渲染：

> 层峦重迭，流水弯环，丛林夹道，古木参天，于群山回巉之中，现出一片平畴旷原。此时乃是四月天气，塞北地方，春色初来，那片平畴，岫

---

① 蔡东藩：《前汉通俗演义》，中华书局2015年版，第458页。

② 蔡东藩：《元史通俗演义》，中华书局2015年版，第2页。

> 屿拱卫，烟云缭绕，虽没有江南地方的桃红柳绿，风景宜人，但是河流萦带，映着那山林景色，也就倍觉鲜妍了。在这寂静无声、山林沉默的当儿，忽听得马蹄得得，自远而来，其行甚疾。一转眼间，便见两骑高头骏马，驮着两个年青力壮、身材魁梧的塞外英雄，直向这不儿罕山的一畴而来。[①]

章学诚曾说："文人固能文矣，文人所书之人，不必尽能文也。叙事之文，作者之言也。为文为质，惟其所欲，期如其事而已。记言之文，则非作者之言也；为文为质，期于适如其人之言，非作者所能自主也。"[②] 我们姑且不去评论这段话是否有道理。就蔡东藩而言，作为一名"史官"，在"记言之文"的处理上，很是谨慎，也不过长，"期于适如其人之言"。如《前汉通俗演义》第三回，秦始皇封禅后，南登琅琊山，见有越王勾践所筑古台遗迹：

> 始皇得知原委，便道："越王勾践，僻处偏隅，尚筑一琅琊台，争霸中原，朕今并有天下，难道不及一勾践么？"说着，即召谕左右，速令削平旧台，另行构造，规模须较前高敞数倍，不得有违。左右答称台工浩大，非数月不能成事，始皇作色道："偌大一台，也须数月么？朕准留此数旬，亲自督造，何患不成！"[③]

寥寥数语，"摹写暴主口吻，恰是毕肖"。而且其"叙事之文"，也不是如许慕羲般"惟其所欲"，极尽铺排、渲染、夸饰之能事。他不是"因文生事"，而是"以文运事"，运用的是史家的秉笔之法，简净，凝练。这种笔法有利于增强文本的历史品格，丰富文本的历史意蕴，营造一种逼真的历史氛围。

（二）自批注：勾联点拨，活泼生动

夹注部分，蔡东藩扮演的是"师者"的角色，对一些叙事或非叙事做出各种解释，起到了解字词、勾线索、补缺漏、备诸说、正谬误的作用。

解字词，主要是对正文中出现的人物、名号、地理、器物、制度等加以解

---

① 许慕羲：《元宫十四朝演义》，北京古籍出版社 1998 年版，第 1 页。

② 叶瑛：《文史通义校注》，中华书局 1985 年版，第 508 页。

③ 蔡东藩：《前汉通俗演义》，中华书局 2015 年版，第 17 页。

释，以便阅者更好地理解叙事文本。如《宋史通俗演义》第四十一回述到“元丰三年，神宗改定官制”：

> 先是，宋初官制多承唐旧，但亦间有异同。三师（夹注：太师、太傅、太保）、三公（夹注：太尉、司徒、司空）不常置，以同平章事为宰相，另置参知政事为副，中书、门下并列于外。别在禁中设置中书，与枢密院对持文武二柄，号为二府。天下财赋，悉隶三司。所有纠弹等事，仍属御史台掌管。他如三省（夹注：尚书令、侍中、中书令）、六部（夹注：吏、户、礼、兵、刑、工）、九寺（夹注：太常、宗正、光禄、卫尉、太仆、大理、鸿胪、司农、大府）、六监（夹注：国子、少府、将作、军器、都水、司天）等，往往由他官兼摄，不设专官。①

备诸说，主要是对同一人物或事件说法不一，或诸说并置，或互参折中，于注中加以解释说明。如《明史通俗演义》第二回：

> 元璋即偕彭大趋出，临行时又回顾德崖道：“君与主帅同时举义，素称莫逆，如何误听蜚言，自相戕贼？”又语赵均用道：“天下方乱，群雄角逐，君既投奔至此，全靠同心协力，共图大举，方可策功立名，愿此后休作此想！”言已，拱手而别。弄得孙、赵两人，神色惭沮，反彼此互怨一番，作为罢论。（夹注：此事悉本《太祖本纪》。惟《本纪》叙此事，在濠未被围之前，而谷著《纪事本末》，则言此事在被围之时，且事实间有异处。本编互参两书，以便折衷。）②

正谬误，即对稗史逸闻中的“附会”予以驳斥，以翼信史。如《唐史通俗演义》第二回：

> （李渊）暇时即忆念智云，屡遣人往河东，探听下落，嗣接使人返报，智云被官吏执送长安，为留守阴世师所害。渊不禁大恸，裴寂等统来劝解，

---

① 蔡东藩：《宋史通俗演义》，中华书局 2015 年版，第 293 页。

② 蔡东藩：《明史通俗演义》，中华书局 2015 年版，第 12 页。

渊含泪道："玄霸幼慧，阅年十六，一病告终，这尚是命中注定，无可挽回。智云颇善骑射，兼能书弈，年比玄霸尚小二岁，不意为吏所捕，惨遭杀戮，我志未遂，我儿先死，岂非一大痛事？"言下又垂泪不止。（夹注：俗小说中谓玄霸为第一条好汉，后来抛锤击雷，锤还击顶，因致毙命，不知是说何所依据？无非随笔捏造，不值一噱。独于智云略而不谈，经此编黜虚崇实，方成信史。）①

可见，这样的"夹注"，不仅起到了一个"导读"的作用，还营造了一种厚重的历史感，借以赢得阅者的信任。

要约明畅的夹批部分，蔡东藩则宛如一名"自由评论者"，或于行文得意处击节叹赏，或表明对人物、事件的一种情感态度；要么幽默俏皮，要么辛辣讽刺，要么慷慨激愤，要么喟然叹息，赋予了历史叙述丰富的感情色彩。

幽默俏皮的，有用萧绍地区俗语作评的，如成吉思汗攻夏，夏将明威令公不知死活前来拦阻，批曰"虎头上抓痒"②；有化词语而用的，如朱元璋投军立功，被郭子兴招为赘婿，复又为郭子所谗，幸得郭妻张氏帮助才脱险，批曰"亏得有此泰水"③。也有妙解姓名嘲讽的，如《元史通俗演义》第二十三回：

范文虎见各船散走，心中焦急起来，忙饬大众趋避五虎山。既到山上，检点各舟，十成中已散去三四成。留着的兵舰，多半是帆折樯摧，篷倾舵侧。叹息了一回，只得令兵士休息数天，将船中所有器械渐渐修整。可奈海上的风势，接连不断，稍静片刻，又是怒号。况此时正值凉秋天气，商飙司令，不肯遽停。到了仲秋朔日，飓风复至，范文虎以下各将，惩着前辙，统吓得魂不附体，三十六计，走为上计，慌忙拣择坚船，解缆西遁。（夹批：虎是文的，无怪外强中干）④

辛辣讽刺，主要是对丑恶的现象进行揭露或痛责。如《清史通俗演义》第

① 蔡东藩：《唐史通俗演义》，中华书局 2015 年版，第 15 页。

② 蔡东藩：《元史通俗演义》，中华书局 2015 年版，第 79 页。

③ 蔡东藩：《明史通俗演义》，中华书局 2015 年版，第 9 页。

④ 蔡东藩：《元史通俗演义》，中华书局 2015 年版，第 168 页。

九十二回，光绪二十九年的日俄战争，把我国辽东作了战场，评曰“两客交斗于门内，主人反作鼾睡，也是千古奇闻”①。对人物的讽刺，如《民国通俗演义》第五十五回：

> 自各省接到此电，便把那依样葫芦，描画起来，当将电文中四十五字，列入推戴书中，一字不易，再添了几句起末文，拍电进去。还有直隶巡抚按使朱家宝，居然首先称臣，于十一月二十八日，为着地方政务，上了三折，统是改呈为奏，起首称臣朱家宝，末称伏乞皇帝陛下圣鉴等语。（夹批：未奉明令，即称帝称臣，可谓忠臣第一。）②

慷慨激愤，是指对一些人物表示激愤之情。如《明史通俗演义》叙至毛一鹭被无数市民追打至厕所避匿时，批曰“恨不令一鹭吃屎”。也有为针砭时弊而大声疾呼的，如《民国通俗演义》第四十四回叙及九五国耻：

> 其他书函杂沓，不胜枚举，总之是民国以来第一种国耻，全体吏民，须时时记着，卧薪尝胆，发愤图存，我中华民族前途，或尚不致灭亡呢。（夹批：大声疾呼，愿国民热度，勿再效五分钟！）③

喟然叹息则是对忠义之士的悲惨遭遇、王朝的兴衰而感慨，对世事“依旧”或世人的麻木而叹息。如《民国通俗演义》第九回：

> 袁世凯遂依约法第四十三条，任命国务总理，组织新内阁。……袁即任唐（绍仪）为国务总理。……唐忽提出修改官制，拟易九部为十二部，除外交、内务、财政、陆军、海军、司法、教育七部，仍然照旧外，独分实业为三部，一是工业，一是商业，一是农林，交通却分作两部，一是交通，一是邮电。两部分做五部，本来是没甚理由，不过南北统一，两方统

---

① 蔡东藩：《清史通俗演义》，中华书局2015年版，第683页。
② 蔡东藩：《民国通俗演义》，中华书局2015年版，第398页。
③ 蔡东藩：《民国通俗演义》，中华书局2015年版，第318页。

有要人，各思垄断部职，(夹批：仍然不脱升官发财的思想，如何改良政体？) 唐绍仪身为总理，不能单顾一方，反弄得左右为难。①

(三) 自评：剖析褒贬，庄重严肃

《历朝通俗演义》每回结尾都附有总评。此时，蔡东藩俨然是一个局外的"评点者"，或剖析布局谋篇、文笔用法；或说明史料来源；或褒贬人物、品评史事。

蔡东藩对历史演义这一文体有着自己的理解和创作准则。如何"以文运事"，这是他在自撰的回评中，要向阅者说明的。如《明史通俗演义》第十七回回评：

盖此书与编年史不同，布局下笔，总以头绪分明为主。且书中于追溯补叙等事，必有另笔表明，于总叙之中，仍寓事实次序，可分可合，诚良笔也。至若北征扩廓一段，三路分写，亦觉条分缕析，眉目分明，是殆集史笔小说家之长，兼而有之，故能头头是道，一览了然。②

他认为，历史演义布局下笔与编年史不同，作者应兼"史笔小说家之长"。那么，如何"兼而有之"呢？那就是运用"曲笔"。所以，回评中论及布局谋篇、文笔用法的，基本都在说明"曲笔"的运用之法。关于"曲笔"之法，将在下节叙述，这里就不再赘述了。

回评中对人物的褒贬、史事的品评，借鉴了《史记》"太史公曰"的史论形式，尤其是对人物的褒贬，做到了秉笔直书，不妄加赞美，也不隐其恶行。如《前汉通俗演义》第十一回回评：

惟史官语多忌讳，往往于刘季所为，舍瑕从善，经本回一一直叙，才得表明真相，不没本来。盖刘季本一酒色徒，其所由得成大业者，游荡之中，具有英雄气象，后来老成练达，知人善任，始能一举告成耳。③

① 蔡东藩：《民国通俗演义》，中华书局 2015 年版，第 62 页。
② 蔡东藩：《明史通俗演义》，中华书局 2015 年版，第 117 页。
③ 蔡东藩：《前汉通俗演义》，中华书局 2015 年版，第 117 页。

“我为合肥应堕泪，构园贻误少人知”。甲午战败，有不少史学家专咎李鸿章一人，对此，蔡东藩有着不同的看法。他在《清史通俗演义》第八十四回回评中有一段少有的“大论”：

> 中日一战，为清室衰亡张本，即为中国孱弱张本。世人皆归咎合肥，合肥固不得为无罪，但不得专咎合肥一人。海军经费，屡请屡驳，合肥不得已，移其半以造颐和园，而海军才有眉目。否则甲午一役，虽欲求一败衄之海战，亦不可得，宁非尤足羞者。惟选将非人，购械不慎，不得谓非合肥之咎。叶志超、丁汝昌辈，多由合肥一手提拔，彼皆非专阃才，胡为而推毂乎？当时勇毅如左宝贵，忠愤如邓世昌、林永升，俱足为干城选，仅令其率偏师，充管带，受制于一二庸夫之下，徒令其战死疆场，饮恨以殁，以视曾文正之知人善任，合肥多惭色矣。若讥其迁延观望，不愿开战，至于内外交迫，孤注一掷，以至败亡，说虽近似，而吾且以此为合肥原。盈廷虚憍，交口主战，合肥犹知开战之非策，不可谓非一隙之明。知彼知己方足与言对外，假使当日从合肥言，勉从和议，尚不致失败若此。①

浙东在宋元之际，有位史学家胡三省，其所作的《资治通鉴音注》与《通鉴释文辩误》，是“通鉴学”的名著，世称“胡注”。“胡注”从内容上可以分为“史文的疏解”“史事的考订”“史义的探求”“史法的归纳”四个层面。观蔡东藩的“三自”不正是暗合于“胡注”之所为吗？

在自撰部分，蔡东藩在几经搜讨、几经考证的基础上直陈史事，努力保持“史”的原貌。在自批、自评部分，则发表议论，点破实质，加以褒贬，施以针砭。这是一种叙评结合、主客体统一的历史叙事方式。而且，由作者本人对其所编撰的书籍进行评点，其对作品的理解和把握较其他阅者要全面深入，他的创作意图也会表述得更加明确，有利于阅者更好地把握其思想导向。那么，蔡东藩所为者何？在于助教育而为世主箴耳。

范志强曾说，探讨“三自”体例，是全面准确地把握和研究蔡东藩思想情

① 蔡东藩：《清史通俗演义》，中华书局 2015 年版，第 622 页。

感的重要途径和基础。如果我们用蔡东藩本人区分史书与小说之“正奇”观来剖析，以其“自撰”为“正”，似乎可看出他的一只脚仍然深陷在旧时代的泥淖之中而不能自拔，他与时代之间是存在隔膜与距离的。以其“批评”（包括一些楔子）为“奇”，似乎他的另一只脚已经跨进了新的时代。所以，蔡东藩是一个徘徊在新旧时代十字路口的人，无法真正做到化正为奇、奇正融合。

四、以正史为经，以轶闻为纬

史料之于历史演义是极为重要的。自历史演义诞生后，关于史料处理的“实”与“虚”，或通俗敷衍，或向壁虚构，许多评论家也各有各的观点。本诸编撰之宗旨，在《历朝通俗演义》的取材上，蔡东藩旗帜鲜明地提出“以正史为经，务求确凿；以轶闻为纬，不尚虚诬”[①]的原则。在《宋史通俗演义》第六十七回回评，他以少时的阅读为例，认为历史演义应该而且可以“全从正史演出”、不必“凭空架饰”：

余少时阅《说岳全传》，尝喜其叙事之热闹。及长，得览《宋史》，乃知《岳传》中所载诸事，多半出诸臆造，并无确据，然犹谓小说性质，本与正史不同，非意外渲染，固不足醒阅者之目。迨阅及是编，载韩世忠、夫人与金兀术交战黄天荡事，与《说岳全传》中相类。第彼则犹有增饰之词，此则全从正史演出，而笔力之矫悍，独出《说岳全传》之上。乃知编著小说，不在伪饰，但能靠着一支笔力，纵横鼓舞，即实事亦固具大观也。人亦何苦为凭空架饰之小说，以愚人耳目乎？[②]

在蔡东藩眼中，《说岳全传》这些“多半出诸臆造”的“俗小说”，实是破坏历史真貌的根源。所以，这些“俗小说”，尤其是以历史为背景的“俗小说”无不被其诟病：

后生小子，学识有限，欲取唐史而尽读之，匪唯不暇，抑病未能。乃

① 蔡东藩：《唐史通俗演义》，中华书局 2015 年版，自序。

② 蔡东藩：《宋史通俗演义》，中华书局 2015 年版，第 495 页。

> 转而采诸坊间诸旧小说，如所谓《隋唐演义》《说唐全传》《薛家将》《征东》《征西》《罗通扫北》以及《西游记》《长生殿》《镜花缘》《绿牡丹》诸书，日夕展览，目为实迹，庸讵知其语出无稽，事多伪造，增人智识则不足，乱人心术且有余耶？
>
> ……徐懋功未作军师，李药师何来仙术？罗艺叛死，乌有子孙，叔宝扬名，未及儿女。唐玄奘取经西竺，宁惹妖魔？薛仁贵立绩天山，岂藉子妇？则天淫秽，不闻私产生男，玉环伏诛，怎得皈真圆耦？种种谬妄，琐亵之谈，辞而辟之。破世俗之迷信者在此，附史家之羽翼者亦在此。子虚乌有诸先生，谅无从窃笑于旁也。[①]

正因如此，蔡东藩在《历朝通俗演义》中再三重申“语皆有本，不敢虚诬”“事皆有本，不敢臆造”的编撰原则。为了做到“不虚诬”“不臆造”，借此作为历史辅助读物，以求收到通俗教育之功效，他也形成了一套处理“史料”的方式：

（一）斥妄正伪

东汉的浙东人王充是中国古代杰出的思想家，其史学思想主要表现为崇真实、疾虚妄，确立纪实为史学的第一要义。蔡东藩继承和发扬了“崇实”的优良传统，不仅对“俗小说”中的“子虚乌有”的记载不嫌其烦地予以驳斥，而且对“正史”中的“荒诞不经”的史事也同样予以指正。

1. 斥稗史之妄

作为历史演义开山之作的《三国志演义》，自成书以来，一直受到人们的青睐，以至于一些学者认为其起到了“传史”的作用。如胡适就曾说：“《三国志演义》究竟是一部绝好的通俗历史，在几千年的通俗教育史上，没有一部书比得上他的魔力。”[②]当然，它也遭到一些学者的非议。如章学诚曾指出“七分实事，三分虚构，以致观者往往为所惑乱”[③]。鲁迅也有“显刘备之长厚而似伪，

---

① 蔡东藩：《唐史通俗演义》，中华书局 2015 年版，自序。

② 陈其欣选编《名家解读三国演义》，山东人民出版社 1998 年版，第 16 页。

③ 章学诚：《章氏遗书》，文物出版社 1985 年版，第 396 页。

状诸葛之多智而近妖”[1]的看法。

在以传播史实为己任的蔡东藩看来，《三国志演义》“粉饰者十居五六”，甚至“十虚九幻”，是一部“以伪乱真”“误人亦不少”的演义。[2]因此，在《后汉通俗演义》第四十一回目的“三国”部分中，指责《三国志演义》虚构不实的多达28条之多。以下具列部分：

事见《皇甫嵩传》。罗氏《三国演义》谓宝由贼党严政所杀，不知何据？（第六十一回）

罗氏《三国演义》中有曹操献刀事，史传不载，恐系附会。（第六十六回）

罗氏《三国演义》乃更以孔融、陶谦、马腾、公孙瓒羼入之，四子并未讨卓，安能与列？虽曰小说，亦不应穿凿失真，一至于此也。（第六十六回）

罗氏《演义》谓为庞统献计，亦系附会。（第八十四回）

至若三气周瑜之说，亦属无稽，尽信书不如无书，况燕谈郢说乎？（第八十五回）

据《马超传》中，超起兵后，为操所败，操始灭马家。可见罗氏《演义》所叙无据。（第八十六回）

任死雁桥，在庞统未死之前，史可覆按；罗氏《演义》指为任之受擒出自诸葛，且雁桥上加一“金”字，不知何据？（第八十七回）

罗氏《三国演义》谓忠也曾随军东出，中箭阵亡。按诸史志，忠殁在建安二十五年，可知罗氏附会之误。（第九十一回）

罗氏《三国演义》满纸捏造，什么朵思大王，什么木鹿大王，什么祝融夫人，好像《封神榜》《西游记》一般，看似五花八门，实则十虚九幻，不值识者一噱。（第九十二回）

惟罗氏《三国演义》演写诸葛六出祁山，说成许多奇诞，与七擒孟获相同，按诸史事，十虚七八；且诸葛尝六出汉中，并非六出祁山，褒扬失实，何若存真之为愈也！（第九十四回）

“义”不同，则对“史料”处理的方法不同，也导致叙事的不同。下面围绕

---

① 鲁迅：《鲁迅全集·中国小说史略》，人民文学出版社1981年版，第129页。

② 蔡东藩：《后汉通俗演义》，中华书局2015年版，自序。

"赤壁之战"，对《三国志》《三国志演义》《后汉通俗演义》"三国部分"进行简要比较，以更好地理解蔡东藩历史演义的创作观。

《三国志》中有关赤壁之战的记载约为4处，为300余字。这场战役在《三国志演义》中洋洋洒洒，用了8回的篇幅，浓墨重彩，大肆渲染，内容丰富，矛盾冲突曲折多变，故事情节波翻浪涌，环环相扣。主要情节有舌战群儒、草船借箭、连环计、借东风、火烧战船等。但《后汉通俗演义》三国部分只用了短短1回的篇幅来描写这场战役，虽然不如《三国志演义》那样精彩，但它史事翔实，比《三国志》描述得更为生动。在史料处理上，如"连环计""借东风"处理也不一样。"连环计"在《三国志》中没有记载，只是写周瑜提到"观操军船舰，首尾相接"。《后汉通俗演义》讲是曹操本人所为，目的是防止士兵晕船。但《三国志演义》则虚构为庞统巧施连环计。关于"借东风"，此事《三国志》无记载，《三国志演义》神化诸葛亮，将其设七星坛祭风写得形象生动、出神入化。《后汉通俗演义》"三国部分"虽也写了这个情节，却是说"亮素知天文，已料定冬至节边，有东南风"，并未将诸葛亮神化，说得合情合理。可见，《后汉通俗演义》是在尊重历史的基础上，稍有改动增添，但没有过多修饰，能比较真实地叙述这一历史事件。

2. 正正史之伪

董狐若少，正史亦伪。正史也有直书与曲笔的矛盾，存在着冰炭共器的现象。所以，对稗史"虚妄"的排斥，并不意味着蔡东藩视正史为圭臬。如《宋史通俗演义》楔子中写道：

> 可怜这青年嫠妇，黄口孤儿，茕茕孑立，形影相吊，那殿前都点检赵匡胤，便乘此起了异心，暗地里联络将弁，托词北征；陈桥变起，黄袍加身，居然自做皇帝，拥兵还朝。看官！你想七岁的小周王，二十多岁的周太后，无拳无勇，如何抵敌得住？眼见得由他播弄，驱往西宫，好好的半壁江山，霎时间被赵氏夺去，还说是甚么禅让，甚么历数，甚么保全故主，甚么坐镇太平，彼歌功，此颂德，差不多似舜、禹复出，汤、文再生。（夹批：中国史官之不值一钱，便是此等谀颂所累。）[1]

① 蔡东藩：《宋史通俗演义》，中华书局2015年版，第1页。

这段文字，透彻地指出一些史学家“有事涉君亲，必言多隐讳”的曲笔阿时行为。除此，蔡东藩对史书中“帝王出生必有异象”的记载也有抨击的。如《元史通俗演义》第一回叙到朵奔巴延既死，其妻阿兰郭斡寡偶，一年后竟连生三子，阿兰郭斡自称是感白光成孕，蔡东藩夹批“欺人乎？欺己乎？”在回评中写道：

按《元史·太祖本纪》，载阿抡果斡（即阿兰郭斡）事，谓其夫亡寡居，夜寝帐中，梦白光自天窗入，化为金色神人，来趋卧榻，惊觉遂有娠，产一子名孛端察儿。《源流》谓梦一伟男与之共寝，久之生三子。《秘史》谓黄白色人，将肚皮摩挲。是姑勿论，惟史家于帝王肇兴，必述其祖宗之瑞应。姜嫄履敏，刘媪梦神，真耶幻耶？未足尽信。[①]

只是这样的“揭发”却并不彻底，请看《历朝通俗演义》中的其他记载：

刘邦是刘媪感龙而孕，夹批为：“此亦与姜嫄履拇同一怪诞，大抵中国古史，好谈神话，故有此异闻。”

刘秀出生时适有嘉禾一茎九穗，夹批为：“真命天子出现，应该大书特书。”

李世民出生时有二龙戏跃门外，无夹批。

朱温出生时所居屋上有红光上腾霄汉，夹批为：“说本《旧五代史》梁太祖本纪，盗贼得为帝王，也应该有些怪象。”

赵匡胤出生时异香围裹，夹批为：“香孩儿事见正史，虽或由史官谀颂，但崛起为帝，传统三百年，当非凡人可比。”

朱元璋出生时红光闪闪，直冲霄汉，夹批为：“就史论史，不得目为迷信。”

女真人祖先布库里雍顺是其母吞灵鹊所吐红果而孕，回评说：“我国史乘，于历代开国之初，必溯其如何祯祥，如何奇异，真是谬论。”

① 蔡东藩：《元史通俗演义》，中华书局 2015 年版，第 8 页。

究竟是什么原因造成这种自相牴牾的现象？是其对人物的不同喜好，抑或是创作的时间跨度过长，忘了前后呼应？就不得而知了。

（二）考证取舍

历史是相对可知的，今天我们看到的历史都是史学家记录的历史，也即冯友兰所谓的“写的历史”或“主观历史”[①]。这样，就会出现正史与正史、正史与稗史之间的一些史事记载，或互为舛正、彼此矛盾，或此有彼无、此无彼有的现象。当遇到这种情况时，蔡东藩就会多方考证、比较和甄别，以定取舍。

1. 择一而从

所谓择一而从，就是在不同的说法中择取其中的一种。如《五代史通俗演义》第一回“得艳凤枭雄偿夙愿”部分，叙及朱温在同州得张氏于兵间事，蔡东藩认为，“《欧史・张后传》，谓后为温少时所聘，案张氏为富家女，温一孤贫儿，何从得耦，惟《薛史》谓温闻女美，曾有阴丽华之叹，后在同州得后于兵间，较为合理。”[②]于是，他从薛史而不从欧史之说。

当遇到正史与稗史逸闻之间记述不一时，一般情况下蔡东藩会依从正史。如《元史通俗演义》第五十七回，叙及脱脱被迫自尽时，夹批道：

> 余少时阅坊间小说，至英烈传中载脱脱自尽事，由丞相撒敦及太尉哈麻主使，其实当时只有哈麻，并无撒敦，正史俱在，不应臆造一人。[③]

当然也有不从正史的。如“朱寿昌弃官寻母”的故事，在《宋史通俗演义》第三十七回有较为详细的描述。在夹批中，蔡东藩写道：

> 《宋史・寿昌本传》谓刘氏方娠即出，寿昌生数岁还家。但据王偁《东都事略》、苏轼《志林》，皆云寿昌三岁出母，今从之。[④]

---

① 冯友兰：《中国哲学史》（上册），中华书局 1961 年版，第 16 页。

② 蔡东藩：《五代史通俗演义》，中华书局 2015 年版，第 7 页。

③ 蔡东藩：《元史通俗演义》，中华书局 2015 年版，第 406 页。

④ 蔡东藩：《宋史通俗演义》，中华书局 2015 年版，第 262 页。

《东都事略》是一部纪传体北宋史，洪迈认为此书“非国史所载，而得之于旁搜者居十之一，皆信而有征，可以据依”[①]。《志林》所载为苏轼自元丰至元符年间20年中之杂说史论，“或名臣勋业，或治朝政教，或地理方域，或梦幻幽怪，或神仙伎术，片语单词，谐谑纵浪，无不毕具”[②]。两书一为“私史”，一为“笔记”，但为褒扬孝义，蔡东藩采纳了其说。

2. 两存其说

当遇到同一“史料”有两种不同的记载，又没有确凿的证据判定取舍的时候，蔡东藩便会互参两说，折中处理，以便使“历史”更能显示出“多面性”。如在《元史通俗演义》第十四回中，蔡东藩对史家争论的“成吉思汗西征时是否渡过印度河”这个没有达成“共识”的问题，采用了巧妙的“两存其说”的方法，谓成吉思汗率部到印度河两岸遇到大兽角端，下令班师并遣人渡印度河促八剌北归。该回回评说：

> 《元史》太祖十九年，帝至东印度国，角端见，班师。《耶律楚材传》亦载及之，别史多辨其讹，且谓太祖未渡印度河，何由至东印度？是皆史家饰美之词，不足为信。本书两存其说，谓见角端时，适在印度河滨，角端之能作人言与否，不下考实语，独归美于楚材之善谏。是盖独具卓见，较诸坊间所行诸小说，于无可援证之中，且任情捏造者，固大相径庭矣！[③]

再如雍正继位之迷，蔡东藩也使用了“两存其说”的方法，先写胤祯在康熙生病时多次与隆科多密谈，后来写道：

> 是夜，康熙帝召隆科多入内，命他传旨，召回皇十四子，只是舌头蹇涩，说到十字，停住一回，方说出四子二字。隆科多出来，即遣官监去召皇四子胤祯。翌晨，胤祯至畅春园，先见了隆科多，与隆科多略谈数语，即入内请安。康熙见他回来，痰又上涌，格外喘急。诸皇子急忙环侍，但

① 徐松：《宋会要辑稿·崇儒》，中华书局1957年版，第40页。

② 参见苏轼：《东坡志林》，中华书局2010年版，第1页。

③ 蔡东藩：《元史通俗演义》，中华书局2015年版，第105页。

见康熙指着胤祯说道："好！好！"只此两字，别无他嘱，竟两眼一翻，归天去了。

回评中，蔡东藩又写道：

清圣祖晏驾事，后人互相推测，议论甚多。或且目世宗为杨广，年羹尧、隆科多为杨素、张衡，事鲜左证，语不忍闻，作书人所以不敢附和也。惟圣祖欲立皇十四子允禵，皇四子窜改御书，将十字改为于字，此则故事父老皆能言之，似不为无因。但证诸史录，亦不尽相符。作者折衷文献，语有分寸。[①]

关于雍正继位的传说，众说纷纭，莫衷一是。然历史毕竟是历史，在没有确凿证据前，一切只能靠推测想象。僻居乡野的蔡东藩在不能占有更多史料的现实面前，只能以这样的折中说法，以企图拨开雍正继位的历史迷雾，我们大可不必责备求全。

（三）补正史之阙

吴趼人在《两晋演义》的序中说："以《通鉴》为线索，以《晋书》《十六国春秋》为材料，一归于正，而沃以意味，使从此而得一良小说焉。"[②]蔡东藩对史料的处理并不是"一归于正"，而是"兼采正稗""合正稗于一贯"。也就是说，他有时为了"补苴罅漏"，会从稗官野乘中采用"史料"，以补正史之不足。从"史料"意义的角度来说，采用稗史，主要是为了揭而出之、劝而补之。

1. 揭而出之

所谓揭而出之就是利用稗史揭露历史的本来面目，揭示人物的性格。如《宋史通俗演义》第九回叙及后蜀亡，蜀主孟昶待罪汴京，数日即卒。回评中写道：

宋祖算无遗策，其视蜀主孟昶已如笼中之鸟、釜底之鱼，其所以预筑

① 蔡东藩：《清史通俗演义》，中华书局2015年版，第213页、217页。

② 丁锡根：《中国历代小说序跋集》，人民文学出版社1996年版，第942页。

新第，特别优待者，无非欲买动花蕊夫人之欢心耳。正史于孟氏世家，载明孟昶入汴，受爵秦国公，数日即卒。而于花蕊夫人事，略而不详，此由《宋史》实录为君讳恶，后人无从证实，乃特付阙如耳。然稗官野乘，已遍录轶闻，卒之无从掩迹。且昶年仅四十有余，而入汴以后，胡竟暴卒？大明殿之赐宴，明载史传，蛛丝马迹，确有可寻。著书人非无端诬古，揭而出之，微特足补正史之阙，益以见欲盖弥彰之终难文过也。①

半阕华盖半阕伤。关于孟昶的死因，《旧五代史》《五代史》《续资治通鉴长编》等都没有交代。元代所修《宋史》也略而不记。只是到了清代，吴任臣修《十国春秋》才以小字注的形式附了一个孟昶的遗表，说明孟昶是偶染疾病而亡，但也没有注明遗表的出处。可见，孟昶突亡极有可能是被赵匡胤所杀，当时史家为君讳恶，不敢记载宋太祖这一“恶德”也是可能的。至于赵匡胤是因花蕊夫人而杀孟昶，还是因“蜀人思孟昶不忘”而影响赵匡胤“先南后北”的战略布置才杀之，这又是另外一个问题。所以，蔡东藩在这里引入稗史，目的在于呈现历史本来的面目，从而使历史的“公正”“客观”得以最大限度地实现。

此外，他引入稗史还为了更好地揭示人物的性格。如《唐史通俗演义》第三十三回采入武则天怒贬牡丹故事，是为了突出武则天之骄横霸道；《明史通俗演义》第十八回叙沈万三故事，是为了突出朱元璋之忮刻。

2. 劝而录之

补正史之阙的另一目的是为了褒贬善恶，以垂后世。如《唐史通俗演义》第四十三回之录贾全虚事，是为了劝人施德；《明史通俗演义》第二十九回录徐女王嫠事，是为了阐扬妇德。在《宋史通俗演义》第七十一回写道：

（岳）飞幼失怙，全赖母亲姚氏饮食教诲，始得成人。飞年渐长，事母至孝，但经母命，无一敢违。母尝以忠义勖飞，且把飞背上刺着“尽忠报国”四大字，深入肤理，用醋墨涂在字上，令他永久不变。所以飞一生记着，孝字以外，就是忠字。（夹批：揭出忠孝，借古讽今。）②

① 蔡东藩：《宋史通俗演义》，中华书局 2015 年版，第 65—66 页。

② 蔡东藩：《宋史通俗演义》，中华书局 2015 年版，第 526 页。

岳母刺字的故事在民间极为流传，然在史书上却查无依据，即便是岳飞曾孙岳珂所著的《金佗粹编》也没有记录。所以，史学界普遍认为岳母刺字只是传说，并非史实。蔡东藩却录之，一是为树母教之典范；二是为更好地塑造岳飞精忠报国的形象。

当然，采用稗官野乘，不仅为了补正史之阙，同时也是为了增强历史叙述的艺术性、趣味性和可读性。金名就曾指出，蔡东藩“写得比较生动的部分，是采用传说野史，不用学究态度，重视人物形象的部分”[①]。的确，像“汉元帝怒斩毛延寿”“风尘三侠”“雷海青痛斥安禄山”这样的故事，蔡东藩的叙述虽不如小说那般“大观”，却也颇具“小观”。如《元史通俗演义》第十八回有这样一段叙述：

> 速不台审问幼里子，才知前日所见的美妇，乃是他的妻室，便向幼里子道：“你去叫你妻出来，我便饶你。”幼里子无法，只好至土阛下叫他妻室。速不台在后待等着，好一歇，见楼上有美妇出现，双眉耸竖，凛若寒冰，俯视幼里子道：“你叫我做甚么？你殉城，我殉夫罢了！”速不台道：“你若出来谒我，我总恕你夫妇，且叫你得着好处！”那妇却冷笑道：“鞑狗！你当我作甚么看？别人由你凌辱，我却不能，我死也要杀你鞑子！”速不台大怒，把刀一挥，竟把幼里子杀死。猛听得扑塌一声，那美妇亦从楼上跃落，跌得血肉模糊，芳容狼藉，一道贞魂，已随那丈夫同逝了。（夹批：烈哉西妇，宜亟表扬。）[②]

这段以“足以补中西史乘之阙”的“史料”，一方面表达了作者“烈哉西妇，宜亟表扬”的感叹，另一方面这非正史史料的掺杂，同样增添了小说的魅力。

蔡东藩在《明史通俗演义》的序中说：“若夫燕词郢说，不列正史，其有可旁证者，则概存之，其无可旁证而太涉荒唐者，则务从略，或下断语以辨明之。”[③]这段话表明，只有那些有旁证且不涉荒唐的稗史野乘，他才会采用之。

---

① 金名：《演义小说家蔡东藩的启示》，《文艺论丛》，1984 年第 1 期。
② 蔡东藩：《元史通俗演义》，中华书局 2015 年版，第 129 页。
③ 蔡东藩：《明史通俗演义》，中华书局 2015 年版，自序。

然而，历史毕竟是相对可知的，兼之有些史料本身就有很多问题，蔡东藩不可能一一加以考核和辨别。如关于建文帝的去向问题，蔡东藩在《明史通俗演义》第二十五回回评中写道：

> 至金川门启，大内自焚，乃有建文出亡之说，红箧留贻，君臣祝发，事属怪诞不经，岂太祖果有先觉，预为乃孙计耶？或谓由青田刘基之预谋。考之正史，基亦无甚奇迹，不过建文出亡，剃度为僧，未必无据。就王鏊、陆树声、薛应旗、郑晓、朱国祯诸人，所载各书，皆历历可稽。即有舛讹，亦未必尽由附会，惟红箧事或属诸子虚耳。①

对此，柴德赓指出，蔡东藩这一说法"仿佛能自圆其说，其实，他所举这几个人，都不是明初人，他们也是传闻而来，蔡东藩这种看法，未免有点武断了"②。同样，黄海星也撰有《蔡东藩〈宋史通俗演义〉中之宋江故事》一文，从"淮南盗抑郓城贼；梁山泊，据点乎？三十六人耶？一百零八人耶？擒其副贼欤？宋江，勇悍狂侠哉？南征方腊，有乎？"等6个方面来论证，得出蔡东藩对待史料的态度实际是见闻为贵、稗乘次之、正史最下的结论。他认为，蔡东藩无论是在创作理论还是态度上不无自相矛盾之处。③

不得不承认，蔡东藩在创作实践中有其自相矛盾之处。但黄海星得出的"见闻为贵、稗乘次之、正史最下"这一结论也属以偏概全。蔡东藩自己曾说其演述历史多以正史为本，间或"援引稗官"，也"有文征文，无文征献。"④"文"即文本记载，"献"即口头相传。所以纵观整部《历朝通俗演义》，在史料处理这个问题上，可以得出的结论恰恰是"正史为上，稗乘次之，见闻最下"。

（四）以不断断之

对正史记述不详，而稗史野乘之说法又不一，"事之真否，无从悬断"者，

① 蔡东藩：《明史通俗演义》，中华书局2015年版，第173页。

② 柴德赓：《蔡东藩及其〈中国历代演义〉》，《中国历代演义》，浙江人民出版社1995年版。

③ 黄海星：《蔡东藩〈宋史通俗演义〉之宋江故事》，《九州学林》2010年秋季，第107—139页。

④ 蔡东藩：《明史通俗演义》，中华书局2015年版，第27页。

则采用“以不断断之”的方法。

如烛影斧声是流传甚广的宋史谜案。宋太祖赵匡胤之死是否与赵光义有关？赵光义是合法继位还是弑兄篡位？《宋史·太祖本纪》上只有“癸丑夕，帝崩于万岁殿，年五十，殡于殿西阶”寥寥数语的记载。各种稗史野乘如《涑水纪闻》《续资治通鉴长编》《续湘山野录》等说法又不同。对此，蔡东藩并不轻易下结论，而是将正史野乘，以“或说”的形式，酌录数则：

> 看官！你想这次烛影斧声的疑案，究竟是何缘故？小子遍考稗官野乘，也没有一定的确证。或说是太祖生一背疽，苦痛的了不得，光义入视，突见有一女鬼，用手捶背，他便执着柱斧，向鬼劈去，不意鬼竟闪避，那斧反落在疽上，疽破肉裂，太祖忍痛不住，遂致晕厥，一命呜呼。或说由光义谋害太祖，特地屏去左右，以便下手，至如何致死，旁人无从窥见，因此不得证实。独《宋史·太祖本纪》只云帝崩于万岁殿，年五十，把太祖所有遗命，及烛影斧声诸传闻，概屏不寻，小子也不便臆断，只好将正史野乘，酌录数则，任凭后人评论罢了。[①]

以不断断之，看似作者不下结论，而是把各种不同记述如实罗列出来，任凭阅者和后人“断之”。但联系上下文，却可以看出蔡东藩委婉的态度。上文如赵光义命内侍等退出，只留着自己一个人，静听顾命，夹批云“其迹可疑”。下文如回评中写道：

> 若夫烛影斧声一案，事之真否，无从悬断，顾何不于太祖大渐之先，内集懿亲，外召宰辅，同诣寝门，面请顾命，而乃屏人独侍，自启流言，遗诏未闻，遽尔即位？甚至宋后有母子相托之语，此可见当日宫廷实有不可告人之隐情，史家无从实录，因略而不详耳。[②]

“以不断断之”这一方法，蔡东藩同样用之于清宫谜案之顺治出家、雍正之崩上。如此处理，一方面不轻易下明确的结论，保证了“历史”的真实性；另

---

① 蔡东藩：《宋史通俗演义》，中华书局 2015 年版，第 85 页、86 页。

② 蔡东藩：《宋史通俗演义》，中华书局 2015 年版，第 87 页。

一方面还可以给阅者留下想象、揣测、品评的空间，增强了阅读的趣味性。

通俗史学是将历史知识以通俗易懂的方式来进行普及。史学是其内在本质，通俗是其外在表征。通俗史学的“第一大忌就是陈述存在主观虚构”[①]。总体来说，蔡东藩对待史料的态度是严肃认真的。他博涉群书，兼采正稗，择其可征信者则增入，其当两存者则折中。若史文舛讹，必加以驳斥。所以，即便也有个别地方取舍未必尽当，也有自逞臆见之处，但“看似容易恰辛苦”，我们不能不承认他为了忠于历史是尽了相当大的努力的。

五、论史以知兴替

历史叙述的目的是什么？在于以史为鉴知兴替、避免“后人复哀后人”也。所以，历史叙述总是史中有论、论中有史的。梁启超曾说过：“夫史之性质与其他学术有异，欲为纯客观的史，是否事实上所能办到，吾犹未敢言。”[②]所谓史论，就是对客观历史如史事、人物、历史现象的评论。[③]《历朝通俗演义》整体上是一部演义体的通俗史学著作，本诸鉴往警来之训，史论是其必不可少的点睛之笔，是其又一显著的特点。

（一）史论的方式

《历朝通俗演义》中的史论，除前面提到的叙评（直接用于正文中的评论）、夹评（夹在正文中的评论，夹批的一部分）、回评外，还有自序、楔子中的评论及诗论。

1.“序”述作史之意

刘知几在《史通·序例》中称：“孔安国有云：序者，所以叙作者之意也。窃以《书》列典谟，《诗》含比兴，若不先叙其意，难以曲得其情。故每篇有序，敷畅厥义。”[④]《历朝通俗演义》十一篇“序”（或“自序”），主要是蔡东藩

① 朱维铮：《在中世纪晚期的〈三国演义〉》，《走出中世纪》，复旦大学出版社 2007 年版，第 247 页。

② 梁启超：《新史学》，《中国历史研究法》，中华书局 2009 年版，第 41 页。

③ 瞿林东：《谈中国古代的史论和史评》，《东岳论丛》第 29 卷第 4 期，第 112 页。

④ 刘知几：《史通通释》，上海古籍出版社 1978 年版，第 87 页。

自述作史之意。如《明史通俗演义》的自序中写道：

于去年草成《元史演义》六十回，本年复草成《明史演义》百回，《元史》多阙漏，苦乏考证，《明史》多繁复，苦费抉择，不得已搜集成书，无论为官史，为私乘，悉行钩考，乃举一代治乱兴亡之实迹，择其大者要者，演成俚语，依次编纂。其间关于忠臣义士，及贞夫烈妇之所为，尤必表而出之，以示来许；反之，为元恶大憝，神奸巨蠹，亦皆直揭其隐，毋使遁形。为善固师，不善亦师，此鄙人历来编辑之微恉，而于此书尤三致意焉。[①]

再如，《两晋通俗演义》的自序中写道：

鄙人愧非论史才，但据历代之事实，编为演义，自南北朝以迄民国，不下十数册，大旨在即古证今，惩恶劝善，而于《两晋演义》之着手，则于内讧外侮之所由始，尤再三致意焉。盖今日之大患，不在外而在内，内讧迭起而未艾，吾不恐五胡十六国之祸，不特两晋为然，而两晋即今日之前车也。天宁有蚌鹬相争，而不授渔人之利乎？若夫辨忠奸，别贞淫，抉明昧，核是非，则为书中应有之余义，非敢谓上附作者之林，亦聊以寓劝戒之意云尔。[②]

上述两段“序”表明，蔡东藩编撰《历朝通俗演义》的目的首先在于举一代之得失，通过历史与当下社会相似性的揭示，“即古证今”，以资于治道。其次是“辨忠奸，别贞淫，抉明昧，核是非”，让世人效法“善”，并从“恶”中汲取教训，以起到“惩恶劝善”之效果。

此外，“序”中还有史论与史评。所谓史评就是对史学家史学实践的成果的评论。从广义上讲，史论包括史评[③]。如《南北史通俗演义》的自序中评道：

① 蔡东藩：《明史通俗演义》，中华书局2015年版，自序。

② 蔡东藩：《两晋通俗演义》，中华书局2015年版，自序。

③ 李明杰：《陈旭麓史论风格探微》，《宿州学院学报》第34卷第9期，第20页。

然则隋之得有天下，亦未始非过渡时代，例以旧史家正统之名，隋固不得忝列也。沈约作《宋书》，萧子显作《齐书》，姚思廉作梁、陈二书，语多回护，讳莫如深，沈与萧为梁人，投鼠忌器，尚有可原；姚为唐臣，犹曲讳梁、陈逆迹，岂以唐之得国，亦仍篡窃之故智与？抑以乃父察之曾仕梁、陈，乃不忍直书与？……《隋书》辑诸唐臣之手，而以魏征标名。魏以直臣称，何以张衡传中，不及弑隋文事，明明为乱臣贼子，而尚曲讳之，其余何足观乎？①

据实书写谓"直书"，阿时、媚主修史谓"曲笔"。刘知几曾把"曲笔"作史之人称为"记言之奸贼，载笔之凶人"②。上录序言，是蔡东藩对史学中"记事阿曲"现象的批评，也反映他"书法无隐"的治史倾向和"无污青史"的严肃态度。

2."楔"揭史纲开宗明义

《历朝通俗演义》每一部演义第一回都有一个"楔子"。楔子的本义是木工用来填充木器的空隙使其牢固的木片、木橛等，后作为一种文体形制出现在明清章回小说中，作为开篇之发端艺术。如毛氏父子评改本《三国志演义》，褚人获的《隋唐演义》，蔡元放的《东周列国志》皆以诗词起首，旨在回溯朝代演变，谈论兴亡教训。《历朝通俗演义》中的"楔子"一般包含王朝的发展演变、兴亡教训及殷鉴等，起到了提纲挈领、概括论述的作用。如《五代史通俗演义》的"楔子"部分分为4节：

第一节是对王朝治乱递变一般规律的总论，发"绝大道理，绝大议论"：

治久必乱，合久必分，这是我中国古人的陈言。其实是太平日久，朝野上下，不知祖宗创业的艰难，守成的辛苦，一味儿骄奢淫佚，纵欲败度，所有先人遗泽，逐渐耗尽，造化小儿，又故意弄人，今年大水，明年大旱，害得饥馑荐臻，盗贼蜂起，平民无可如何，与其饿死冻死，不如跟了强盗，同去掳掠一番，倒反得食粱肉，衣文锦，或且做个伪官，发点大财，好夺几个娇妻美妾，享那后半世的荣华。于是乱势日炽，分据一方，就中

① 蔡东藩：《南北史通俗演义》，中华书局2015年版，自序。

② 刘知几：《史通通释》，上海古籍出版社1978年版，第96页。

有三五枭雄，趁着国家扰乱的时候，号召徒党，张着一帜，不是僭号称帝，就是拥土称王。咳！天下有许多帝，许多王，这岂还能平靖么！

第二节是对五代十国的历史的概述，以起到振衣提纲、张网握纲的作用：

五代先后历五十三年，换了八姓十三个皇帝，改了五次国号，叫作梁、唐、晋、汉、周。史家因梁、唐、晋、汉、周五字，前代早已称过，恐前后混乱不明，所以各加一个后字，称为后梁、后唐、后晋、后汉、后周。还有角逐中原，称王称帝，与梁、唐、晋、汉、周五朝，或合或离，不相统属的国度，共计十数，著名史乘，称作十国，就是吴、楚、闽、南唐、前蜀、后蜀、南汉、北汉及吴越、荆南。

第三节是对五代十国时势的评论，可视作总论的例证：

看官！听说这五代十国的时势，简直是君不君，臣不臣，父不父，子不子，篡弑相寻，烝报无已，就使有一二君主，如后唐明宗、后周世宗两人，当时号为贤明英武，但也不过彼善于此，未足致治。故每代传袭，最多不过十余年，最少只有三四年，各国亦大都如此。古人说得好，木朽虫生，墙空蚁入，似此荡荡中原，没有混一的主子，那时外夷从旁窥伺，乐得乘隙而入，喧宾夺主，海内腥膻，土地被削，子女被掳，社稷被灭，君臣被囚。中国正纷纷扰扰，无法可治，再加那鲜卑遗种，朔漠健儿，进来蹂躏一场。看官！你想中国此时，苦不苦？危不危？

第四节是五代十国历史对后世的殷鉴，可谓暮鼓晨钟：

照此看来，欲要内讧不至蔓延，除非是国家统一，欲要外人不来问鼎，亦除非是国家统一！若彼争此夺，上替下凌，礼教衰微，人伦灭绝，无论什么朝局，什么政体，总是支撑不住，眼见得神州板荡，四夷交侵，好好一个大中国，变做了盗贼世界，夷虏奴隶，岂不是可悲可痛么！①

① 蔡东藩：《五代史通俗演义》，中华书局2015年版，第1—2页。

3.“诗”以发精意深旨

我国古代章回体小说是一种比较复杂的文体，被学者称为“文备众体”[①]。自明代以来，历史演义中的诗词大多是咏史诗，以“发议论而斧凿诤诤”的史论类为主。《历朝通俗演义》中的咏史诗出现在每回回末和每部煞尾。如11部演义中篇幅最短的《元史通俗演义》，七绝回末诗有40首，其中引用2首，咏人、咏事的33首。这些咏史诗有赞美的，有讥讽的，有感叹的。如赞美右丞相脱脱大义灭亲的：

春秋书法本森严，公义私恩不两兼。
鸩死叔牙诛子厚，忠臣法古有谁嫌？[②]

《元史通俗演义》文末的煞尾诗写道：

开疆容易守疆难，文治无闻运已残。
八十九年元社稷，徒留战史付人看！
累朝佞佛太无知，释子居然作帝师。
果有如来应一笑，百年幻梦被僧欺。
到底华夷俗不同，上烝下乱竟成风。
濠梁幸有真人出，才把腥膻一扫空。
大好江山付劫灰，前车已覆后车来。
须知殷鉴原非远，试看全书六十回。[③]

这首煞尾诗主要从人事的角度，剖析了元代灭亡的原因，与第一回“楔子”暗相呼应，传达出蔡东藩“即古证今”、垂鉴致用的编撰宗旨。

（二）史论的内容

孔子编《春秋》为的是“惩恶而劝善”，司马迁作《史记》为的是“究天人

① 方正耀：《中国古代小说的文备众体》，《中州学刊》，1989年第1期，第83页。
② 蔡东藩：《元史通俗演义》，中华书局2015年版，第370页。
③ 蔡东藩：《元史通俗演义》，中华书局2015年版，第433页。

之际，通古今之变，成一家之言”，范晔成《后汉书》为的是“正一代得失”。而蔡东藩编撰《历朝通俗演义》大旨在“即古证今，惩恶劝善”，其发论的主要内容为论兴替、析事理、察成败、劝善恶。其中，“劝善恶”在上文已有叙述，本节不再赘述。

1. 论兴替

“通古今之变”，“正一代得失”，学人治史都试图从历史中搜寻“古今风会之递变，政事之屡更，有关于治乱兴衰”[①]的经验教训。在《历朝通俗演义》中，蔡东藩关于王朝由兴而衰、由盛而亡的论述，主要有：

> 小子尝谓明代开国，与元太祖世祖的情形，大略不同，后来由兴而衰，由盛而亡，却蹈着元朝五大覆辙。看官欲问这五大弊吗？第一弊是骨肉相戕；第二弊是权阉迭起；第三弊是奸贼横行；第四弊是宫闱恃宠；第五弊是流寇殃民。这五大弊循环不息，已足斫丧元气，倾覆国祚；还有国内的党争，国外的强敌，胶胶扰扰，愈乱愈炽，勉强支持了数十百年，终弄到一败涂地，把明祖创造经营的一座锦绣江山，拱手让与满族，说将起来，也是可悲可惨的。(《明史通俗演义》第一回)
>
> 伦常乖舛，骨肉寻仇，是为亡国第一的祸胎；信义沦亡，豪权互阋，是为亡国的第二祸胎。外人不过乘间抵隙，可进则进，既见我中国危乱相寻，乐得趁此下手，分尝一脔，华民虽众，无拳无勇，怎能拦得住胡马，杀得过番兵。(《两晋通俗演义》第一回)
>
> 这一部唐朝演义，好做了三段立论：第一段是女祸，第二段是阉祸，第三段是藩镇祸，依次产出，终至灭亡。若从根本问题上解决起来，实自宫闱淫乱，造成种种的恶果。(《唐史通俗演义》第一回)

回顾历史，我国历史上的各个王朝的盛衰，似乎都有相似的历程：王朝的开国君主，一般都能体恤民情，轻徭薄赋，使民间能休养生息，充实国力；能虚心纳谏，作用贤臣，政务宽简，朝廷政令能贯彻执行，等等。王朝的衰落覆亡，也有相似的轨迹，尤其君主昏庸荒怠，于是蔡东藩所谓的女祸、阉祸、奸贼、豪权、党争、流寇等“人祸”相继产出。“人祸”导致“内讧”，“内讧”引

① 赵翼：《廿二史札记·小引》，《廿二史札记校证》，中华书局 1984 年版，第 1 页。

来“外侮”。“内讧”“外侮”彼此胶扰，终至灭亡。

这些“人祸”是逐渐形成的。正如蔡东藩所说，“秦亡不由胡亥，实自始皇；汉亡在孝平，实始武帝”①。也就是说，他认识到一个王朝的盛衰是一个转化过程，往往“盛”中包含了“衰”的因素，埋下了“人祸”的隐患。这是一种带有朴素辩证法思想的“原始察终，见盛观衰”的历史研究方法。在蔡东藩看来，这个“始”主要在于君主或“喜谀”，或“好侈”，或“渔色”，甚至兼而有之。②究其根本，还是“伦常乖舛”、“信义沦亡”是王朝衰落的根本原因。

如他认为唐代灭亡的根本原因，“实自宫闱淫乱”。整部《唐史通俗演义》主要是围绕着“唐乌龟”三个字来展开的：唐高祖夜宿晋阳宫，为女祸之开端。唐太宗纳弟妇，“渎伦伤化，宜唐室之女祸为独炽也。唐高宗烝父妾，迎武氏，而乾纲不振，唐室始由盛趋衰。唐中宗纵妇宣淫，引奸入室，竟被毒死。唐玄宗以子妇而册为贵妃，开元盛世不在，安史之乱祸起……”在第五十七回回评中，蔡东藩写道：

> 先圣有言，身修而后家齐，家齐而后国治，国治而后天下平，此实千古不易之至论，试证诸本回而益恍然矣。玄宗纳子妇为妃，便生出许多祸乱，后来且受制于子妇，不能修身齐家者，宁能治国平天下乎？肃宗嬖悍妻，任权阉，为子不孝，为夫不义，为君为明，是亦一不能修齐，即不能平治之明证也。③

“春宵苦短日高起，从此君王不早朝。”虽然蔡东藩仍不脱女祸论的习见，但实际上还是指向君主之德。“君不肖，则国危而民乱；君贤圣，则国安而民治。祸福在君，不在天时。”④蔡东藩认为，“三纲五常，为治平之大要，纲常不正，则内乱必生，乌乎治国？乌乎平天下？”⑤这段话表明，他更注重道德因素对历史过程的影响，尤其是把王朝兴亡的根源化约为君主个人的道德修养，从

---

① 蔡东藩：《前汉通俗演义》，中华书局 2015 年版，第 2 页。

② 蔡东藩：《宋史通俗演义》，中华书局 2015 年版，第 361 页。

③ 蔡东藩：《唐史通俗演义》，中华书局 2015 年版，第 475 页。

④ 《盈虚第二》，《六韬》（卷一），参见《百子全书》，浙江人民出版社 1984 年版，第 25 页。

⑤ 蔡东藩：《唐史通俗演义》，中华书局 2015 年版，第 152 页。

而呈现出泛道德主义的史观倾向。

我们知道，道德属于上层建筑和意识形态，会对社会政治、经济发挥这样或那样的能动作用。道德的堕落、风气的败坏、人心的沉沦、精神的颓废是王朝败亡的不可忽视的重要因素之一，似蔡东藩这样的泛道德主义史观，在我国史论中从不间断，也不胜枚举。如范祖禹谓："上之化下，如风之靡草也。……是以先王必正其心、修其身，而天下自治。孟子曰：'君仁，莫不仁，君义，莫不义，君正，莫不正，一正君而国定矣。'此之谓也。"① 苏辙也如是，他在评论秦政得失时说："秦得其势，而不免于灭亡，盖治天下在德不在势。诚能因势以立法，务德以扶势，未有不安且治者也。"②

但吊诡的是，如此丰富的论述却并没能阻止一个又一个王朝的覆灭。这让人不禁想起抗日战争胜利前夕，毛泽东与黄炎培关于"历史周期率"的那场"窑洞对"。如何才能跳出"其兴也勃焉，其亡也忽焉"这一条周期率？毛泽东的回答是通过"民主之新路"，"只有让人民起来监督政府，政府才不敢懈怠。只有人人起来负责，才不会人亡政息"③。可见，蔡东藩对王朝败亡的论断，并没有透彻地看到传统政治构架下无法解决的体制性难题，因而也无法开出真正解决"兴勃亡忽"现象的良方。

2. 析事理

论兴替，主要是"正一代得失""稽其成败兴坏之理"。这里所谓的稽事理，就是通过对一般的历史事件、历史现象进行溯流钩沉，慎观终始，从而探究"事之所以然"的本质。

如 1913 年的"二次革命"（或称"赣宁之役""癸丑之役"），既是辛亥革命的继续，也是辛亥革命的终结。史学界在分析其失败的原因时，一般都归结为客观因素的影响。《中国近代史》中这样指出："国民党人被迫应战，他们一开始不能统一行动，处于被动挨打的局面。袁世凯以江西、南京为进攻重点。南京方面，由于部分讨袁军被袁世凯用金钱收买，发生内变，被迫退守临淮关。黄兴于 7 月 29 日潜离南京，江苏都督程德全便宣告取消讨袁。"④

---

① 范祖禹：《唐鉴》（卷六），上海古籍出版社 1984 年版，第 169 页。

② 苏辙：《秦始皇本纪》，《三苏全书》（第 3 册），语文出版社 2001 年版，第 446 页。

③ 朱洸：《毛泽东与黄炎培话"周期率"》，《光明日报》，1993 年 1 月 20 日。

④ 《中国近代史》编写组：《中国近代史》，中华书局 1983 年版，第 430 页。

蔡东藩则从两个方面进行了分析，其一是“斯时袁政府之真相未露，伪共和之局面犹存”；其二是“民心厌乱”，国民自清帝退位后，“所受之痛苦，较前尤甚”，因而“不愿再遭惨剧”。在这样的形势下，“徒欲以三数人之言论，鼓动亿兆人之耳目，谈何容易？”所以，“二次革命”“动兵十数万，兴师六七省，但未达数旬，即成瓦解”①。

辛亥革命与“二次革命”仅时隔两年。辛亥革命发生时，民众成一呼百应之势。但到两年后的“二次革命”时，劳苦大众漠视，几乎没表现出革命的热情；工商界不仅袖手旁观，有的还想方设法地制止战争的蔓延；甚至部分知识分子也反对，如李大钊虽然不赞成袁世凯滥用暴力，但他也反对“二次革命”，希望国民党放弃使用武力。为什么民众的反应有如此巨大的反差？也就是蔡东藩所谓的“以视辛亥之役，适得其反”呢？蔡东藩的分析，关注到了两次革命之间民众的“转向为背”的问题。在他看来，势异局迁，民心向背，是“二次革命”失败的根本原因。对此，吴玉章有深刻的认识。他说：“二次革命之所以如此迅速地失败，根本的原因在于辛亥革命以后，国民党就已经放弃了革命纲领，逐渐地脱离了群众，因此，它发动的反袁斗争，再不像同盟会时代那样能够激起群众的热情了。”②可见，蔡东藩对“二次革命”失败原因的分析是颇有见地的。

再如，蔡东藩对太平天国军事战略的分析也有独到之处。他认为太平天国攻占南京后，在军事战略方向上可东也可北。一是效仿明太祖，东下江南，尽得长江之地利，然后北伐。他认为：

> 明太祖尝建都金陵矣，安得谓江南之不必取耶？惟弃武昌而不守，殊为失算。武昌据长江下游，可南可北，可东可西，洪氏有兵百万，何不分兵东下，一守武昌，一取江南，联络长江上下以固根本……③

二是北伐，集中兵力直捣北京：

① 蔡东藩：《民国通俗演义》，中华书局 2015 年版，第 224、第 232 页。

② 吴玉章：《辛亥革命》，人民出版社 1978 年版，第 168 页。

③ 蔡东藩：《清史通俗演义》，中华书局 2015 年版，第 431 页。

> 令洪氏子一入金陵，用以攻北，即亲率全军为后应，则江北之筹备未足，江南之牵制无多，一鼓直上，天下事殆未可料。不此之图，徒令林、李两头目，孤军图河，至京畿被困，已挽救无方，林、李死而洪氏已亡其半矣。[①]

关于太平天国定都南京前后的军事战略是否正确，史学界存在正确、错误、得失参半三种认知。简又文认为进军南京的战略系“下策”，指出太平军应该由武汉北上，直捣黄龙，不给清廷以喘息之机。[②] 而茅家琦却认为是正确的，原因是以太平天国的力量还不能立即推翻清王朝在全国的统治，定都南京改变了过去流动作战的方针，有了割据的根本。[③]

蔡东藩则认为，“定都江宁，尚无关得失”。关乎成败的是太平天国领导层在定都南京后，“乃安居纵乐，荒淫无度”[④]，偏师北伐，分兵西征，形成了战略方向上的“两个拳头主义”，终成为太平天国失败的重要原因。这些论述，对研究太平天国史有着很重要的启示作用。

3. 察成败

“千秋功罪，谁人曾与评说？”历史是由人的活动所构成的。在历史研究中，对历史人物的评价始终是一个极其重要的课题。在《历朝通俗演义》的“史论”部分，既有对历史人物功过的评价，也有对历史人物成败的归因分析。在归因分析时，蔡东藩认识到人物的成败是时势、德行、谋略等主客观因素相互作用的结果。

如岳飞、于谦是我国历史上家喻户晓的忠臣，也是能臣，同时又都以悲剧而收场。岳飞死于“莫须有”三字狱，于谦死于“意欲”二字狱。[⑤] 两人之死，与奸人陷害有关，更与皇室内部的复杂关系、两人面临之困局有关。蔡东藩指出，宋高宗存在着“贪位苟安，拒兄攘国”的思想，而岳飞却一心想着“直抵黄龙，迎回二圣”。土木之变后，于谦主张“社稷为重，君为轻”，坚持抗敌，

---

① 蔡东藩:《清史通俗演义》，中华书局 2015 年版，第 453 页。

② 简又文:《太平天国全史》(上册)，香港简氏猛进书屋 1958 年版，第 513 页。

③ 茅家琦、方之光:《太平天国建都南京是战略上的重大错误吗？》,《文汇报》，1963 年 7 月 9 日。

④ 蔡东藩:《清史通俗演义》，中华书局 2015 年版，第 438 页。

⑤ 蔡东藩:《明史通俗演义》，中华书局 2015 年版，第 259 页。

得罪了明英宗。夺门之变发生后，其欲求无诛，岂可得乎？这是岳飞、于谦两人悲剧的主要原因。

同时，蔡东藩还注意到了岳飞、于谦两人性格上的缺陷。在《宋史通俗演义》和《明史通俗演义》中，分别有这样的叙述：

> 飞奉命见浚，浚与语道："王德为淮西军所服，浚欲任他为都统，再命吕祉以督府参谋，助德管辖，太尉以为何如？"飞应声道："德与郦琼素不相下，一旦德出琼上，定致相争。吕参谋未习军旅，恐不足服众。"浚又道："张俊何如？"飞复道："张宣抚系飞旧帅，飞本不敢多口，便为国家计，恐张宣抚暴急寡谋，尤为琼所不服。"浚面色少变，徐徐答道："杨沂中当高出二人。"飞又道："沂中虽勇，与王德相等，亦怎能控驭此军？"浚不禁冷笑道："我固知非太尉不可。"飞正色道："都督以正道问飞，不敢不直陈所见，飞何尝欲得此军哩！"浚终心存芥蒂，面上露着慢色。飞立刻辞出，即日上章告假，乞终丧服，令张宪暂摄军事，自己竟步归庐山，至母墓旁，筑庐守制去了。①
>
> 先是石亨为谦所荐，统师破敌，城下一役，亨功不如谦，独得封侯，未免内愧，乃疏荐谦子冕为千户。谦上言："国家多事，臣决不得顾私恩，石亨身为大将，未闻举一幽隐，乃独保荐臣子，理亦未协，臣决不敢以子滥功。"这数语传入亨耳，未免愤恨。亨从子彪，行为贪暴，又为谦所奏劾，出戍大同，因此亨益怨谦。②

对此，蔡东藩下了两个断语，即"飞亦未免率真"和"于少保君子也"。"率真"指的是岳飞的任性行为。岳飞在朝廷推翻原先已答应将王德、郦琼所部隶属其指挥的决定后，一气之下，即上章请求解除他的兵权，终母亲之丧，并不待高宗答复，以张宪摄军事，步行归第，在其母墓侧结庐守制。如此行为在当时可谓是警世骇俗之举了。于谦为人则太君子，性子太直，待人严苛，不给人以转圜的余地。大将石亨本为于谦荐举立功而进封侯爵。他觉得于谦的功劳在他之上而没有封侯，心里不安，于是就举荐了于冕，却被于谦上书斥责。正

① 蔡东藩：《宋史通俗演义》，中华书局 2015 年版，第 533 页。

② 蔡东藩：《明史通俗演义》，中华书局 2015 年版，第 258 页。

是因为于谦“性故刚”，结果两人由并肩作战的战友变成了仇敌。可见，岳飞、于谦两人的性格中都有一些缺陷，过直、过激，不容人过，致使他们与同僚的关系紧张，甚至最终将一些人推向对立面。这就是所谓人物的性格败局。

从一个人的性格特征出发分析其人生成败之因，这在《历朝通俗演义》史论中很多见，如王安石变法。蔡东藩认为，“新法非必不可行，安石非必不能行新法，误在未审国情”；“青苗法非必不可行，弊在立法未善耳。春贷秋还，本钱一千，须加息三百，利率何其重耶！愿借者固贷与之，不愿借者亦强令贷钱，勒派何其苛耶！”①

“熙宁变法”非不得时。当时的宋代在表面繁荣的背后，国家财政已濒临崩溃，“是时大内帑银，所存无几”，所以变法得到了神宗的支持。那么，为什么变法最终失败了呢？为什么王安石会产生“未审国情”“立法未善”这样的错误呢？在蔡东藩看来，这与王安石的性格有着很大的关系。他指出王安石的性格有着器量不足、坚僻自是、偏执等缺陷。如《宋史通俗演义》第三十五回记叙了一件小事，以证王安石之偏执：

> 旋命纠察在京刑狱，适有斗鹑少年杀死狎友一案，知开封府以杀人当死，按律申详。安石察视案牍，系一少年得斗鹑，有旧友向他索与，少年不许，友人恃昵抢去，少年追夺，竟将友人杀死，因此拟援例抵罪。他不禁批驳道：“按律，公取、窃取皆以盗论。该少年不与斗鹑，伊友擅自携去，是与盗无异。追杀是分内事，不得为罪。”看官！你想府官见此驳词，肯俯首认错么？当下据实奏辩。安石亦劾府司妄谳。案下审刑大理两司，覆按定刑，都说府谳无讹。安石仍不肯认过，本应诣阁门谢罪，他却自以为是，并不往谢。御史遂劾奏安石，奏牍留中不报。安石反迭发牢骚，情愿退休。②

从现代视角分析，宋代有司的最终判决属量刑过重，而王安石认为的无罪、免于处理，却更不合理。然而，王安石却依然偏执己见、我行我素，所以可见，王安石缺乏博大的心胸，又激进执拗，树敌太多，怨谤盈朝，为变法埋下了失

① 蔡东藩：《宋史通俗演义》，中华书局2015年版，第257页、第264页。
② 蔡东藩：《宋史通俗演义》，中华书局2015年版，第244页。

败的祸端。这里要指出的是，蔡东藩还认为王安石是一个“沽名钓誉”“厌故喜新”的人，这样的评判是不平允中正的。

唐代史学家刘知几认为，“史之为用，其利甚博，乃人生之急务，为国家之要道。有国有家者，其可缺之哉！”[①] 王夫子也说：“所贵乎史者，述以往而为来者之师也。”[②] 蔡东藩生活在从晚清到抗战结束这一中国近现代史上最复杂、最动荡、最惨烈的历史阶段，他无法左右历史的进程，甚至在历史激荡的漩涡中无法左右自己的命运。但他的心依然是火热的，抒愤寄志于《历朝通俗演义》，或发激切之议论，或发无奈之感慨，表现出对于古今沧桑、忠奸善恶、时代忧患的深刻思考，以诫世示后，充分表达了一个身逢乱世之时平民知识分子的悲怀悯世的情怀。

六、化正为奇，用笔曲折

我国古代史官修史，在材料处理、编纂原则、史实评论、人物褒贬等方面，形成了一定的惯例，谓之“书法”。据实书写的谓“直书”，扭曲史实的谓“曲笔”。然不管何种“书法”，在笔法上多为简笔直叙，质朴、简净。如刘知几《史通·叙事》篇就说：“夫国史之美者，以叙事为工；而叙事之工者，以简要为主。……文约而事丰，此述作之尤美者也。”[③]

那么，“以历史上事实为材料，用演义体叙述之”[④] 的“良小说”该采用怎样的笔法呢？

> 本回叙述韩信兵谋，说得迷离惝恍，不可究诘。迨一经揭出，始知韩信用兵，确有神出鬼没之妙。谋固奇而笔亦奇，以视正史中之直言记载，趣味何如！夫正史尚直笔，小说尚曲笔，体裁原是不同，而世人之厌阅正史，乐观小说，亦即于此处分之。然或向壁虚造，与正史毫不相符，则又

① 刘知几：《史通·史官建置》，上海古籍出版社 2009 年版，第 281 页。

② 王夫之：《读通鉴论》，《船山全书》（第十册），岳麓书社 1996 年版，第 225 页。

③ 刘知几：《史通通释》，上海古籍出版社 1978 年版，第 168 页。

④ 梁启超：《中国唯一之文学报——新小说》，《饮冰室合集集外文》，北京大学出版社 2005 年版，第 121 页。

为荒诞无稽，何关学术。试看本回之演述木罂渡军，背水列阵，于史事有否不同？不过化正为奇，较足夺目，能令阅者兴味不穷，是即历史小说之特长也。[①]

在蔡东藩看来，历史演义相关学术，在内容要“事依正史”，不“向壁虚造”；在笔法上，应与正史之直言记载、味同嚼蜡不同，要运用曲笔，化正为奇，能令阅者“乐观”。显然，这是蔡东藩从笔法上对历史演义的理解。让我们先来欣赏《明史通俗演义》中的一段“曲笔”：

天祐既冲散元兵，一口气跑到城边，但见西门上面，立着一位长身阔面的大将，盔甲耀光，似曾相识。（夹批：写出昏黄景象。）正疑讶间，只听得大将呼道：“张将军来迟了。”（夹批：这是何人？令我无从捉摸。）这一语传到耳中，方觉闻声知名。看官道是何人？乃是朱元璋部下的汤和。（夹批：点出姓名，尚不知从何而来？笔法奇变，可推绝顶。）天祐又喜又惊，待汤和开城放入，忙即问明底细。汤和道：“我是奉朱元帅密令，从间道到此，接应诸公，乃到城下，并没有诸公踪迹，只有飞桥架着城上，我就乘便登城，想去拿也先帖木儿，谁料他却刁狡得很，竟一溜烟走了。我看夜色已昏，不便穷追，因在城上恭候诸公。”说毕大笑，天祐未免怀惭。（夹批：就汤和口中，叙出原因，真是计中计，极写元璋智虑。一笑一惭，尤是好看。）[②]

不直曰曲，文不直捷、曲为描摹就是“曲笔”。在《历朝通俗演义》中，蔡东藩是把“曲笔”作为一大艺术特色来强调和要求的。他所谓的“曲笔”主要表现在以下几个方面：

---

① 蔡东藩：《前汉通俗演义》，中华书局 2015 年版，第 186—187 页。

② 蔡东藩：《明史通俗演义》，中华书局 2015 年版，第 23 页。

（一）叙事时序的变换

《历朝通俗演义》主要为“通鉴式”的编年体结构，大多按照朝代的更替和时间的推移为主线叙述事件，其优势在于可对历史宏观变化作连贯的轨迹清晰的记述。法国叙事学家兹维坦·托多罗夫说：“从某种意义上说，叙事的时间是一种线性的时间，而故事发生的时间则是立体的。在故事中，几个事件可以同时发生，但是话语则必须把它们一件一件地叙述出来，一个复杂的形象就被投射到一条直线上。”[①] 也就是说，如果按史实编年顺序，逐一将历史故事叙述出来，不仅头绪纷繁，而且前后无法衔接、贯穿。所以，《历朝通俗演义》在按时叙事这个大框架内，也会作些变序处理。

1. 绾合法

所谓绾合法就是把相关连的事或人联结在一起叙述。如《唐史通俗演义》“安金藏剖心明信，僧怀义稔恶受诛”这一回，叙及如下几件事：

> 甲，李昭德反对武则天立武氏为太子，并打击酷吏；
>
> 乙，武承嗣欲夺储位，谮累豫王，唯有乐工安金藏剖心为太子辩白；
>
> 丙，突厥寇边，武则天令薛怀义为行军大总管，李昭德为行军长史，往御突厥；
>
> 丁，薛怀义恃势作威，开无遮会以污妇女，烧明堂以泄私仇。

这一回叙事，以安金藏、薛怀义为主脑，外此各事俱属相因，随笔穿插，“因甲得乙，因乙得丙，因丙得丁”[②]，关连而及，贯串而下，保证了叙事的连贯和有序。

2. 分合法

分合法是指在一定逻辑关系的约束下，自由排列组合历史人物和事件，以期达到头绪分明的目的。如《明史通俗演义》中，明玉珍为元末起义军领袖，原为徐寿辉部下，后入据重庆，建大夏国称帝。若按时叙事的话，明玉珍应该在前几回就提及，但直至第十七回朱元璋下诏伐蜀才急为表明。蔡东藩在回评中说：

---

① 张寅德编选，《叙述学研究》，中国社会科学出版社 1989 年版，第 294 页。

② 蔡东藩：《唐史通俗演义》，中华书局 2015 年版，第 268 页。

> 元末群雄，以明玉珍僭号为最晚，即以明玉珍据地为最僻。本书叙至十六回，未曾提及，非漏也。玉珍僻处偏隅，无关大局，前文不遑叙述，故置诸后文，以便总叙，且俾阅者易于览观。盖此书与编年史不同，布局下笔，总以头绪分明为主。且书中于追溯补叙等事，必有另笔表明，于总叙之中，仍寓事实次序，可分可合，诚良笔也。①

元末农民起义者众多，前16回为减少头绪，主要以朱元璋与元朝、张士诚、陈友谅之间的战争为主。可见，分合法不是按编年顺序来缀合材料的，它打破了“编年体”古板呆滞的叙事结构，从而增加了叙事的趣味性和艺术性。

3. 连类并书

连类并书就是把同一类故事放在一起叙述。如《唐史通俗演义》第二十六回叙及公元659年，长孙无忌被许敬宗构陷而死。紧接着叙664年，上官仪又被许敬宗构陷下狱论斩事。两件事虽然前后相隔几年，但都是许敬宗受武则天之嘱托而为之，故并书在一起，以凸显武则天之阴险狠毒。

有时，连类并书是为了更好地“劝善”。如《两晋通俗演义》第一回，连叙李密上陈情表、晋武帝孝思、王祥卧冰求鲤等尽孝故事，起到了强化的作用，可谓颇具匠心。蔡东藩明确宣称：“惩恶而劝善，其犹有良史之遗风欤。”②

（二）叙事视点的集中

《历朝通俗演义》是一部宏大的历史叙事巨作，上下2000多年，期间发生的事件，出现的历史人物错综复杂，头绪繁多。若不把视点集中在某个重要历史事件（或人物）上，把散乱的细节集中起来，就会使叙事枝蔓芜杂，顾此失彼，疏散拖沓。所以，叙事视点的集中是“曲笔”的最基本条件。

1. 借宾定主法

借宾定主，首先是决定两件或以上历史事件，孰为主，孰为宾？“主”者详写，“宾”者着笔少。如《唐史通俗演义》第六回后半回叙幽州罗艺举州降唐、窦建德举兵寇幽州两件事。罗艺事少，窦建德事多，故罗艺为宾而窦建德为主，宾略主详，详略自然分明。

---

① 蔡东藩：《明史通俗演义》，中华书局2015年版，第117页。

② 蔡东藩：《两晋通俗演义》，中华书局2015年版，第8页。

其次，“借宾定主”多用来塑造人物，以起到“以宾衬主”的作用。如《唐史通俗演义》第六回前半回内容：

前半回先述尧君素事，次述李密事，君素，隋之忠臣也。有君素之忠，以衬李密之诈，君素死且不朽，李密死且贻讥，故君素足为文中之宾，而李密可为文中之主。[①]

以尧君素之忠反衬李密之诈，尤得“奇峰对插，锦屏对峙”之妙，对于表现人物的性格、思想起到了“隐而愈现”的作用。

“主”与“宾”的角色定位后，着笔时也可以互相参换。如《明史通俗演义》第五十一、五十二回叙王守仁计赚宸濠事，主脑为王守仁。第五十一回从王守仁处着笔，叙宸濠中计使得王守仁能驰归决策。第五十二回则从宸濠处着笔，叙宸濠中计而株守南昌不敢东者旬日。主脑不变，着笔的视点不同，叙述就会生色许多。

在《明史通俗演义》第九十三回回评中，蔡东藩形象地说明这一写法的特点与好处：“是回叙剿流寇，而注意惟一曹文诏，叙讨叛军，而结局在一朱大典，此外不过就事论事，作为衬笔而已。藉非然者，满盘散沙，成何片段耶？”[②] 可见，借宾定主法的要点是确定一条主线，以集中叙事的视点，成片成段。这种方法可令文章不至于成为“满盘散沙”，不可卒读。

2. 销纳法

主明线清，那些次要的或不能不叙的事件、人物就好似一枚枚钱币，以销纳法系在主线上，随笔带过。这样，如线贯钱，既简洁明快，又不喧宾夺主。如《明史通俗演义》第二十九回前半回，高煦夺嫡为主线，中间穿插了几处销纳文字：

其时有位王嫱姝，家住海南，才艺无双，永乐二年，召入宫掖，充为司彩。司彩系明宫女官，宫中聚藏缎匹，归她掌管。成祖有意召幸，尝命与权妃同辇。王氏跪启道：“妾系嫠妇，不敢充下陈，请陛下收回成命！”

① 蔡东藩：《唐史通俗演义》，中华书局 2015 年版，第 48 页。

② 蔡东藩：《明史通俗演义》，中华书局 2015 年版，第 664 页。

成祖嘉她节烈，特赐金币，许令归家。她在宫时常作记事诗，流传禁掖。小子曾记得一绝云："琼花移入大明宫，一树芳香倚晚风。赢得君王留步辇，玉箫吹彻月明中。"此外佳句尚多，小子也记不胜记了。①

在"夺嫡"这条主线中，插入王嫠故事，既阐扬彤史，又起到了调节叙事节奏的作用。

有时，运用销纳法还可以起到承前启后的作用。如《明史通俗演义》第九十二回：

且说明朝赋税，颇折衷古制，不尚烦苛，自神宗创行矿税，中官四出，任意诛求，海内为之渐困。……明廷又裁节内地兵饷数十万，减省各处驿站又数十万，兵不得饱，驿无遗粮，那时逃兵戍卒，往往亡命山谷，啸聚为盗……于是极大的乱端，就从崇祯改元以后，发生出来。

先是云南、贵州等处，蛮众作乱，首领奢崇明与安邦彦统同一气，负嵎自固，总督闵梦得敷衍了两三年，未曾奏效。……怀宗复起用朱爕元为总督，调集云南、四川、贵州三路大兵，直捣贼巢，枭崇明，斩邦彦。……苗汉相安，西南一带，才得无事。

惟西北又复遭劫，连年饥荒，陕西巡抚乔应甲，延绥巡抚朱童蒙，又统是魏阉余党，专务虐民，不加体恤，遂酿成一班流寇，四出为殃，把大明一座完好江山，扰得东残西缺，地坼天崩。第一个作乱的盗魁，就是府谷民王嘉胤。嘉胤部下又有两大剧贼，一个就是李自成，一个就是张献忠。②

西南乱端这一节即为销纳文字，起到了承前启后的桥梁作用。蔡东藩认为，"承前启后，是最好的销纳法。"

从中可以看出，"销纳法"是与"借宾定主法"配合使用的。没有"销纳法"的运用，叙事的视点就难以集中。两者相互依存、相互作用。

① 蔡东藩：《明史通俗演义》，中华书局2015年版，第196页。

② 蔡东藩：《明史通俗演义》，中华书局2015年版，第196页。

（三）叙事技巧的运用

《历朝通俗演义》名为“通俗演义”。通俗之意，就是浅显易懂。从表面上看，是“语则从俗，不欲求深”①，好像仅仅是对作品语言文字的要求。但不能不说，所谓通俗性在一定程度上还指文学性，以达到“易观易入”的目的。所以，蔡东藩也会使用一些叙事技巧，以增强作品的可读性。

1. 倒戟而出

“风劲角弓鸣，将军猎渭城”，王维此诗的起联，不说“将军猎渭城，风劲角弓鸣”，而以“风劲”句放在前面，这就是所谓的倒戟法。倒戟而出，容易形成突兀的气势。如《明史通俗演义》第六十七回，叙鄢懋卿奉命出都，巡查各区：

> 及巡至两浙，道出淳安，距城数里，并不见有人迎接，复行里许，才见有两人彳亍前来，前面的衣服褴褛，仿佛是一个丐卒，后面同行的，虽然穿着袍服，恰也敝旧得很，几似边远的驿丞模样。两人走近舆旁，前后互易，由敝袍旧服的苦官儿，上前参谒。懋卿正在动怒，不由的厉声道：“来者何人？”那人毫不畏怯，正色答道：“小官便是海瑞。”②

这段话先从衣服、模样写起，然后再点明此人就是海瑞。这种写法如琵琶女出场，先闻其声，再见其人，不仅能引发阅者浓厚的阅读兴趣，更从细节上突出了人物清廉刚直之形象。

再如第九回叙太平被陷事，先写朱元璋正拟遣将往援太平，忽由太平溃兵前来禀报太平失陷、花云死难，然后再具体叙述太平被陷的经过。这里的倒戟法就类似于追叙了，“使阅者先迷后醒，益足餍目”。

2. 蓄笔法

“如看山然，下有要穴，则上必有层峦叠嶂；如观水然，后有洪波，则前必有曲涧重溪”③，这就是蓄势。所谓蓄笔法，就是要让叙述在蓄势与纾势、设疑与解疑之间交替，从而吊人胃口，引人入胜。

① 蔡东藩：《明史通俗演义》，中华书局 2015 年版，序。
② 蔡东藩：《明史通俗演义》，中华书局 2015 年版，第 475 页。
③ 蔡东藩：《元史通俗演义》，中华书局 2015 年版，第 16 页。

蓄笔法有回末与非回末两种方法。回末蓄法，如《元史通俗演义》第六回叙帖木真与札木合联军的阔弈坛之战：

不亦鲁黑汗遂邀同忽都，用了净水一盆，各从怀中取出石子数枚，大的似鸡卵，小的似棋子，浸着水中，两人遂望空祷诵。不知念着什么咒语，咕哩咕噜了好一回，果然那风师雨伯，似听他驱使，霎时间狂飚大作，天地为昏，滴滴沥沥的雨声也逐渐下来了！小子恰为帖木真等捏一把汗，遂口占一绝云："祷风祭雨本虚词，谁料胡巫果有之！可惜问天天不佑，一番祈祷转罹危。"毕竟胜负如何？且看下回续表。①

帖木真胜负如何？阅者势必忍不住好奇之心往下一回阅读。而联文中"可惜问天天不佑，一番祈祷转罹危"一句，已预示了战争的结局，悬念便已被消解了几分。这就是回末蓄笔法。

非回末的蓄笔，如第三十二回叙元仁宗感觉做皇帝没甚么趣味：

适案上有金字佛经数卷，遂顺手取阅，展览了好几页，觉得津津有味，私自叹息道："人生不外生老病苦四字，所以我佛如来，厌住红尘，入山修道。朕名为人主，一日万机，弄到食不得安，寝不得眠，就是任用一个大臣，还惹台臣时来絮聒，古人说得天子最贵，朕想来有甚么趣味！倒不如设一良法，做个逍遥自在的闲人罢。"说毕，复默默的想了一番，又自言自语道："有了，就照这么办。"便掩好佛经，起身入寝宫去了。②

仁宗想到了什么办法？作者故意不说，转而叙那金字佛经的源流。直至下一节才交代仁宗想到的办法就是"诏命太子参预朝政"。

除上述几种"曲笔"法，还有跌笔、反笔、顿挫等笔法。蔡东藩认为，"盖小说之足动人目，全赖用笔曲折，不涉芜衍，否则依事补叙，味同嚼蜡，亦何若返观正史之为得乎？"③他写的是"历史小说"，而不是"历史的小说"，"历

① 蔡东藩：《元史通俗演义》，中华书局2015年版，第45页。

② 蔡东藩：《元史通俗演义》，中华书局2015年版，第233页。

③ 蔡东藩：《唐史通俗演义》，中华书局2015年版，第16页。

史”是第一位的，“小说”是手段而不是目的。但“有是事不可无是文，有是文不可无是笔”①，他需要运用“曲笔”，使“描写摹神处，能令人击节起舞，即平铺直叙中，总属血脉筋节，不致有嚼蜡之诮”②，以达到“易入易观”之目的。

楼含松在其专著《从“讲史”到“演义”》中说，“到了民国前期，蔡东藩新编历朝演义，要求自己‘语皆有本’，不过是历史的通俗化。到这时候，可以说历史演义的文学生命已经结束了。”③ 他点出了蔡东藩编撰《历朝通俗演义》的目的，但也在怀疑蔡东藩的艺术功力。实际上，我们在《历朝通俗演义》的某些片段，即可窥见蔡东藩的艺术功力，如《南北史通俗演义》第九十一回叙隋炀帝游西苑：

> 自挈萧后及妃嫔，乘舆至新苑游幸。虞世基当然接驾，由炀帝命为前导，逐段看来，无非勾心斗角，竟巧争新；更兼那海水澄清，湖光漾碧，三神山葱茏佳气，十六院点缀风流，桃成蹊，李列径，芙蕖满沼，松竹盈途，白鹤成行，锦鸡作对，金猿共啸，仙鹿交游，仿佛是缥缈云天，嫏嬛福地。④

那么，为什么《历朝通俗演义》中这样的描写只是偶露峥嵘呢？完全是出于蔡东藩期为通俗教育之助的写作目的和对历史小说必须以正史为“正”的认知。在摆脱这一认知的束缚与史料的限制后，蔡东藩能把作品写得文采斐然。

如《清史通俗演义》第七十一回写道陈玉成被清军击败，往依苗沛霖，却被执送清廷。其妻有姿色，先后被胜保、德愣额留作侍妾，叙述很是简单。而在《客中消遣录》中有一篇题目为《红儿》的短篇小说，写的是陈玉成嬖妾红儿的故事。陈玉成被苗沛霖执送胜保营后，红儿谋为洪氏复兴，屈身于苗沛霖。后苗沛霖在红儿的劝迫下，复叛清，战不利又欲降清。红儿怂恿高天海刺杀了苗沛霖，然高天海不守诺言，又降清，并迫红儿嫁于他。红儿故作答应，要高天海邀请宾客再举行婚礼：

---

① 蔡东藩：《明史通俗演义》，中华书局 2015 年版，第 366 页。
② 冯梦龙：《新列国志》，上海古籍出版社 1987 年版，凡例。
③ 楼含松：《从“讲史”到“演义”》，商务印书馆 2008 年版，第 335 页。
④ 蔡东藩：《五代史通俗演义》，中华书局 2015 年版，第 753 页。

牲醴杂陈，高朋满座，管弦之音不绝于耳，有众仪从导，彩舆来至。淮上军辕声灵赫濯者，即清降将高天海娶红儿之夕也。彩舆既入门，新娘既降舆出，珠光玉影，炫人心目。座中客皆啧啧称赏，叹为天人。忽见新娘高扬翠袖，举其柔荑之手，指天海曰："英王死，汝受恩深，宜有以报知遇，乃必得一妇人始复仇，何面目见天下士，况更屈膝事胡虏乎？已矣，吾为英王生，不为汝生。"言已，猛跃而起，高数尺许，喷鲜血直达天海面，遂仆地。视之血影模糊，奄然毙矣，盖红儿上舆之前，已服鸩毒，第欲当众鸣天海罪，故即降舆以斥之。毒发乃死，红儿至此始得死所也。

十场好事化作春梦，座客皆纷纷散，而天海之心苦矣。天海平日尝以材武自负，不屑居人下。迨遭红儿当面诮，让魂丧魄驰，嗒然若失。是夕卧而起，起而又卧，忽大声曰："吾负英王，吾并贪红儿，死已晚矣！"击床奋起，投缳死。①

红儿这个人物并没有出现在《清史通俗演义》中。在这篇小说中，蔡东藩通过人物言行神态的细腻刻画，辅之以反衬等手法，将一个"保家事小，保国事大"的巾帼英雄形象生动地展现在读者面前。因此，我们没有任何理由对蔡东藩的艺术功力提出质疑。

七、语中藏讽，寓贬于事

我国史官修史，向来有褒贬人事的传统，一旦发现现实与道德政治理想有相牴牾之处，就会在史书中予以揭露，以资后代借鉴。如《春秋》"微而显，志而晦，婉而成章，尽而不污，惩恶而劝善"②之春秋笔法；《左传》"直归南董"③之秉笔直书法，而被鲁迅誉为"史家之绝唱，无韵之离骚"的《史记》也"尽了讽刺的能事"④。可以说，一个良史向来是一个讽刺作家，一部信史向来就是一部讽刺作品。

① 蔡东藩：《客中消遣录》（卷三），上海会文堂书局 1918 年版，第 10—15 页。
② 黄侃批校：《黄侃手批白文十三经·春秋左传》，中华书局 2006 年版，第 1015 页。
③ 范文澜：《文心雕龙注》，人民文学出版社 1958 年版，第 285 页。
④ 李长之：《司马迁之人格与风格》，生活·读书·新知三联书店 1984 年版，第 319 页。

蔡东藩编撰《历朝通俗演义》之大旨在“辨忠奸，别贞淫，抉明昧，核是非”，而寓劝戒之意。要达到这一目的，最重要的一个途径就是运用讽刺手法。套用鲁迅先生一句话，讽刺是一种“秉持公心，指摘时弊，机锋所向”[①]，犹在疗救的艺术。通过讽刺，使社会上丑恶的现象，赤裸裸地暴露在读者面前，以警醒民众，从而达到疗救的目的。

讽刺艺术是《历朝通俗演义》的一大特色。下面以《民国通俗演义》为例，管中窥豹，对蔡东藩的讽刺艺术作一初步的探索。

（一）主观评说式讽刺

任何叙事作品都存在一个叙事视角的问题。我国传统的历史演义在叙事视角上，主要采用全知视角的模式。这一叙事角度便于叙述者掌握广阔的历史场景，塑造众多的人物形象，叙述复杂的故事线索，也可以让叙述者对人物、事件从多方面进行评论。所谓主观评说就是指作者通过叙事者或作者代言人的陈说，来表达主观的评判。

1. 正面讽刺

正面讽刺，就是叙事人单刀直入地表明自己的审美倾向，对人性或社会生活中的“假恶丑”现象进行揭露和嘲讽。这是蔡东藩常用的讽刺手法，在演义正文、夹批、回评中均有出现。

如第五十五回叙袁世凯“胁代表迭上推戴书，颁申令接收皇帝位”。各省国民代表申决国体投票，结果全部主张君宪制，并上推戴书，奉袁世凯为皇帝。袁世凯收到了推戴书后，却下申令让代表另行推戴。各省代表立马又上第二份推戴书，袁世凯才借口“元首当视民意为从违”承认为帝。愤慨不已的蔡东藩在回评写道：

> 两次推戴书，统计不下三千余字，乃不到半日，即草缮俱竣，是明明预先备办，第临时掩人耳目而已。且袁氏尚未承认帝制，而我圣主我皇帝之词，连篇累牍，不识若辈何心，乃竟厚颜若此？袁氏半推半就，真似倚门卖娼，装出许多丑态，吾谓欲做皇帝，简直就做，何必许多做作，愈形

① 鲁迅：《鲁迅全集》（九），人民文学出版社 1981 年版，第 220 页。

其丑耶？作伪心劳日拙，我为诸参政羞，我并为袁皇帝羞。[①]

这一回评，揭露了那些厚颜无耻的国民代表的“伎俩”，把袁世凯比作倚门的娼女，半推半就，不可谓不辛辣刻薄了。一番快论，将这些人的伪装活脱脱地剥落了下来，露出一身乌糟皮肉，大白于天下，读之令人酣畅不已！

再如，“二次革命”时，袁世凯运动国会，请国会提出征伐“叛党”的议案。进步党受其指使，由汪荣宝、王敬芳两议员，提出“用严厉方法对待乱党”的议案，咨请政府。蔡东藩夹批云：“两个议员，即可代表民意，若一位大总统，应该作民意代表了。”[②] 笔触幽默，行文戏谑，谐中见庄，戳穿了袁世凯假民意的本质。

2. 侧笔旁议

清代顾炎武《日知录》云：“古人作史，有不待论断，而于序事之中即见其旨者，惟太史公能之。《平准传》末载卜式语，《王翦传》末载客语，《荆轲传》末载鲁勾践语，《晁错传》末载邓公与景帝语，《武安侯田蚡传》末载武帝语，皆史家于序事中寓论断法也。”[③] 侧笔旁议就是一种“于序事中寓论断”之法，也就是托他人之口代作者之言，曲折地表达作者的褒贬态度。如第五十二回开头有一段蔡锷与小凤仙的对话：

却说蔡锷停住了笔，静听小凤仙的话儿。小凤仙恰从容道：“上款蒙署及贱名，下款须实署尊号。彼此溷迹都门，虽贵贱悬殊，究非朝廷钦犯，何必隐姓埋名，效那鬼蜮的行径。大丈夫行事当磊磊落落，若疑我有歹心，天日在上，应加诛殛。”蔡锷乃署名松坡，掷笔案上。小凤仙用手支颐，想了一会，竟触悟道：“公莫非蔡都督么？”蔡锷默然。小凤仙道：“我的眸子，还算不弱，否则几为公所绐。但都门系龌龊地方，公何为轻身到此？”蔡锷惊异道：“这话错了，现在袁总统要做皇帝，哪一个不想攀龙附凤，图些功名？就是女界中也组织了请愿团，什么安静生，什么花元香，统趋势出点风头，我为你计，也好附入请愿团，借沐光荣，为什么甘落人后呢？”

① 蔡东藩：《民国通俗演义》，中华书局 2015 年版，第 406 页。
② 蔡东藩：《民国通俗演义》，中华书局 2015 年版，第 232 页。
③ 顾炎武：《日知录》，岳麓书社 1994 年版，第 891—892 页。

> 小凤仙嗤的一笑，退至几旁，竟尔坐下。蔡锷又道："我说如何？"小凤仙恰正色道："你们大人先生，应该攀龙附凤，似奴命薄，想甚么意外光荣，公且休说，免得肉麻。"蔡锷又道："你难道不造成帝制么？"小凤仙道："帝制不帝制，与奴无涉，但问公一言，三国时候的曹阿瞒，人品何如？"蔡锷道："也是个乱世英雄。"小凤仙瞅着一眼道："你去做那华歆、荀彧罢，我的妆阁中，不配你立足。"[①]

曹阿瞒、华歆之譬喻，正是蔡东藩借小凤仙之口，对袁世凯及那些攀龙附凤之流的贬斥。如此，作者自己不用出头露面，不着痕迹地寓论断于叙事之中。这样写来，既生动又深刻，给人以有力的感染。

再如第五十八回，1912 年 12 月，袁世凯颁布"着以民国五年，改为洪宪元年"申令。是夕，袁家预表庆贺。在合家欢筵席上，袁世凯妻于氏闹宴时对袁世凯骂道：

> 你是个没良心人，不顾夫妻旧谊，倒也罢了，就是我袁家祖宗，世受清室厚恩，你也曾受清爵禄，官居极品，不思竭力报效，反乘着南军革命，逼清退位，妄思为帝，祖宗有灵，恐不容你，清朝的列祖列宗，如或有知，更不容你。你还要朝称皇帝，暮称皇帝，来吓我么？[②]

这段话语，是蔡东藩借于氏这一袁世凯身边的亲人，揭露了袁世凯作奸售伪、忘恩负义的真面目，言之凿凿，更令人信服。

3. 典故影射

钟嵘评左思《咏史》说："文典以怨，颇为精切，得讽谕之致。"[③] 征引古事，语有来历曰"典"；发泄牢骚不平之气曰"怨"；陈古刺今，批评社会现实曰"得讽谕之致"。蔡东藩善用典作讽，颇有左思风力。

如"谋世袭内府藏名，恋私财外交启衅"这一回叙到袁世凯颁布《大总统选举法》，其中第三条内容为：

---

① 蔡东藩：《民国通俗演义》，中华书局 2015 年版，第 372 页。

② 蔡东藩：《民国通俗演义》，中华书局 2015 年版，第 372 页。

③ 曹旭集注：《诗品集注》，上海古籍出版社 1994 年版，第 65 页。

每届行大总统选举时，大总统代表民意，依第一条所定，敬谨推荐有被选举为大总统资格者三人。

前项被推荐者之姓名，由大总统先期敬谨亲书于嘉禾金简，钤盖国玺，密贮金匮于大总统府，特设尊藏金匮石室尊藏之。

前项金匮之管钥，大总统掌之。石室之管钥，大总统及参政院院长国务卿分掌之，非奉大总统之命令，不得开启。

其后，蔡东藩写道："小子曾记前清雍正年间，雍正帝定立储法，默选储君，书名纳匣，藏在正大光明殿额的后面。袁总统做过前清大员，想是熟悉掌故，所以把雍正成制，抄袭了来。"①这里，运用了雍正定储的典故，将袁世凯比作雍正，揭露了袁世凯"念兹在兹，曰惟帝制，释兹在兹，亦曰惟帝制"的阴鸷心理。

再如袁世凯正式受任总统，于"双十节"举行就职仪式，蔡东藩写道："世续退后，伺候各官，循例三呼，国乐以外，杂以军乐，仿佛有凤凰来仪，百兽率舞景象。""凤凰来仪，百兽率舞"出自《虞书》，一般用来形容帝王修德，时代清平。袁世凯德之不修，就职时又见得其威仪烜赫，其讥讽意味溢于言外了。

作了83天皇帝梦的袁世凯，在一片讨伐声中被迫取消帝制，忧惧而死。此时，蔡东藩引用了黄兴书赠的挽联：

好算得四十余年天下英雄，陡起野心，假筹安两字美名，一意孤行，居然想学袁公路；

仅做了八旬三日屋里皇帝，伤哉短命，援快活一时谚语，两相比较，毕竟差胜郭彦威。②

联文以僭位称帝最终遭到惨败的袁术，喻讽冒天下之大不韪而窃国的袁世凯，可谓入木三分。

"二次革命"时，北军攻破金陵，"要杀就杀，要夺就夺，要抢就抢，要奸就奸，初一日已是淫掠不堪，初二日尤为厉害，至初三日简直是明目张胆，把

① 蔡东藩：《民国通俗演义》，中华书局2015年版，第292页。

② 蔡东藩：《民国通俗演义》，中华书局2015年版，第540页。

民家商店的箱箧，尽行搬掠，甚至幼辈老媪，也受他糟踏一顿，总算是一视同仁，嘉惠同胞的盛德。有几个受害捐生，有几个见机殉节，香消玉碎，尽化冤魂，叶败花残，无非惨状。想当初扬州十日，嘉定三屠，也不过这般血幕呢！”[①]“蒿目六朝金粉地，哪堪三日走淫魔”。百姓何罪？人民的民国，还有类似扬州十日、嘉定三屠的惨剧发生，其愤慨之情跃于纸上，读来令人为之掬泪。

4. 姓名嘲

“姓名嘲”是字戏的一种，即利用汉字形音义的特点离合生发，显示文人的敏捷机智，并往往把讥讽蕴涵其中，曲折地表达对生活和时政的幽默意识。[②]而蔡东藩则是通过对同一人物的不同称呼，把讥讽蕴涵其中，从而讽刺人物，抨击时政。

如称呼黎元洪为“黎菩萨”，既点出其为人慈善，又讥讽其遇事寡断，处处受制于人，最终在张勋复辟逆流中被迫下台。而对张勋的称呼则有张勋使、张辫帅、曲辫子等。尤其是张勋复辟时，原先的朝臣服饰利好，原先的“陈年脚色”也利好，蔡东藩干脆赠张勋一个美名叫“张古董”。这样的嘲弄，既说明张勋复辟之不得人心，也揭露了国民的劣根性，表达了蔡东藩的反感之情。

袁世凯是《民国通俗演义》的主脑人物，蔡东藩对其的称呼多达10多种。如第一回叙“乘巨变故老重来”，先后称袁世凯为袁宫保、袁钦差、袁大臣。袁大臣前面还得加上一个“翎顶辉煌”的形容词。第三回有称袁总理的，清廷惨淡经营，内阁袁总理却“心广体胖”。第八回有称候补总统袁世凯的，“步武安详”。第九回后有称袁总统的，“龙骧虎步”。第五十六回后有称袁皇帝的，“乐不可支”。第六十七回后有称袁世凯的，有称老袁的，“情状委顿”。

蔡东藩自云：“书中述及袁氏，称号不一，若抑若扬，若嘲若讽，盖已情见乎词，非杂出不伦，茫无定据也。”[③]一会儿袁钦差，一会儿袁总理，一会儿袁总统，一会儿袁皇帝，随着称呼的不断变化，一个玩弄权术、狡猾欺诈、野心勃勃的袁世凯就逐渐清晰地“站”在了阅者面前。这样的讥讽手段，可谓曲尽其妙！

---

① 蔡东藩：《民国通俗演义》，中华书局2015年版，第223页。

② 薛宝琨：《中国幽默艺术论》，浙江人民出版社1989年版，第368页。

③ 蔡东藩：《民国通俗演义》，中华书局2015年版，第7页。

（二）客观叙述式讽刺

客观叙述式讽刺是指作者在叙事过程中，不作主观的情绪流露，“直书其事，不加断语”[①]，语言含蓄有味，不落一字褒贬。也就是所谓的“春秋笔法”或“微言大义”。

1. 细节描写

动作里藏着人心，语言里藏着人性，神态里藏着世情。通过对人物动作、语言、神态等细节的描写，让人物无所遁形，“情伪毕露”，这是上乘的讽刺艺术。《民国通俗演义》虽然侧重于整体历史的建构，却也不乏细节描写。

如第十二回叙至袁总统将各总长名单交陆总理，令至参议院宣布，征求同意：

> 待陆登演说坛时，拍手声与爆竹相似，劈劈拍拍的有好几千声，到了声浪渐息，大家都凝神注意，侧着耳朵儿，恭聆伟论。哪知陆总理是擅英语，不擅长国语，开口时已支支格格，说不出甚么话儿，至表述阁员的时候，他却发出大声道：“有了国务总理，断不可无国务员，若国务员没有才望，单靠着一个总理，是断断不能成事的。鄙人忝任总理，自愧无才，全仗国务员选得能干，方可公同办事，不致溺职，现已拟有数人，望诸君秉公解决。譬如人家做生日，也须先开菜单，拣择可口的菜蔬，况是重大的国务员呢。”说至此，全院并没有拍掌声，只听有人嬉笑道：“总理迭使外洋，惯吃西餐，自然留意菜单，我等都从乡里中来，连鱼翅海参，都是未曾尝过，晓得什么大菜。”……（陆）当下无意演说，竟自下台，勉强把名单取出，交给议长，自己垂头丧气，踱出院门，乘舆竟去。各议员由他自行，并没有一人欢送，反大家指手划脚，说短论长，统说：“民国初立，草昧经营，全靠有才干的总理，才能兴利除弊，今来了这等人物，要做总理，此外还有何望？”同盟会员格外愤激，便道：“我等原是不赞成的，不知同院诸君，何多投同意票，莫非已受他买嘱么？”共和党及统一共和党，听了买嘱二字，自然禁受不起，便与同盟会员争闹起来，霎时间全院鼎沸，几成一个械斗场。议长吴景濂，见秩序已乱，慌忙出来禁止，并摇铃散会，

① 黄霖，韩同文：《中国历代小说论著选》，江西人民出版社2000年版，第473页。

大众方一哄而散。[①]

在这段叙述中，蔡东藩娓娓道来，未加一字断语，也无夸大增饰，仅通过人物言行举止的描写，将一个“数典忘祖”的总理、一批“只知党争”的大议员刻画得入木三分。

再如第一十七回写到俄国致照会与外交部，要将蒙古划为其势力圈。外交总长梁如浩接到照会后：

> 外交总长梁如浩，模模糊糊的看了一会，也无暇一一研究，只觉得满纸俄人，不但中国不在话下，就是外蒙古人，也一些儿没有主权，不禁呆呆的发了一回怔。继思如此大事，不先不后，偏在自己任内，闹出了这等案件，教我如何办理？当下搔头挖耳的想了多时，竟转忧为喜道：“有了！有了！”外部人员，起初见他毫无主意，嗣闻得“有了！”两字，想他总有一番大经济、大政策，（夹注：是以君子之腹，度小人之心。）只是不好动问，背地里瞧他行动。他却不慌不忙，取了俄使的通告，径向总统府中去了。（夹注：已经成见在胸，自可不必着忙。）过了两天，都门里面，并不见梁总长的踪迹，旁人还猜他在总统府中，密商对俄方法，谁知他已托病出都，竟另寻一安乐窝，闭户自居。那总统府中，只有一纸辞职书，说是：“偶抱采薪，不能任事，请改命妥员继任”等语。（夹注：亏他想了此计）[②]

这位梁总长接到照会后，先是模模糊糊、呆呆地发了一回怔，继而搔头挖耳一番变忧为喜，最后是成见在胸，不慌不忙地行了“三十六计走为上”之策，明哲保身、不堪任事的形象呼之欲出。蔡东藩只是悠悠道来，并无着意用力之处，但语气越是冷静，在阅者心目中的反差情绪就会越强烈。

2. 对比

对比是艺术的重要手法，绘画常用色调的明暗作对比，音乐惯用音响的高低、强弱、快慢为对比。《民国通俗演义》也利用对比的技法，通过多个人物的横向对比、单个人物的纵向对比，借以烘托人物的性格，揭示事物的本质，透

① 蔡东藩：《民国通俗演义》，中华书局 2015 年版，第 80—81 页。

② 蔡东藩：《民国通俗演义》，中华书局 2015 年版，第 117—118 页。

视人物的灵魂。尤其是人物自身言行的对比，运用得更为精妙。

如第四十九回叙安静生发起“妇女请愿团”、花元春发起“妓女请愿团”，一些女子“喜赶热闹场”，可谓“花花色色，无不完备”。其中关于安静生，蔡东藩写道：

至帝制发生，她以为时机可乘，也拟邀合京中女学校学生，组织一妇女请愿团。有人诘她忽言民主，忽言君主，前后悬殊，不无可鄙。她恰嫣然一笑道：“我等身当新旧过渡时代，断不能与世界潮流，倒行逆施。我有时赞成民主，有时赞成君主，实是另具一番眼光，随时判断，能识时务，方可俊杰，迂儒晓得甚么呢。”①

这是通过他人的诘问，进行人物的纵向自比，再通过人物的回答，自揭其丑，充分暴露了安静生见风使舵、投机营利的嘴脸。

这一自比的手法，就是通过人物前后言行的自相矛盾，让人物自打嘴巴，从而达到讽刺的目的。再以袁世凯称帝前后的言行为例：

（二次革命）袁总统得此奇捷，未免顾盼自豪，尝语左右道：“我略用武装，约叛党相见，不到两月，尽已平定，论起功力，不在拿翁（即拿破仑）下。惟拿翁自恃武功，觊觎大宝，改变民主，再行帝政，我虽很加羡慕，但不欲轻效拿拿翁，致蹈覆辙呢。”（第三十六回）②

这时候的洪姨太，已是喜出望外，便默默的想了一番，打定主意，以便说动老袁，每届老袁退休，絮絮与谈前史事，老袁笑道：“你不要做女博士，研究什么史料？”洪姨装着一番媚容，低声语袁道：“妾有所疑，故需研究。”老袁道：“疑什么？”洪姨道：“汉高祖，明太祖，非起自布衣么？”老袁应声道：“是的。”洪姨微笑道：“他两人起自布衣，犹得一跃为帝，似老爷勋望崇隆，权势无比，何不为子孙计，乃甘作一国公仆，任他举废么？”老袁闻言，不由的心中一动，便道：“我岂不作此想？但时机未至，

① 蔡东藩：《民国通俗演义》，中华书局 2015 年版，第 350 页。

② 蔡东藩：《民国通俗演义》，中华书局 2015 年版，第 257 页。

不便骤行。”（第四十六回）[①]

又有机要局长张一麐，也是袁氏十余年心腹幕友，此次亦反对帝制，力为谏阻，谓帝制不可强行，必待天与人归。……老袁点首道：“论起名誉及道德上的关系，我决不做皇帝，请你放心。”（第四十六回）[②]

（徐世昌）语至此，望着老袁面色，尚不改容，他索性尽一忠告道：“杨度等组织筹安会，惹起物议，也是因时候太早，有此反抗呢。”老袁不禁变色道：“杨度开会的意思，无非是研究政体，并未实行，我想他没甚大碍，那反对筹安会的议论，实是无理取闹，且亦不过数人，岂就好算是公论吗？况我的本意，并不想做什么皇帝，就是这总统位置，也未尝恋恋，只因全国推戴，不能脱身，没奈何当此责任，否则我已五十七岁了，洹上秋水，随意消遣，可不好么？”（第四十六回）[③]

此时老袁醉梦尤酣，还道是照常往来，无甚惊异，到了居仁堂，才觉醒了一半，开眼四瞧，但见国务卿以下，统已排班鹄立，伺候登基，堂上摆着一个宝座，两旁是檀香雕成的龙形，互相蟠绕，正中是红缎绣成的龙形，作为披垫，返顾自身，也已穿着一件赤龙遍体的帝服，不觉诧为异事。又向头上一摸，尚未戴着冕旒，恰不禁暗笑起来，慢腾腾的下了肩舆，复觉背后有人随着，回头一瞧，乃是恭奉帝冕的御侄儿，当下微笑道：“你们为什么演这把戏？”语未毕，忽听“皇帝万岁”的声浪，喧集一堂，绕梁不绝，那时不便承认，又不便不承认，只好向大众，说了几句套话，无非是德薄能鲜，容待异日等语。话才说完，大众复叫起“皇帝万岁”来，接连是六君子十三太保，拥到老袁面前，恭请升座。御侄儿且跪进帝冕，老袁却不敢接受，只走到宝座前面，踌躇片时，又徐徐的踱至座后，再徐徐的踱至座前，如是三次，乃决定意见，面谕群僚道：“正朔虽颁，登极尚须择吉，尔等且静待后命罢！”群僚乃鼓舞而散。（第五十八回）[④]

蔡东藩巧妙地让袁世凯用自己的行动去揭穿自己的谎言，使冠冕堂皇的言

① 蔡东藩：《民国通俗演义》，中华书局 2015 年版，第 329 页。
② 蔡东藩：《民国通俗演义》，中华书局 2015 年版，第 332 页。
③ 蔡东藩：《民国通俗演义》，中华书局 2015 年版，第 333 页。
④ 蔡东藩：《民国通俗演义》，中华书局 2015 年版，第 425 页。

辞与卑鄙龌龊的行为形成鲜明的对比，“使彼世相，如在目前”[①]，从而达到了强烈的讽刺效果。

《民国通俗演义》与其他几部演义一样，采用“三自”体例，所以其讽刺艺术呈现出主客观融合的明显特征，集《春秋》《左传》讽刺笔法于一体。如“烟沉黑幕空具弹章，变起白狼构成巨祸”这一回：

> 惟河南巡抚宝棻，不安于位，当然卸职归田，继任的便是都督张镇芳。镇芳是老袁中表亲，向属兄弟称呼，袁既做了大总统，应该将河南都督一缺，留赠表弟兄，也是他不忘亲旧的好意。（夹批：语中有刺。）怎奈张镇芳倚势作威，专务朘削，不恤民生，渐致盗贼蜂起，白日行动，所有掳掠奸淫等情事，每月间不下数十起，报达省中。那老张全不顾问，但在卧榻里面，吞云吐雾，按日里与妻妾们练习那小洋枪、小洋炮的手段。（夹批：也算是留心军政。）全省人民，怨声载道，无从呼吁。

> 惟都督张镇芳，尸位汴梁，一任盗贼蜂起，不筹剿抚之方，军警学各界，请愿参议院，参议院提出弹劾案，而袁总统绝之不问，私而忘公，坐听故乡之糜烂，是张之咎已无可辞，袁之咎更无可讳矣。（本回回评）[②]

这段话，正文部分于叙述中婉而讽之，夹批“也算是留心军政”则“以谑语诛之”，回评却是笔无藏锋，热辣而主观。三者融合，热嘲冷讽有之，直率批评有之，可谓形容尽致，讽刺至极。

“自民国纪元，到了今日模模糊糊的将及十年，这十年内，苍狗白云，几已演出许多怪状。”[③]讽刺作为蔡东藩的“生花笔”“粲莲舌”，是写述民国“怪状”的重要艺术手法，激烈而又冷静，犀利而又峭拔。美与丑总是辩证共存于社会生活中，讽刺丑恶的目的是要将丑当成通向美的桥梁。“唤醒世人痴梦”，蔡东

① 鲁迅：《中国小说史略》，齐鲁书社 1997 年版，第 176 页。

② 蔡东藩：《民国通俗演义》，中华书局 2015 年版，第 175—180 页。

③ 蔡东藩：《民国通俗演义》，中华书局 2015 年版，第 4 页。

藩这个郑重其事的点题实则指明了讽刺批判的目的最终指向唤起世人的觉醒，振奋精神，构筑新的社会图景，重建社会道德秩序。鲁迅先生是一位讽刺大家，其讽刺观有着公心、婉曲、戚谐三个特点，而公心是讽刺的出发点和目的。[①]综上所述，蔡东藩在《历朝通俗演义》中运用讽刺艺术不是为了迎合读者的恶俗趣味，而是出于公心。他与鲁迅先生一样，有着一颗感时忧民的赤诚之心。

① 刘吉丹:《鲁迅“讽刺观”三要素管见》,《哈尔滨职业技术学院学报》，2019 年第三期，第 167—169 页。

附录 蔡东藩大事年表

说 明

1. 本年表在蔡福源《蔡东藩年表》的基础上完善而成。

2. 与《蔡东藩年表》不一致或存疑、备注之处，以按语的形式呈现。

3. 本年表所列日期以农历为主，用汉字标注。凡公历以阿拉伯数字标注。

1877 年（清光绪三年） 1 岁

农历六月十三（7 月 23 日）出生于绍兴府山阴县牛场头（今属杭州市萧山区临浦镇），排行第六。曾祖武申，祖鼎辉，父文杰。据蔡福源《蔡东藩年表》（以下简称《年表》），蔡文杰为临浦一家丝行的店员。

名郕，字东藩，谱名椿寿，笔名东帆、东飘。

按，《浙江优贡同年全录》（宣统己酉科）载，蔡郕，字东藩，年 31 岁，山阴县附生。曾祖武申，祖鼎辉，父文杰。另，蔡东藩在《高等小学新国文范本》《中等新国文范本》《国文新范》等作品的“著述大意”后署“古越蔡郕东藩甫识”和“古越蔡郕甫东藩识”。“甫”，古代加在男子名或字后面的美称，后指人的表字。故东藩应是其字而非号。

1881—1882 年（清光绪七年至八年） 5—6 岁

入私塾，“就葛师学”。

按，《年表》载，蔡东藩自 6 岁时“从二哥课读”。据蔡东藩所撰《邵勉卿君行述》“余少时就葛师学”，及《清史通俗演义》第一回“嗣后父兄令小子入塾”言，可知蔡东藩幼时曾入私塾就读。

1887 年（清光绪十三年） 11 岁

《年表》载，该年蔡东藩二哥去世，蔡东藩到金家伴读。另据乡贤回忆，金家即为丝行老板金锦生家。

按，据杨觉农《衰翁絮语》载，杨宪锦比蔡东藩小 3 岁，与蔡东藩同窗。因家境不宽裕，杨宪锦只读了五年半书，14 岁时辍学。据此推算，蔡东藩 11 岁左右还在私塾就读，极有可能因其大哥、二哥因病去世，家境困难而辍学。

1888 年（清光绪十四年） 12 岁

《年表》载，到二姐夫田沛鋆家伴读。田沛鋆家位于山阴县所前田家村（今属萧山区所前镇）。

1890 年（清光绪十六年） 14 岁

《年表》载，岁次庚寅，与田沛鋆一起参加县试，考中秀才。

1892 年（清光绪十八年） 16 岁

《年表》载，父母相继病逝。

1896 年（清光绪二十二年） 20 岁

任馆杭城。

按，《年表》载，蔡东藩 15 岁在杭州一满族家执教。据蔡东藩《游西湖孤山记》云“弱冠时，馆杭城”，从之。另唐文元《山阴道上》载，蔡东藩一有空暇，就到书院阅览抄书，并经常应题而作，多次获得“膏火费”。据清末杭城满人居住地、各书院所在地，推测蔡东藩极有可能在诂经精舍“旁听”。

1897 年（清光绪二十三年） 21 岁

参加乡试，落榜。

按，《年表》载，1899 年秋，蔡东藩参加举人考试。适逢中秋，受聘家长，派人送蒸鸡、月饼至考场犒劳，逊让间誊清待缴考卷不慎被鸡汤弄湿，又值考时将终，来不及誊清。落榜。经查，1899 年未举行乡试，应为 1897 年的丁酉科，且因“鸡汤污卷”而落榜的可能性并不大。待考。

1898 年（清光绪二十四年） 22 岁

辞去杭城家塾工作。

秋，与萧山县苧萝乡王氏结婚。

按，《年表》载，1904 年，蔡东藩 28 岁时与王氏结婚。据蔡东藩《挽妻》联云：“十七年苦况齐尝，方谓同病相依，合当偕老。”若王氏确于 1914 年去世，两人共同生活 17 年，则应于 1898 年结婚。待考。

1900 年（清光绪二十六年） 24 岁

在绍兴府学堂任教。

按，《年表》载，该年蔡东藩至绍兴一教会中学任国文教师。据绍兴第一中学（前身为绍兴府学堂）《生生不息——一百二十周年校庆校友录》，其晚清时期教员名单录有“蔡郕，任职修身、中国文学、历史教员”字条，从之。

1902 年（清光绪二十八年） 26 岁

《年表》载，该年秋，参加举人考试。因天气酷热，试卷汗渍斑斑，落榜。待考。

1904 年（清光绪三十年） 28 岁

是年冬起，在萧山临浦两等小学堂（今萧山区临浦第一小学）任教。

按，《年表》载，蔡东藩于 1901 年在临浦小学任教。后，改在该校兼课。据绍兴县志稿载，该校由汤寿潜发起，于 1904 年冬开办。另据蔡东藩《邵勉卿君行述》云：“及予壮，就乡校教师列，君之仲嗣志千来校肄业，与相切磋数年。”故蔡东藩应当在临浦第一小学任教数年。

1905年（清光绪三十一年）29岁

农历九月二十三，长子震濆生。

按：震濆（1905—1949），杭州中医药专科学校毕业，曾在所前宏济堂药店坐诊，1949年农历七月十五去世。

本年，在中国历史上延续千年的科举取仕制度被废止。

1907年（清光绪三十三年）31岁

秋，次子震康生。

1909年（清宣统元年）33岁

岁次己酉。六月，赴杭州参加优贡考试，列第十一名。浙江共取录优贡30名，主考为浙江提学使支恒荣。

1910年（清宣统二年）34岁

5月，抵达京师参加优贡朝考，投呈礼部。

6月27日，参加保和殿考试，考取一等第一百三十一名。朝考阅卷大臣为陆润庠、徐世昌、李殿林等。

7月13日，在养心殿朝觐宣统皇帝。不久，外放福建候补知县。

1911年（清宣统三年）35岁

春，赴福建以候补知县等候补缺。经上海时拜会上海会文堂书局编辑、好友邵伯棠。抵闽后，备受冷遇，候补无望，于初夏托病归程。途经上海，再次拜会邵伯棠。邵伯棠称赞其为“智士”，并邀蔡东藩著述《中等论说文范》，婉拒后回临浦。

初秋，经邵伯棠再三邀请，蔡东藩赴沪编著《中等论说文范》。这是蔡东藩著述生涯的开始。

7月28日，邵伯棠去世。

10月10日，武昌起义爆发。

11月初，杭州光复，汤寿潜被推为浙江都督。

1912年（民国元年） 36岁

正月，《中等新论说文范》（四卷80篇）由上海会文堂书局出版发行。期间，曾评校《初学论说必读》《初等小学本国地理教科书》。

春，崇德县知事李盛与地方绅董发起筹建吕公祠，特请蔡东藩撰写《募建吕晚村先生专祠启》。

4月，《女子初学新论说范本》（4卷144篇）由上海会文堂书局出版发行。该书专为女子初等小学三四年级学生编写。

冬，蔡东藩订正版《高等小学论说文范》由上海会文堂书局出版发行，后附蔡东藩《重校高等小学论说文范书后》，著述者署"山阴邵伯棠"之名。

1913年（民国二年） 37岁

3月，《中华民国女子高等小学国文教科书》由上海会文堂书局出版发行。

夏，次子震康不幸夭折。

11月，订正版《中等新论说文范》初版。

按，据柴海生《官弄19号也是蔡东藩故居》文，谓1912—1914年，蔡东藩曾在此屋写书。官弄19号为小墙门屋，系蔡东藩侄子租用孙姓人家的。柴此说并不确切，此时蔡东藩为上海会文堂书局编辑，主要生活在上海，有可能其次子病重时，曾暂住此屋写书。

1914年（民国三年） 38岁

《年表》载：春，妻子王氏去世。

7月，《国文新范》（6卷176篇）由上海会文堂书局出版发行。

7月，《国史概论》（4卷6册）出版发行。

按，该书第十五版次版权页印有"编辑者绍兴蔡郕"字样，范志强认为是蔡东藩早期一部重要的历史论著。经查，该书不同版次却多署"编辑者绍兴葛陛纶"。葛陛纶（1877—1940），山阴县天乐乡人，蔡东藩同乡好友，时皆为会文堂书局编辑。故蔡东藩极有可能也参与了该书的编辑。待考。

《年表》载，秋，由牛场头老屋迁至戴家桥达弄金姓宅居住，后称"临江书舍"。开办私塾。

按，临江书舍位于临浦戴家桥边，属萧山县苎萝乡管辖。据金姓后人说，临江书舍为蔡东藩租用，以教育金宝祥兄弟的束脩作为租金。金宝祥（1914—

2005），著名历史学家，5 岁丧父，其母曾请蔡东藩担任金宝祥的启蒙老师。

本年，《高等小学论说文范》引发中日外交争议。后上海会文堂书局遵教育部训令，再次对该书进行修正出版。1919 年，北洋政府教育部训令改国文科为国语科，该书由吴江钮君宜演译、汤寿铭校正，改为《言文对照高小论说文范》，不同版次的著述者分署邵伯棠、蔡郕。

1915 年（民国四年） 39 岁

1 月，《中等新国文范本》（4 册 80 篇）由上海会文堂书局出版发行，适用中学及以下学生。

《年表》载，春，续弦义桥黄晚霞。黄氏为萧绍一带名中医黄镐京之女。

2 月，《高等小学新国文范本》（4 册 110 篇）由上海会文堂书局出版发行，适用五六年级学生。

9 月，陈独秀在上海创办《青年杂志》，“五四”新文化运动拉开序幕。12 月，袁世凯复辟，改国号为中华帝国。

11 月，《清代史论》（4 册 16 卷）由上海会文堂书局出版发行，开启了清史断代研究的先声。

1916 年（民国五年） 40 岁

《年表》载，春，女儿净芬出生。

7 月，《清史通俗演义》脱稿于临江书舍。

本年，袁世凯恢复帝制失败。3 月 22 日，袁世凯被迫取消洪宪年号，仍称大总统。6 月 6 日，袁世凯忧惧而死。

1917 年（民国六年） 41 岁

本年初，陈独秀、胡适在《新青年》发表《文学改良刍议》《文学革命论》，标志着“五四”新文化运动正式开始。2 月，《清史通俗演义》由上海会文堂书局出版发行，计 100 回约 65.5 万字。

12 月，《留青别集》（6 册 13 卷）由上海会文堂书局出版发行，收有蔡东藩本人诗文 12 篇。

1918 年（民国七年） 42 岁

《年表》载，春，继室黄晚霞病逝。

按，《年表》载，净芬卒于 1917 年冬。据蔡东藩《挽继室》“回顾三龄弱女，何忍长归”句，似应黄晚霞先于其女儿净芬去世。待考。

7 月，短篇小说集《客中消遣录》由上海会文堂书局出版发行，收录故事 52 则。1943 年，东北文明书局改版，节录 36 则故事。

11 月，《西太后演义》完稿。翌年四月，由上海会文堂书局出版发行，计 40 回约 25.9 万字。

冬，再次续弦，与义桥韩悟文（1896—1955）结婚。

1919 年（民国八年） 43 岁

春，增订吕安世所著《二十四史通俗演义》。6 月，改名为《中华全史通俗演义》由上海大东书局出版发行，计 48 回约 46.7 万字，内署“绍兴蔡郕、东帆增订”。

9 月，《绘图重增幼学故事琼林》由上海会文堂书局出版发行。

按，《年表》载，重增时间为 1913 年秋。经查，目前发现最早版次为 1919 年 8 月重增出版。待考。

11 月，为《觉山孔氏宗谱》撰《太学生云浦公家传》、《节孝孔母毛孺人家传》。

本年，五四运动爆发。

1920 年（民国九年） 44 岁

1 月，《元史通俗演义》脱稿于海上寄庐。3 月由上海会文堂书局出版发行，计 60 回约 32.6 万字。

9 月，《明史通俗演义》脱稿于临江书舍。11 月由上海会文堂书局出版发行，计 100 回约 57 万字。

1921 年（民国十年） 45 岁

4 月，《民国通俗演义》（民元至民三）初集四册由上海会文堂书局出版发行。

7 月，《民国通俗演义》（民三至民六）二集四册由上海会文堂书局出版发行。

《年表》载，秋，遣子震濆至杭州中医药专科学校读书。

本年，中国共产党成立。

1922 年（民国十一年） 46 岁

1 月，《宋史通俗演义》脱稿于临江书舍。3 月由上海会文堂书局出版发行，计 100 回约 61.9 万字。

3 月，为《天乐邵氏宗谱》撰《邵勉卿君行述》。

9 月，《唐史通俗演义》脱稿于临江书舍。11 月由上海会文堂书局出版发行，计 100 回约 68.5 万字。

1923 年（民国十二年） 47 岁

3 月，《五代史通俗演义》脱稿于临江书舍。5 月由上海会文堂书局出版发行，计 60 回约 39.4 万字。

秋，临浦高等国民小学校增设中学班，兼教中国历史 1 年。著名历史学家柴德赓为其此时的学生。

1924 年（民国十三年） 48 岁

1 月，《南北史通俗演义》脱稿于临江书舍。2 月由上海会文堂书局出版发行，计 100 回约 68.7 万字。

9 月，《两晋通俗演义》脱稿于临江书舍。11 月由上海会文堂书局出版发行，计 100 回约 64.7 万字。

本年，《中华全史通俗演义》重版，改名为《历朝史演义》，共 8 册。

1925 年（民国十四年） 49 岁

7 月，《民国通俗演义》（民六至民九）三集四册由上海会文堂书局出版发行。《民国通俗演义》三集，共计 120 回约 70 万字。

10 月，《前汉通俗演义》脱稿于临江书舍。次年 1 月，由上海会文堂书局出版发行。

12 月，子震濆与临浦某米行老板方南荣之女方彩琴（1909—1999）结婚。

1926 年（民国十五年） 50 岁

1 月，《前汉通俗演义》由上海会文堂书局出版发行，计 100 回约 62.4 万字。

7 月，《后汉通俗演义》（附三国）脱稿于临江书舍。

10 月，为《萧邑陈氏宗谱》撰《陈子颖君六十年来行述》，署“补用福建知县优贡生，现充萧山苧萝乡学务委员，古越蔡郕谨识。”

农历十二月，长孙福恒出生。

本年，所撰《八德箴》刊载于《唤群特刊》。上海会文堂书局因遭遇盗版冲击和经营不善，转让给徐宝鲁，改名为上海会文堂新记书局。

1927 年（民国十六年） 51 岁

本年 2 月，北伐军进驻萧山。

9 月，《后汉通俗演义》由上海会文堂新记书局出版发行，计 100 回约 65.5 万字。

《年表》载，开始在家收受弟子施教。

1928 年（民国十七年） 52 岁

5 月，仲孙福源出生。

本年，在所前庄里陈村（田家村东、仙师殿西）建住宅 1 幢，并购买亩田，收地租生存。

1929 年（民国十八年） 53 岁

5 月，许廑父完成《民国通俗演义》续著第四集。7 月，由上海会文堂新记书局出版发行。

1930 年（民国十九年） 54 岁

在庄里陈住宅开设坤元毛巾厂，令子震濆任经理，雇有 10 余名工人。

1931 年（民国二十年） 55 岁

3 月，为《萧山刘氏宗谱》撰《重修金氏宗谱序》，署“前萧山县学务委员古越蔡郕谨识”。

本年，日本发动九一八事变。

1932 年（民国二十一年） 56 岁

夏，应会文堂书局主人之嘱，订正唐芸洲原著《写信必读》。

1934 年（民国二十三年） 58 岁

1 月，《蔡东藩续著写信必读》脱稿。与唐芸洲原著《写信必读》合并由上海会文堂新记书局出版发行，书名《写信必读合璧》。

1935 年（民国二十四年） 59 岁

2 月，《联对作法》由上海会文堂新记书局出版发行。

夏，按家乡习俗举行六十寿庆。忘年交鲁瑞熊为之画像。

秋，在所前池头沈村割子山筑建坟墓。

本年，上海会文堂新记书局将蔡东藩所著 11 部通俗演义，连同许廑父的《民国通俗演义》续著全部改印再版，总称为《历朝通俗演义》，全书共 44 册。

1937 年（民国二十六年） 61 岁

1 月，校勘《天乐志》（汤叙著），该书为萧山历史上第一部乡志。

本年 7 月，抗日战争全面爆发。12 月，杭州沦陷。为避战乱，离开临江书舍至所前庄里陈住宅，租房设馆授课。

1939 年（民国二十八年） 63 岁

秋，庄里陈宅遭匪徒抢劫。

本年，《黄氏三世方》由上海会文堂新记书局重版，其中《镐京直指医方》由蔡东藩校正。3 月 29 日，日军飞机 27 架次空袭临浦，投弹 100 余枚，炸死居民 200 余人，伤 400 余人。

1940 年（民国二十九年） 64 岁

《年表》载，1 月 22 日，萧山沦陷。携家避难所前山里王村。3 月，携家至诸暨十四都藏绿坞避难。

按，据绍兴夏履镇志，1937 年年底蔡东藩全家到该地避难。1940 年 2 月，日机轰炸夏履桥，蔡东藩全家离开夏履去诸暨避难。待考。

7 月，三孙福绥出生。

《年表》载，本年结合行医施诊经验，撰写《内科临症歌括》四卷。

按，该书仅在绍兴市志里有其存目，书名为《内科证治歌诀》。

1942 年（民国三十一年） 66 岁

《年表》载，5 月 17 日，诸暨沦陷，战火祸及藏绿坞，携家迁至野鸭岭约 3 个月。

1943 年（民国三十二年） 67 岁

《年表》载，整理平生所撰诗词，辑成《风月吟草》《写忧草》等手稿。

1944 年（民国三十三年） 68 岁

《年表》载，撰写自传《浮生若梦》，编辑《蔡郕文稿》。

本年，身体日渐衰弱，疾病缠身。12 月，自感身体难以恢复，令子震濆护送返回所前庄里陈。

1945 年（民国三十四年） 69 岁

农历一月二十一日（1945 年 3 月 5 日）深夜，在庄里陈宅病逝，葬于所前镇池头沈割子山。

8 月 15 日，日本天皇宣布投降，抗战取得胜利。

参考文献

1. 蔡东藩 . 蔡东藩历朝通俗演义［M］. 北京：中华书局，2015.
2. 蔡东藩 . 中等新论说文范［M］. 上海：会文堂书局，1912、1921.
3. 邵柏棠、蔡东藩 . 高等小说论说文范［M］. 上海：会文堂书局，1913.
4. 蔡东藩 . 女子初学新论说范本［M］. 上海：会文堂书局，1920.
5. 蔡东藩 . 国文新范［M］. 上海：会文堂书局，1914.
6. 蔡东藩 . 高等小学新国文范本［M］. 上海：会文堂书局，1924.
7. 蔡东藩 . 中等新国文范本［M］. 上海：会文堂书局，1915.
8. 蔡东藩 . 重增幼学故事琼林［M］. 上海：会文堂书局，1936.
9. 蔡东藩 . 清代史论［M］. 上海：会文堂书局，1923.
10. 蔡东藩 . 清代十三朝演义［M］. 上海：会文堂新记书局，1949.
11. 蔡东藩 . 慈禧太后演义［M］. 杭州：浙江人民出版社，1980.
12. 蔡东藩 . 中华全史通俗演义［M］. 上海：大东书局，1919.
13. 蔡东藩 . 客中消遣录［M］. 上海：会文堂书局，1918.
14. 蔡东藩 . 留青别集［M］. 上海：会文堂书局，1918.
15. 唐云洲、蔡东藩 . 写信必读合璧［M］. 上海：会文堂新记书局，1935.
16. 蔡东藩 . 中国传统联对作法［M］. 杭州：浙江摄影出版社，2000.
17.《简易明经通谱 · 浙江优贡同年录（宣统己酉科）［M］. 京师琉璃厂刊本 .

18. 奏为恭报己酉科考取拔贡优贡姓名分缮清单 . 中国第一历史档案馆藏 .

19. 呈此次各省优生朝考取列一二等各员请旨分别补用清单 . 中国第一历史档案馆藏 .

20. 优贡授职官职录（宣统庚戌科）. 京都斋刊本 .

21. 政协萧山市委员会文史工作委员会 . 蔡东藩学术纪念文集 .

22. 陈志根 . 蔡东藩研究［M］. 北京：中国文史出版社，2005.

23. 范志强 . 蔡东藩评传［M］. 北京：中国社会科学出版社，2015.

24. 吴桑梓 . 临浦乡贤——蔡东藩［M］. 香港：中国文化艺术出版社，2010.

25. 来裕恂 . 萧山县志稿［M］. 天津：天津古籍出版社，1989.

26. 汤叙 . 天乐志 .1935.

27.《临浦镇志》编纂小组 . 临浦镇志［M］. 杭州：浙江人民出版社，2008.

28.《夏履镇志》编纂委员会 . 夏履镇志［M］. 北京：中华书局，2010.

29. 中共杭州市萧山区委党史研究室 . 抗日战争在萧山［M］. 北京：中共党史出版社，2005.

30. 杨觉农 . 衰翁絮语，2010.

31. 朱冠右，吴桑梓 . 小上海——临浦旧事［M］. 北京：方志出版社，2004.

32. 临浦镇第一小学校志编纂委员会 . 萧山区临浦镇第一小学校志 .2004.

33. 绍兴市第一中学一百二十周年校庆校友录编委会 . 生生不息——一百二十周年校庆校友录 .2017.

34. 李永鑫、张仲清 . 绍兴名人传略（文史家卷）［M］. 银川：宁夏人民出版社，2007.

35. 刘梦溪 . 中国现代学术经典：梁启超卷［M]. 石家庄：河北教育出版社，1996.

36. 鲁迅 . 鲁迅全集［M］. 北京：人民文学出版社，1981.

37. 章学诚 . 章氏遗书［M］. 北京：文物出版社，1985.

38. 中国蔡元培研究会 . 蔡元培全集［M］. 杭州：浙江教育出版社，1998.

39. 商衍鎏 . 清代科举考试述录及有关著作［M］. 天津：百花文艺出版社，2004.

40. 陈平原、夏晓虹 . 二十世纪中国小说理论资料（第一卷）［M］. 北京：北京大学出版社，1989.

41. 张振国 . 民国文言小说史［M］. 南京：凤凰出版社，2017.

42. 范伯群 . 中国近现代通俗文学史［M］. 南京：江苏教育出版社，2000.

43. 欧阳健 . 历史小说史［M］. 杭州：浙江古籍出版社，2003.

44. 楼含松 . 从“讲史”到“演义”——中国古代通俗小说的历史叙事［M］. 北京：商务印书馆，2008.

45. 权绘锦 . 转型与嬗变——中国现代历史小说研究［M］. 北京：光明日报出版社，2007.

46. 吴泽 . 中国近代史学史［M］. 北京：人民出版社，2010.

47. 朱慈恩 . 二十世纪中国通俗史学研究［M］. 兰州：兰州大学出版社，2015.

48. 纪德君 . 明清历史演义小说艺术论［M］. 北京：北京师范大学出版社，2000.

49. 盛邦和 . 解体与重构——现代中国史学与儒学思想变迁［M］. 上海：华东师范大学出版社，2002.

50. 刘知几，浦起龙 . 史通通释［M］. 上海：上海古籍出版社，1978.

51. 方同义，陈新来，李包庚 . 浙东学术精神研究［M］. 宁波：宁波出版社，2006.

52. 顾琅川 . 周氏兄弟与浙东文化［M］. 北京：人民出版社，2008.

53. 王建军 . 中国近代教科书发展研究［M］. 广州：广东教育出版社，1996.

54. 舒新城 . 中国近代教育史资料［M］. 北京：人民教育出版社，1981.

55. 余德泉 . 对联通［M］. 长沙：湖南大学出版社，1998.

56. 刘太品、叶子彤 . 联律通则导读［M］. 中国诗词楹联出版社，2017.

57.《萧山刘氏宗谱》（合莫堂珍藏）

58.《萧邑陈氏宗谱》（树德堂珍藏）

59.《天乐邵氏宗谱》（安乐堂珍藏）

60.《觉山孔氏宗谱》（诗礼堂珍藏）

后记

10年前，拙作《演义大家蔡东藩评传》出版。2014年，改为《演义大家蔡东藩》再版。2017年，又改为《浮生如梦——蔡东藩传》三版。这是一本文学传记，系采风民间、缀联资料而成，有真实、有演绎，有附会。初次付印时，就有一份遗憾梗在心中。蔡东藩是我的同乡前辈，他从苦难中成长、科举、教育、著述，最后在战乱中去世。他没有在历史上立功立德，“立言”之作虽一版再版，在研究界却处于尬尴的境地。他很普通，却代表着一大批在时代大巨变中，行走在传统与现代之间的平民知识分子的身影。他很平凡，却在充满疑惑与焦虑中，试图为国家民族尽一份微薄之力。对于这么一个普通而又典型，平凡而又伟大，见证历史的人，我总想走近他，去触摸他的思想，呈现给读者鲜活的，立体的蔡东藩。

于是，在《演义大家蔡东藩评传》付印之时，我又一次拿起笔，一口气写下了7万余字，期望从“非文学”的角度去研究他。蔡东藩写尽了中国历史，自己的历史却成为了谜。他生平资料的极端贫乏，让我的写作举步维艰，不得不暂时搁笔。

2015年，范志强先生的《蔡东藩评传》出版，我很兴奋地读完了此书，受到了很多启迪。正如范志强先生所说，“对蔡东藩，正像我们面对一片深广的湖，有很多尚未说清楚或尚待挖掘的话题——他的历史观、他的帝王观、他的民族观、他的妇女观、他复杂的道德评判标准等”。的确，对蔡东藩的研究还应该继续，他的生平、著述、思想，以及历史演义观……我的痴心复发，又一次上北京下绍兴，踏上了寻觅之旅；又一次系统地研读了蔡东藩的著述作品，去感知他火热的内心。就这样，读读写写、写写读读，最终坚持了下来。2020 年初因新冠肺炎肆虐，不得不蜗居在家，让我能彻底静下心来，对粗成的文稿进行打磨和梳理。

我只是一名普通的教师，学识浅薄，又是“不务正业”，错讹必然不免，敬请读者谅之。如能对蔡东藩研究有所补充，有所拓展，有所促进，便可谓“幸甚至哉”了。

李保明

2020 年 5 月于杭州潘水